U0458903

Going Solo

The Extraordinary Rise and Surprising Appeal of Living Alone

单身社会

Eric Klinenberg

〔美〕艾里克·克里南伯格 著

沈开喜 译

人民文学出版社

PEOPLE'S LITERATURE PUBLISHING HOUSE

著作权合同登记号　图字 01-2023-3763

Going Solo: The Extraordinary Rise and Surprising Appeal of Living Alone
by Eric Klinenberg
Copyright © 2012 by Eric Klinenberg
All rights reserved including the rights of reproduction in whole or in part in any form

图书在版编目(CIP)数据

单身社会/(美) 艾里克·克里南伯格著; 沈开喜译.
—北京:人民文学出版社,2017(2023.8 重印)
ISBN 978-7-02-012869-3

Ⅰ. ①单…　Ⅱ. ①艾…　②沈…　Ⅲ. ①生活方式-研究-美国
Ⅳ. ①D771.28

中国版本图书馆 CIP 数据核字(2017)第 110648 号

责任编辑: **李　娜　何炜宏**
装帧设计: **李　佳**
封面摄影: **陶立夏**

出版发行　**人民文学出版社**
社　　址　**北京市朝内大街 166 号**
邮政编码　**100705**

印　　刷　**上海盛通时代印刷有限公司**
经　　销　**全国新华书店等**

字　　数　**160 千字**
开　　本　**889 毫米×1194 毫米　1/32**
印　　张　**8.5**
插　　页　**5**
版　　次　**2017 年 8 月北京第 1 版**
印　　次　**2023 年 8 月第 4 次印刷**

书　　号　**978-7-02-012869-3**
定　　价　**68.00 元**

如有印装质量问题,请与本社图书销售中心调换。电话:010-65233595

GOING

SOLO

目录

导 言

《旧约》开篇是这么写的：上帝创造了这个世界——乐园与人间，水，光，昼与夜，以及人世间的万物，每天的创造之后，上帝都说："这很好。"然而，当上帝创造了亚当之后，他的语气变了。上帝突然宣称这是他第一件不甚完美的作品："他不应该孤单一人。"于是，上帝创造了夏娃，从此以后亚当不再是孤单一人了。

随着时光的流逝，对孤单的反对从一种神学的禁令延伸到了文学与哲学的领域。亚里士多德在《政治学》① 一书中写道："被孤立的人，无法从政治的联盟中分享获益，又或者已然自给自足而无需分享获益，这样的人已不再是城邦中的一部分，因而也与野兽或神无异。"古希腊诗人提奥克里图斯② 也坚称"人类永远彼此需要"，

---

① 《政治学》是古希腊哲学家亚里士多德一部关于政治学的著作。亚里士多德在书中提出了"人天生就是政治动物"的命题，阐述了城邦的起源、性质、目的、任务和活动原则，提出了关于公共权力、政体、法治等方面的理论。——译者注（本书脚注除特别说明外，均为译者注。）

② 提奥克里图斯（Theocritus，约公元前 310—240 年），古希腊著名诗人，学者，西方田园诗的创始人。

而罗马帝国的皇帝、斯多亚学派[1]的马可·奥勒留[2]更是宣称："人类是社会化的动物。"

其他物种也是如此（可惜，亚里士多德也只说对了一半）。野生动物仅在条件所迫下才选择独自生存，尤其是当食物出现紧缺时。不然，绝大多数物种都更愿意选择群居。群居生活自然有其代价，如为了族群中的地位而产生的竞争以及偶尔发生的暴力冲突。但群居的种种优势，如：族群为个体防范来自掠食者的侵袭、合作协同捕食、繁衍后代的效率等，令其所带来的代价和劣处，相形之下变得不值一提。与人类最为接近的物种猿猴，就是稳定的社会化群居动物。即便是众所周知的独居动物红毛猩猩，在出生后的七八年中也是与母亲共同居住生活的，正如著名的荷兰灵长类动物学家卡雷尔·范斯海所发现的那样，在苏门答腊食物资源丰富的沼泽丛林中，红毛猩猩与它们的远房表亲黑猩猩"一样热衷于社交"。

红毛猩猩并不是唯一被误解的动物。寄居蟹也被证实为一种社会化的动物，它们生活在由多达一百只同类所组成的族群中，因为

---

① 斯多亚学派，是公元前305年左右创立的哲学流派。这个学派的基本主张即宇宙是绝对的理性，理性能提供"共同概念"，使人人具有共同的经验，从而，以形成知识、真理的标准。斯多亚学派强调道德价值、责任义务与正义，也强调砥砺心志。

② 马可·奥勒留（Marcus Aurelius，121—180）是罗马帝国五贤帝时代最后一个皇帝，也是罗马帝国最伟大的皇帝之一。他不但是一个很有智慧的君主，同时也是一个很有成就的思想家，有以希腊文写成的著作《沉思录》传世。

离群索居是无法令种族繁衍昌盛的。一本写给即将成为寄居蟹饲养者的宠物指导手册中这样说：“每一只水缸里最好有两只寄居蟹，如果可能的话，每种种类两只。”这并不仅仅是因为它们需要保护，或是在获取食物时彼此帮助，也同样是为了一个更为简单的原因——独自生存的寄居蟹更易因压力而生病，它们会对身体自暴自弃，有时甚至会失去一只蟹足或是蟹钳。

正如不同历史时期的立法者所认识到的那样，孤立对人类来说也是一种无法承受的压力。在远古社会，放逐在所有的酷刑中排名最高，仅次于死刑处决（甚至有人认为放逐是一种比死亡更为残酷的命运）。在十七世纪与十八世纪末期，现代监狱系统开始推广单独监禁的做法，因为正如英国法学家威廉·佩利所说的——孤立隔离“能提升惩罚的威慑力”，进而制止犯罪。时至今日，仅仅美国就羁押着大约两万五千名“超级囚犯”，在那里，正如一位杰出的心理学家所记录下的，超级囚犯们“被不同程度地单独隔离，这确实是有史以来所可能实现的、最高程度的、最彻底的剥夺人性的惩罚”。人们常用一个词来形容这种与世隔绝的囚禁状态——无论是单独监禁的拥护者还是反对者，都一致称其为“生不如死”。

“家庭”这一形式是人类需要共同生活的最佳诠释。纵贯不同历史时期、不同文化体系，家庭而非个人，一直是构筑人类社会以及经济体系的基石，这恰恰合情合理。正如生物进化学家们所指出的，群居生活为最早期的人类社会成员创造了竞争优势，因为群居意味着安全与保护，获得食物，以及繁衍后代的机会。社会科学家尼古拉斯·克里斯塔基斯[①] 与詹姆斯·福勒也提出，通过自然选择，我们人类发展建立起一种生物遗传上的倾向性——更乐于建立亲密的社交关系。

1949 年，耶鲁大学的人类学家乔治·彼得·默多克发表了他的调查研究报告，研究范围涵盖了不同历史时期、世界各地二百五十多个“代表性的人类文明”，他在报告中指出：“核心家庭[②] 是人类社会一种普遍的群体单位。无论是单纯从家庭这一形式的盛行而言，还是由核心家庭发展衍生而出的其他复合家庭形式，家庭一直都作为一种独特而且带有显著功能性的单元存在于所有已知的社会文明中，无一例外，或者说，现今仍没有为人所知的反例。”

此后，学者们一直在美国国内寻找各种不符合他的核心家庭模型理论的实例，如集体农庄，以向默多克的理论发起挑战。然而他们找到的所谓反例，都无一例外地采取了另一种形式的群居方式，一起生活的人数通常比传统的家庭形式更多。尽管学术争辩仍未平息，但至少有一点双方都能认同——人类社会，无论时代和地点，都是围绕着共同生活而非独自生活的想法才建立起来的。

---

① 尼古拉斯·克里斯塔基斯（Nicholas A. Christakis，1962— ），美国医生和社会科学家，他致力于研究在社交，以及社会经济和生物社会学对人类健康和长寿产生的影响。任教任职于哈佛大学医学院。

② 核心家庭是人类家庭的一种组合形式，指以婚姻为基础，父母与未婚子女共同居住和生活的家庭，其家庭成员只有夫妻两人及其未婚孩子。社会中上阶层或工业家庭一般为核心家庭。全世界的家庭结构正体现出由扩展家庭向核心家庭发展的趋势。

然而，今非昔比

在过去的半个世纪中，人类一直在从事一项伟大的社会试验。人类史上前所未有的，世界各地数量庞大的不同年龄、不同政治信仰的人们，都选择了独居生活。① 不久以前，人们还习惯于在年轻时结婚，而死亡才是终止婚姻的唯一方式；当年轻丧偶时，人们选择早早地再婚，而老年丧偶的人们则搬去与家人同住，或是家人选择搬来陪伴他们。但如今，人们选择晚婚（佩尤研究中心②的报告指出，如今男性与女性的初婚年龄都已经“达到了世上最高纪录，在过去的半个世纪中，男性与女性的初婚都推迟了大约五年”），人们离婚，而后十多年地保持着单身。有些人活得比自己的伴侣长久，并且千方百计地避免与他人共同居住——即便这个“他人”常常是他们自己的孩子。人们在不同的生活方式之间轮回流转：独居生活，与他人一起生活，共同生活，又再回归独居。

不久之前，独居还被视为一种过渡——通向其他更为长久的生活方式，例如与他人结为伴侣共同生活，或者搬入疗养院。而如今此想法已经不再适用，几个世纪以来，美国社会第一次面对占据人

① 在本书中，原作者选用了“独居生活”这个说法，因为并非所有“单身”者都独自生活，他们有些和情侣、室友或者孩子生活在一起，因而，并非所有的单身者都是独居生活者。

② 佩尤研究中心（Pew Research Center）是美国的一间独立性民调机构，总部设于华盛顿特区。该中心受皮尤慈善信托基金资助，是一个无倾向性的机构，为那些影响美国乃至世界的问题、决策与动向提供研究信息资料。

口绝大多数的单身人群。典型的美国人一生中更多的时间是单身而非已婚，而单身时人们大多独自生活。于是，自然而然地，人们也开始学习适应孤独与独居，并在学习中精心打造出全新的生活方式。

统计数字说明了一切，而这一社会现象的数据则令人触目惊心。1950 年，仅有 22% 的美国成年人是单身，同时，400 万美国人选择了独居生活，独居者占到了美国住户的 9%。在那时，独居生活在美国西部广阔且荒芜的诸州中常见，如阿拉斯加、蒙大拿以及内华达州，那里吸引着外来的劳力，而独居不过是他们在通往更传统的家庭生活的过程中一个短暂的过渡阶段而已。

今天，超过 50% 的美国成年人正处于单身，其中 3100 万人独自一人生活，这意味着差不多每 7 个成年人中就有 1 个选择了独居。(这个数字还不包括约 800 万自愿或非自愿选择了集体宿舍的美国人，例如生活在辅助生活机构、看护中心以及监狱中的人们。）独居人口占到美国户籍总数的 28%，这意味着独居者已经成为了仅次于无子女的夫妻家庭，成为了美国第二大户籍形式，远远超越了核心家庭、多代复合式家庭模式、室友同居以及老人之家等其他形式。令人吃惊的是，独居生活同时也是最为稳定的居住及生活方式。相比其他生活方式的人群，独居五年以上的人们更可能维持同样的状态不变，而此项稳定性的数字，独居人群仅次于有孩子的核心家庭，位列第二。

女性构成了当代独居人口的主体：大约 1700 万女性选择了独居，相比之下，男性中独居人口仅为 1400 万。单身人口中的多数，是1500万35至64岁之间的中年男女，而老年人则有1000万左右。18至34岁之间的独居年轻人约为500万，而1950年时独居年轻人口仅为50万，因此，毫无疑问，这一群体也将成为独居人口中增长最快的一个群体。

与以往不同，如今独居人士聚集在现代化城市中，遍布美国各州。拥有独居人口比例位列前茅的城市名单中，包括了华盛顿、西雅图、丹佛市、旧金山、明尼阿波利斯市、芝加哥、达拉斯、纽约以及迈阿密这些城市。仅仅在纽约市，就有100万独居人口，而在曼哈顿区，一半以上的居住人口选择了独自生活。

尽管独居生活正在盛行，它却是当代鲜少被谈及，因而，也最常被误解的问题。年轻人都渴望独立生活，一段时间的独居之后，即便很喜欢这样的生活方式，他们也会担心继续保持独居是否合适。尽管单身人士坚称自己的生活很愉快，而且也终会找到自己的伴侣，人们依然忍不住为单身的亲友们操心担忧；我们忧心忡忡地想为丧偶后独居的年迈父母或者祖父母提供帮助，即便老人们表示更乐意独自生活，子女后辈们却往往变得更为不知所措。

无论情况如何纷繁复杂，每个人和家庭都将独居生活看作一种隐私，但实际上，越来越普遍的独居现象应该被正视为具有重大社会意义的话题。但不幸的是，当独居现象的兴起偶尔被公众谈及时，评论家们总是将其视为一个不折不扣的社会问题，一种自恋、社会道德崩坏以及公众生活锐减的现象。人们满怀道德感地谈论着，试图去理解为什么许多人选择了独居生活，而这个问题本身，却恰恰是一种被误导的产物，——介乎《父亲什么都知道》[1]的浪漫主义理想以及《欲望都市》光线亮丽的诱惑之间的假象造就了误解。有目共睹的是，这场独居生活的社会试验实际上是趣味横生的，与人们传统保守的印象相反，独居生活甚至并非那么孤立离群。

独居生活的兴起本身也已成为一种具有革新力量的社会现象：它改变了人们对自身，以及人类最亲密的关系的理解；它影响着城市的建造和经济的变革；它甚至改变了人们成长与成年的方式，也同样改变了人类老去甚至去世的方式。无论今时今日我们是否与他人一起居住，独居几乎与每个社会群体、每个家庭都密切相关。

上文所说的“我们”是广义的，范围之广甚至可能超乎人们的想象。日益提升的独居比例总是被当作是一种独特的美国现象，——就像文学评论家哈罗德·布鲁姆[2]所说的，这是一种美国的“自力更生的宗教信仰”。确实，美国人长久以来一直为自给自足而感到自豪。托马斯·杰斐逊[3]也将个人主义称作“美式生活的伟大

① 《父亲什么都知道》（*Farther Knows Best*）是美国广播电视台的五六十年代的一部系列喜剧，刻画了一个中西部的中产阶级家庭的生活。

② 哈罗德·布鲁姆（Harold Bloom，1930—　），“耶鲁学派”文学批评家，著有《西方正典：伟大作家和不朽作品》，书中评论了二十六位西方文学家，引起了广泛的争论。

③ 托马斯·杰斐逊（Thomas Jefferson，1743—1826），第三任美国总统，《独立宣言》的主要起草人之一，美国开国元勋中最具影响力的人物之一。

口号”，而在历史学家大卫·波特[①]的笔下，美国人却将这种个人主义视为“一个神圣的字眼”。在《心的习惯》一书中，社会学家罗伯特·贝拉[②]以及他的合作者分析并定义了两种传统的美国个人主义：“功利个人主义”的最佳例子就是本杰明·富兰克林[③]，他信仰当每个人都优先追求自己的利益时，社会也将繁荣昌盛，而这一论调激发了美国个人主义的急速发展；“表现型个人主义”的典型例子则是沃尔特·惠特曼[④]，主张培育以及“赞美”每个人的自我（这位诗人在《草叶集》第一版的第一行中就用到了“赞美”一词），这一观点激发了美国人对于认同以及自我意义持续不懈地追求。尽管这两种不同的个人主义倡导不同的价值，并拥有各自的目的，但两者一起为所有的美国人提供了一种很好的文化支持——将个人放在社会的需求之前。美国人依然时常从中获益。

以美国第一个公众知识分子——拉尔夫·沃尔多·爱默生[⑤]为例，

---

① 大卫·波特（David Potter，1910—1971），美国的南方（奴隶制）历史学家。他深入叙述和分析南北战争原因的文章《一触即发的危机》，在他死后的1977年，为他带来一项追认的普利策历史奖。

② 罗伯特·贝拉（Robert N. Bellah，1927—2013），美国社会学家，加州大学的名誉教授，《心的习惯》是他在1985年出版的广为人知的作品，书中探讨了宗教如何建立以及削弱美国的共同利益。

③ 本杰明·富兰克林（Benjamin Franklin，1706—1790），美国著名政治家、作家和慈善家，更是杰出的外交家及发明家。

④ 沃尔特·惠特曼（Walt Whitman，1819—1892），美国诗人和人文主义者，美国文坛中最伟大的诗人之一，有自由诗之父的美誉，《草叶集》是其代表作。

⑤ 拉尔夫·沃尔多·爱默生（Ralph Waldo Emerson，1803—1882），生于波士顿，美国著名思想家、文学家、演讲家。

在他伟大的散文《自力更生》中，爱默生告诫众人“社会到处充满着对于其中每一份子的个人权益的阴谋”，而他更进一步建议那些正寻求解脱的人们：“向自己赦免自己，而且，你应当拥有整个世界的选举权。”爱默生的邻居亨利·戴维·梭罗[①]将“自力更生”用一种更为戏剧化的方式加以诠释，他搬进了瓦尔登湖畔一间他自己搭建的小木屋里。他写道：“我就像住在大草原上一样遗世独立，我拥有属于自己的太阳、月亮与星辰，一个属于我一个人的小小世界。”梭罗坚持那样的生活方式下，他并不孤独：“对一个生活在自然的围绕中，且依然神智清醒的人而言，所谓黑色的抑郁并不存在……我从未感到过寂寞，哪怕一丝一毫来自孤独的压迫感，……但有那么一次，我花了大约一个小时，思考着我是否真的需要与人毗邻而居而维持健康平静的生活，然而一瞬间，我感受到了周遭自然环境带来的甜美与益处，人类邻里的种种虚无的益处也就因而变得一点也不重要了，此后，我再也没有兴起过需要人类邻居来陪伴的念头。”

爱默生与梭罗的睿智激励了一代又一代美国人，绘制出自己逃离人类社会的路线图：孤胆骑侠们[②]独自游荡在西部边疆，披着斗篷的侦探们出没于昏暗的都市街道，探险家们“深入荒野”去寻找自我——所有这些都是美国广为人知的文化标志，代表了我们对于

---

① 亨利·戴维·梭罗（Henry David Thoreau，1817—1862），美国作家、哲学家、废奴主义者、超验主义者。他著有著名的散文集《瓦尔登湖》和《论公民抗命》。

② 原文为lone rangers，在美国是一个著名的独行侠式的虚构人物，他被塑造为一个在旧时期的美国西部，蒙面对抗不公的前得克萨斯州游骑兵，孤胆骑侠（lone ranger）已经成为美国文化的一个历史悠久的标志性称号。

无拘无束的自我的浪漫想象。所以，要下定论说当代都市独居人群不过是这一主题下一种最新的变异，似乎顺理成章。

但，这并不恰当。

美国人从未全心认同个人主义，人们对于极端的个人主义依然心存怀疑。德·托克维尔[①]在美国不仅发现“将每个公民置于一种与绝大多数的同伴孤立开来，并令他回退到朋友与家人的小圈子里去的”个人主义正在蔓延，同时人们也发现了一种历史悠久的、将每个公民都纳入各种民间组织以及团体的道德准则。爱默生以及梭罗这样的超验论者推崇隐居，但这些遁世者最终也都回归了人类社会，而促成隐居的核心观点恰恰是为了寻求人类的共同利益。

实际上，关于超验论者的个人主义的种种报道难脱夸大之嫌。在那场运动中的绝大多数领袖人物，爱默生、梭罗、布朗森·奥尔科特[②]、伊丽莎白·皮博迪[③]，以及玛格丽特·福勒[④]，都无一例外热切地投身于政治以及民间活动中。在梭罗居住在瓦尔登湖畔的两年

---

① 即亚历西斯·德·托克维尔（Alexis de Tocqueville，1805—1859），法国政治思想家和历史学家，最知名的著作便是《论美国的民主》以及《旧制度与大革命》。在《论美国的民主》一书里，托克维尔以他游历美国的经验，从古典自由主义的思想传统出发，探索美国的民主制度及其根源。

② 布朗森·奥尔科特（Bronson Alcott，1799—1888），一名美国教师，同时也是一位作家、哲学家，和倡导废奴主义者和妇女权利的改革者。他是爱默生的好友，两人共同投身超验运动。而他的女儿路易莎·梅，也就是著名的《小妇人》的作者。

③ 伊丽莎白·皮博迪（Elizabeth Peabody，1804—1894），美国女性教育家，她开设了美国第一家英语幼儿园，并担任过第一部英文佛经的译者。

④ 萨拉·玛格丽特·富勒（Sarah Margaret Fuller，1810—1850），美国记者，评论家和女权主义者以及超验论者。她是美国新闻史上第一个全职的评论家。

里（1845—1847），其实他鲜有独自一人或者纯粹自给自足地生活的时候。就像当代的旅行者们所熟知的那样，他的小木屋坐落在一片属于爱默生的土地上，离康科德小镇不到两英里。用不了三十分钟，梭罗就可以步行前往镇上，而且他也常常回去看望家人和朋友，有时也花上几个小时在当地的小酒馆里喝酒。不仅仅是梭罗外出，其他人也常常前去拜访，梭罗喜欢人们的到访，尤其是他的母亲，她常常为他带来家中烹饪的食物。

又有谁能责怪她呢？我们总是为离群索居的人们担忧，当我们的亲友独居时尤甚，而这种紧张和担忧，一直笼罩在美国人对于自给自足生活方式的热衷上。在早期新英格兰的殖民城镇中，地方当局禁止年轻人独自生活，以避免他们因独立的自由而追寻无拘无束的生活。诚如历史学家大卫·波特所写道："在美国的文学著作中，任何关于彻头彻尾地从人群中被孤立而独自生活的故事，无论是生理上的还是心理上的，都被认为实际上是一个恐怖的故事，即便《鲁滨逊漂流记》也是一样——直到鲁滨逊在沙滩上发现了其他人类的足迹。"

关于美国"社区衰退"的种种报道，也好似恐怖故事，在美国人的心目中，"社区"同样也是一个神圣的字眼。美国历史上最为著名的社会学论著——《孤独的人群》[①]、《追求孤独》[②]、《公众人物的衰

① 《孤独的人群》（*The Lonely Crowd*）是1950年由大卫·里斯曼、内森·格雷泽与鲁埃尔·丹尼一同撰写的社会学分析著作，此书与里斯曼与同事C.赖特米尔斯共著的另一本《白领：美国的中产阶级》一起，被公认为是对美国人性格的社会学研究中，具有里程碑意义的作品。

② 《追求孤独》（*The Pursuit of Loneliness*），美国社会学家、作家菲利普·埃利奥特·斯莱特的著作，一本关于美国文化的畅销书。

落》[1]、《自恋的文明》[2]以及《心的习惯》，都加剧了人们对于个人主义盛行的恐惧。近期最具影响力的学术著作之一，罗伯特·普特南的《独自打保龄》[3]也起到了相同的作用，书中提出美国当代的许多问题，如健康问题、学业不佳、缺乏信任，甚至不快乐，都是由于社区的崩坏所造成。美国人热衷于此类争论，正因为从骨子里，与德·托克维尔近两个世纪前游历美国时一样，美国依然是“一个参与者的国家”。

美国文化，并不是急剧增长的独居人口背后的原因。

如果你还未信服，我们一起来看看另外一个证据：今时今日，相比其他许多国家，甚至跟那些我们通常认为更为公有化的国家相比，美国人独自生活的几率其实更小。独居人口比例最高的前四位国家分别是：瑞典、挪威、芬兰以及丹麦，在那里，几乎 40% 到 45% 的住户是独居者。通过在所有人同心协力的社会福利中投资，以及建立互相支持的牢固纽带，斯堪的纳维亚人可以自由地独自

---

① 《公众人物的衰落》(*The Fall of Public Man*) 纽约大学的人文社会学系教授理查德·森尼特的著作。

② 《自恋的文明》(*The Culture of Narcissism*) 全名为《自恋的文明：期望递减时代的美国生活》，是美国文化历史学家克里斯托弗·拉希（1932—1994 年）的著作，书中用心理学、文化、艺术和历史的综合方法探讨了美国合理化病态的自恋心态的根源和影响。

③ 《独自打保龄》(*Blowing Alone*) 是哈佛大学肯尼迪政府学院的政治科学家和公共政策教授罗伯特·普特南最有名的和最具争议的著作，书中的观点认为，自 20 世纪 60 年代以来美国经历了前所未有的民事、社会、结社和政治生活（社会资本）崩溃，并带来严重的消极后果。

生活。

北欧诸国还有一个好伙伴——日本。在日本，社交生活有史以来一直是围绕着家庭来组织的，但如今实际上却有30%的住户独自居住，而且在城市中，这个比例还要高得多。德国、法国以及英国都以拥有不同的文化传统而闻名，但实际上这三国的独居人口比例都要远高于美国，澳大利亚与加拿大也是如此。至于独居人口增长最快的国家则是中国、印度和巴西。欧睿信息咨询公司的市场调查报告显示，在全球范围内独居人口都在急剧增长，这个数字已经从1996年的1.53亿增长到了2006年的2.02亿，在短短十年间增长了33%。

那究竟是什么造成了大范围的独居人口的增长？毫无疑问，经济发展创造的财富，以及现代国家福利提供的社会保障，两者共同使这种新兴之势成为可能。但更简单地来看，与以往相比，今天有更多人选择独居生活，正是因为有更多的人能够负担这样的生活。然而，这世上依然有许多其他人们能够负担，却选择不去做的事情，因而，经济不过是形成这一现象的诸多原因之一。我们无法解释为什么世界各地这么多人都选择了独居生活，除非我们解开另一个谜题：在那些最发达国家中，那些拥有相对更好的公民权利的人，为什么偏偏选择了用他们前所未有的财富和福利，将自己与他人分离开来？

除了经济繁荣以及社会福利，独居人口异军突起的激增，来源于世界性的历史文化转变——社会学的创始人物爱弥尔·涂尔干[1]称之为“对个体的宗教崇拜”。根据涂尔干的观点，个体崇拜产生于传统的农村集舍向现代工业城市发展的过渡期，当个人主见称为“一种宗教式的实体”，因而具有了比群体更神圣的意义。作为一个主要创作都诞生于十九世纪的法国人，涂尔干并无法预见身后激进的经济个人主义——米尔顿·弗里德曼[2]、艾茵·兰德[3]、玛格丽特·撒切尔[4]等诸多人物纷纷背书的个人主义（撒切尔还曾闻名天下地宣称：“世上并无所谓社会”）；涂尔干也同样无法认同这些人物的观点：将个人从国家中解放出来，是创造财富和共同利益最有效的方法。但涂尔干也绝非一个完全的悲观主义者，他提出，现代社会的劳力方式，将会自然而然地让人们聚集在一起。毕竟，个人主义只有在得到现代最核心的社会制度——家庭、经济以及国家的支持下，才能成就所谓“独立”与“解放”，这便意味着，所有个人主义者都拥有清晰的利己主义，并聚集起来以达成公共利益。

---

① 爱弥尔·涂尔干（Émile Durkheim，1858—1917），法国犹太裔社会学家、人类学家，与卡尔·马克思及马克斯·韦伯并列为社会学的三大奠基人，他是《社会学年鉴》创刊人，法国首位社会学教授。

② 米尔顿·弗里德曼（Milton Friedman，1912—2006），美国经济学家，以研究宏观经济学、微观经济学、经济史、统计学，及主张自由放任资本主义而闻名。1976 年的诺贝尔经济学奖得主，被誉为 20 世纪最重要的经济学家之一。

③ 艾茵·兰德（Ayn Rand，1905—1982），俄裔美国哲学家、小说家。她的哲学理论和小说开创了客观主义哲学运动，同时也是《源头》、《阿特拉斯耸耸肩》等数部畅销小说的作者。

④ 即著名的撒切尔夫人，英国政治家，英国前首相。她不仅是自索尔兹伯里勋爵以来任职时间最长的英国首相，更是英国历史上迄今为止唯一一位女性首相和经选举而产生的主要政党女党魁。

奥地利经济学家约瑟夫·熊彼特[①]并不认为个人主义者会如此看待这一问题。在他 1942 年的著作《资本主义、社会主义与民主》[②]一书中，熊彼特观察到现代资本主义促进了“对于生活中所有的一切进行理性化”，并预言了一个冷酷、锱铢必较的文化可能最终步向集体的“腐朽”：“当人们都变得功利和实际，并拒绝接受社会环境为他们做出的传统安排是一种理所当然的选择时，当他们学会了在自己的个人利益及其他行动可能造成的不利之间权衡得失时，当人们必将认识到家庭尤其是亲子关系所带来的巨大个人牺牲时”，熊彼特预言了“资产阶级家庭的解体”将逐渐到来，因为独立思考的男女们将会选择另外一种生活——“舒适、自由、不为关爱所牵绊的生活，以及越来越多的享受其他有趣、新鲜事物的机会”。

但过渡仍需要一些时间，因为个人主义的狂热仍然需要满足文化对于承诺的需求。在十九世纪的大部分时间里，即便是最现代的社会，依然认为每个人都应当成婚，而当一个人没有结婚时，社会往往给予严厉的批判。熊彼特也许认为单身主义者是理智的，但在

---

① 约瑟夫·熊彼特（Joseph Schumpeter，1883—1950），是一位有深远影响的美国籍奥地利政治经济学家，他主张的自由主义资本经济制度，与凯恩斯的宏观经济学理论相对立。

②《资本主义、社会主义与民主》（*Capitalism, Socialism, and Democracy*）是熊彼特最具争议，也是最重要的著作，不仅是一本经济学著作，从其他层面而言，这也是一本历史遗迹社会学的著作。他在书中分析了资本主义、社会主义，并使著名的“创造性破坏”一词广为人知。与新古典主义的作品相比，此书着重于意料之外的、由企业家驱动的快速有力增长，而非静态的数据模型。

1957年美国进行的一项社会调查中，超过半数的受访者认为不婚的人们是“病态的”、“不道德的”，或“神经有问题的”，而只有1/3对此持中立态度。但这种社会态度并没有一直延续下去。到了1976年，下一代的美国人中，只有1/3对不婚者持有负面的评价，而超过半数的人持中立态度，甚至还有1/7的人表示支持这一选择。今天，当单身的成年人数远远超过已婚人数，民意调查者甚至不再询问美国人是否支持不婚行为了。尽管为独居生活树立的耻辱柱并未完全消失，但美国社会对于单身以及家庭生活的态度，毫无疑问已经改变了。

根据当代知识，追寻成功与快乐并不依赖于将个体与他人相连，相反，这更大程度上取决于向个体完整展现寻求其他更好选择的机会。自由、适应性、个人选择，在现代道德准则中最受人们珍视。“个人最主要的义务在于对自身负责，而非对他的伴侣或者孩子”，这意味着当代对个体的推崇已经远远超越了想象。

不久以前，如果某人对自己的伴侣不满意而寻求离婚，他必须为此作出合理的说明。而今则完全相反，——如果你对于婚姻并非全然满意，你必须提出理由来说服自己维持这婚姻，因为当代文化更致力于让每个人为自己谋求最好的结果。

人们对于住所的稳定性甚至更为削弱。人们经常搬来搬去，而社会学家将现代社区称为“责任有限的社区”，邻里社区成为人们建立联系却并不期望这种关系会长久维持的地方。工作场合的状况也颇为类似，雇佣者不再为有能力的雇员提供一生的职业机会，每个人都知道应该为自己筹谋打算、自我激励，而公司则认为这是维持公司景气的唯一办法。德国社会学家乌尔利希·贝克[①]与伊丽莎白·贝克·盖尔茨是这么写的："在人类历史上，个人第一次成为了社会再生产的基础单位。"而所有的一切，都随之发生了变革。

个体推崇的盛行是十八世纪以及十九世纪早期在西方社会慢慢开始的，但其开始对西方社会及其他各地产生深远的影响，却发生在十九世纪的下半叶。同一时期，另外四种蔓延开的社会变革也正在悄悄发生——女性地位的提升、通讯方式的变革、大规模的城市化，以及人类寿命的大幅延长，这些社会变革交互作用并为彼此的蓬勃发展创造了共同条件。

首先来看看女性地位的提升，这一变革的影响不仅仅是女性开始获得受教育的机会，并开始拥有平等的就业机会，更表现在她们如今有权决定自己的家庭生活、性权益以及生育选择权。不妨试想在 1950 年间，美国大学校园中男女比例要超过 2∶1，但如今在读学生以及拥有学士学位的女性数量却要高于男性。又例如，在 1950 到 2000 年间，美国劳动局的统计数字显示，职业妇女的数量从 1800 万跃升到了 6600 万，而职业妇女在整体女性人口中所占比例也从 33% 提升到了 60%。在过去的半个世纪中，其他发达国家也都经历了类似的变革，因而今时今日，男性与女性参与高等教育以及就业的比

① 乌尔里希·贝克（Ulrich Beck，1944—　），德国社会学家，致力于现代化、生态问题、个性化和全球化研究。与后文的伊丽莎白·贝克·盖尔茨是一对共同致力于社会学研究的夫妻学者。

例，达到了前所未有的平衡状态。

女性对于自身身体权益的主张，也彻底改变了当代两性之间的关系，其结果便是晚婚、成年过渡期的延长以及分居离婚率的增长。在美国，自十九世纪中期开始，离婚率就一直在稳步攀升，但上世纪六十年代以来，这一数字急剧增长，2000 年已婚夫妇离婚的概率已经达到了 1950 年时的两倍。今天，离婚和保持单身都意味着一种无需禁欲的生活。相较于结婚，许多年轻人更乐意于享受远离家庭监管的生活以及便捷的避孕方法。斯坦福大学的社会学家迈克尔·罗森菲尔德提出，二十至三十多岁的中产阶级正期待着崭新的“第二青春期”，他们寻觅全新的体验，——从连续的约会，到跨种族甚至同性之间的亲密关系，并尽量避免作出承诺，直到他们认为自己已经找到了“真正的浪漫真爱”。对于探索各种性关系的宽容态度，正是罗森菲尔德所说的这个“自主的时代”的重要特征之一。而独居生活为人们提供了探寻与他人亲密共处的时间与空间便利。

个体崇拜背后的第二个驱动力是通讯方式的变革，即便独自在家，人们可以在世界范围内体验社交活动所带来的愉悦，更不用说由此而来娱乐生活的极大繁盛。举例而言，电话曾经是我们最熟悉的通讯工具，美国在十九世纪末期开始提供住宅电话的服务，但当时绝大多数的美国人要么不愿意要么无法获得一台住宅电话。1940 年，每三户美国家庭中只有一户安装了住宅电话，但二次世界大战之后，住宅电话的需求激增，1950 年住宅电话的普及率就达到了 62%，而今天已接近 95%。而电视在美国家庭中的普及则更为迅速，在《独自打保龄》一书中，罗伯特·普特南记录下了从 1948 年电视诞生之初到 1959 年的十余年间，美国家庭的电视普及率就从 1% 一举跃升到了 90%，这一速度至今没有其他任何通讯设备可以企及，广播、录像机、个人电脑甚至手机都未能达到这一程度。在过去的十年间，互联网进一步改变了我们的通讯方式，互联网比电话更为活跃以及个性化，比电视更好地结合了个人分享与大众传播，个人用户不仅可以即时通讯，更可以通过博客、在 Youtube 上发布的家庭录影带，或在社交网络平台上将自己的观点展现给数不胜数的广大受众。对于那些希望独居的人们，互联网提供了丰富的与外界保持联系的可行性。

在现代社会，绝大多数独自生活的人都有一种更为便捷的社交方式，他们只需离开家，去参加城市中活跃的各种社交生活。大规模的城市化是第三个促成了独居社会兴起的因素，其中一部分理由正是因为单身亚文化的形成凝聚了一群拥有共同价值观、自我认识以及生活方式的人们。

亚文化在城市中蓬勃发展，吸引了那些不墨守成规的人，他们在城市生活丰富密集的多样性中，找到与自己相像的其他人。（这就是为什么人们总是将亚文化与固定的地方联系在一起，如格林威治镇的波希米亚亚文化、曼哈顿海滩的冲浪文化等。）当亚文化建立并为人们所认知后，它的繁茂昌盛甚至可能反过来影响甚至改变整个文化。历史学家霍华德·楚达克夫就指出，在十八世纪以及十九世纪早期，芝加哥和纽约那样的城市中的单身男子建立起了一种全新的生活方式，——一种围绕着酒吧、民间组织、公寓式住宅以及相对更为自由的性观念的生活方式。到了十九世纪末期，这种曾经独树一帜的单身汉文化已经成为了城市文化的一个重要且普通的组成部分，因而，反而失去了它的鲜明个性。单身者，包括那些独自居住的人们，不再需要将自己局限在几栋特定的建筑、酒吧、邻里社区或者特定的城市中了。各种各样的场所正在不断增加，从健身房、咖啡馆、酒吧、住宅区，到各种各样的服务，如清洁服务、代烹饪、外送等，都是为了满足他们的需求而建立起来的。除了一些显著的特例，他们发现到处都是理解他们的经历并感同身受的人们。正如伊桑·沃特斯在《城市部落》一书中写到的，单身与独居者，在彼此的支持下，独自生活。

上文提到的第四个社会变革在扩大个体推崇的影响上，也起到了集合性的效应，尽管对于每个个体的体验来说，并非完全如此。由于人们比以往更为长寿，或者更确切地说，由于女性往往比她们的配偶更为长寿，女性的寿命比男性长了十几年，而非以往的几年，如今，独自生活的老年生活越来越为普遍。1900 年，美国有 10% 的老年寡妇独自生活，而到 2000 年，这个数字已经达到了 62%。今天，对于女性而言，人生中 1/4 或者 1/3 的时间独自居住生活，这已是一个常见现象，而对于男性来说，成家立业也意味着长时间独自生活。

独自一人的老年生活并非易事。那些年迈所带来的种种问题，如适应退休生活、疾病与健康问题，承受精神上的空虚，经历亲友的故去等等，都可能因为绝大多数时间孤独一人而变得更难以忍受。但是，独自一人的老年生活也并非总是充满悲情色彩。例如，在英国举办的一项调查显示，相比与人居住在一起的老人，独居的老人对于生活的满意程度更高，与服务提供商的联系更为紧密，脑力及身体上的损伤更少。而根据最新的一篇关于老龄化的文章，对于整个老年人口的调查也表明“那些独居的老人相比那些丧偶后与其他成年人一起居住的老人更为健康，甚至比那些伴侣依然健在并共同生活的老人也要健康”。实际上，在最近几十年间，老年人表现出更为强烈的独居生活的意愿，相比之下，他们更愿意独自生活而不是与家人朋友一同居住，或者搬入老人院。这也并非是美国所特有的现象，从日本到德国、意大利、澳大利亚，独居老人现象都变得愈来愈普遍，即便在那些长久以来一直呈现出对于多代家庭模式的强烈偏好的种族也不例外。现如今，鲜有人相信独居的老年生活是一种理想化的状态，但那些正逐渐老去的单身人士都千方百计地希望能够保留一个可以独自居住的处所。

随之而来的问题是：为什么？——或者更确切地问，为什么这么多人在面临其他诸多的选择之时，依然觉得独居生活具有独特的吸引力？为什么在当今世界最为富足的社会中，独居现象变得如此普遍？是什么使独居生活对于年轻人、中年人和老年人都极具诱惑？

人们投身独居生活这样一场社会试验，因为大家相信，这是有益处的。独居生活有助于人们追寻神圣的现代价值——个人的自由、对自身权力的掌控以及自我实现，这些都是自我们青春期起直到生命终结，具有极为重要意义的价值。独居生活使人们可以在适宜的时间，以自己的方式做自己想做的事情。独居生活将人们从家庭以及婚姻伴侣的需求和限制中解放出来，令人们可以更将注意力集中于自身。在我们今天的时代，数字化媒体以及急速扩张的社交网络，令独居生活甚至给人们带来更多的受益——保持隐私与独立的空间与实践。这意味着，独居生活令人们有机会探索并认知自身生命的意义与目的。

然而自相矛盾的是，独居也许恰恰是人们需要的新社交方式。毕竟对于绝大多数人来说，独居生活不过是一种周期性的状态，而非稳定的长久之计。尽管并非所有独居者，但独居者中确有许多人最终决定他们需要回归家庭生活并寻找一个生活伴侣，爱人、家庭成员，或者是朋友。但这些人同时也清楚地知道，如今每个人的生活安排都不是一成不变的，承诺也未见得是永久的。人们开始改变传统，却依然不确定新的生活究竟何去何从，而在现代社会中，人们在各个阶段变换生活状态也依然变得司空见惯，单身、单亲家庭、成婚、分居、稳定的爱侣，以及最终又回归独自一人。

这意味着每个独居的人都将面对更多的压力，有时也难免忽然产生自我怀疑——究竟什么才是恰当的生活方式。但这并不代表独居者应当被冠上孤独或者离群的帽子，事实恰恰相反，有证据表明独居者与他人相比，在社交上更为活跃，而独居者占较高比例的城市也拥有更为蓬勃的公共文化。

找到全新以及更好的方式来帮助那些因社交隔离而感到困扰的人们是重要而且急迫的，但是，将独居现象与社区的终结或者社交的衰落联系起来并伤春悲秋，反而是将对于社交隔离问题的关注引向错误的方向，而对于那些急需帮助的个体与地区却毫无益处。

独居与孤独并非同一个概念，但在近年来，许多记者、教授以及权威人士一直持续不断地将两者混为一谈，将独居现象的增加当做当代社会解体的征兆，并激化了人们对此的恐慌。第一个例证就是《孤单的美国人》一书，此书是在哈佛医学院教授精神病治疗法的夫妻学者杰奎琳·奥尔兹与理查德·施瓦茨合写的。他们在书中警告说“不断上升的孤独感”与“国内不断提升的社交孤离”正在危害人们的健康与幸福，书中提出了两个令人震惊的调查研究结果，以支持这一论点：其一来自于在学术期刊上发表的一篇文章，文章报道说在 1985 年到 2004 年间，宣称自己无人可以讨论或倾诉重要问题的美国人的人数翻了三倍，已接近美国人口的 1/4。

美国人口的 1/4！这实在是令人震惊的统计数据，但《孤单的美国人》的两位作者却并非第一个提到这一数据的学者。这一研究结果来自杜克大学的社会学家的某项调查，自发布之日起，就一直是被媒体报道争相引用于标题中，也是脱口秀中常被提及的话题。如果这一数据属实的话，那毫无疑问这确实是令人烦扰的现象。可事实上，即便是撰写原文的社会学家们对于自己的调查结果数字也持怀疑态度，他们提醒所有的读者，调查中的孤独感的广泛性可能被夸大了，然而可惜的是，人们似乎并未听从这一劝诫。加州大学伯克利分校的社会学家克劳德·塞尔菲舍尔[①] 对此甚至持较为驳斥的态度，在彻底查阅了有关研究数据后，他指出，这篇文章对于美国

① 克劳德·塞尔菲舍尔，美国加州大学伯克利分校的社会学家和社会学教授，主要研究课题包括城市社会学和美国社会。

人孤独感的结论是不真实的、不恰当的，也不符合其他调查的结果，他甚至将这一错误归结于这一社会调查方法上的缺陷。塞尔菲舍尔最终做出结论："学者和普通读者不应当将此文中关于1985年到2000年间美国人社交的改变的有关调查引为论据，实际的情况是，美国人的社交可能并未改变。"

《孤独的美国人》在书中的第二个调查宣称上甚至更为粗心大意：2000年美国家庭住户中大约有1/4是独自居住的人，而这则显示了如今人们是多么孤独且与世隔离。实际上，几乎没有证据可以证明独居是造成美国人孤独感的元凶。大量的公众调查表明，决定孤独感的并非人际交往的数量，而是质量。是否独自居住并不重要，问题的核心是人们是否觉得孤单。而实验室式的调查研究以外，也有大量的证据足以支持这个观点，就像离婚和分居的人们常常说的那样，与一个不对的人生活在一起，才是最寂寞的事。

那些总是在媒体上鼓吹婚姻而谴责单身主义的专家们也推波助澜。以《婚姻的状况》为例，在书中，作者琳达·怀特与麦琪琳·加拉格尔指出，与已婚的人群相比，那些独居的人（包括离婚、丧偶及单身人士）更难获得快乐、健康和财富。她们宣称："婚姻对每个人来说都是有益的"，而同时，不婚的人"与身患癌症或者身处贫穷的已婚人士相比，男性的寿命要短十年，而女性短寿更甚"。

这些警言也许确实出自好心，但与调查显示的结果相比，确实夸大其词了。例如，充分的证据表明，从未结婚的人们与正处于婚姻中的人们相比，几乎一样幸福快乐，而且甚至还要比那些丧偶或者离婚的人要来得更快乐，更不寂寞。还有证据表明，糟糕的婚姻会给双方都带来极大的压力、负担和疾病；最近的一项调查还表明，“身处糟糕的婚姻关系中的人们甚至显现出比离婚人群更高的健康风险”。更重要的是，诚如《婚姻的状况》一书的某些批评者所指出的，将已婚人士与非婚人士放在经历其他问题困扰的前提下进行调查比较，仅仅具有学术研究（以及统计学）上的意义，换句话说，已婚人士良好的精神、健康以及经济状况，也许恰恰是他们能维持持久婚姻的原因，而非持久婚姻的结果。

并非只有婚姻制度的支持者才会因为激进的观点而影响他们的分析研究，与他们持相反意见的单身主义的拥趸以及捍卫者们也常常会犯同样的错误，单身主义者集中精力寻找不婚的秘密以及社会学定论，以至于他们无暇也无力去研究独自生活的种种挑战。例如，尽管在《选择单身》一书中，心理学家贝拉·德保罗也认同独身者承受了各种偏见和歧视，但“最后仍过着幸福快乐的生活”，尽管这对他们来说并非易事，而且幸福快乐也并非永远（毕竟，谁又能保证永远?）。重要的是，我们需要知道原因。

独居生活并非像人们常常定义的那样是一种社会问题，但对于独居者以及那些关心他们的人而言，独自生活确实会带来各种各样的挑战和困难。正因为过往的人类社会从未拥有过如此庞大的独居者人口，这也意味着人们无法从过往的历史中获得经验教训，这也将理解“在大量独居者的社会中生活究竟意味着什么”这一问题的重要性提升到了最高，而我们的当务之急是理解当代社会是如何演变至此的。

此书在开篇之始，便阐述了独居的兴起是来自于现代都市文化的各种因素集合，而人们通常认为的，是来自隐修主义、形而上学的古老传统。城市提供了小村镇无法企及的自由，让人们可以展现各种个人主义的怪癖，以及尝试探索各种新的生活方式。都市环境，从酒店区域、公寓住宅、社交俱乐部，都为希望拖延成家立室的年轻人提供了各种独居时也可尽情享受的全新体验。最终中年人与老年人也开始使用那些城市设施，并促进了新的环境的建立。十九世纪晚期，全世界的中心城区已经成为了成年人的乐园，到处都是酒吧、饭店、娱乐场所，而迅速崛起的商业街文化也吸引着独居者外出社交而非独自躲在家中。

城市令独居生活变成一种社交更为活跃的方式，但并未能为那些体验着这种全新生活方式的先驱者解决他们遇到的难题。本书的主要章节将按出现的时间顺序，一一探讨这些困难与挑战。（这也就意味着，本书的前半段将集中于年轻群体的经历以及独居者的经济保障问题，而后半部分则将探讨年迈衰弱的独身人群的问题。）在广泛的访谈以及观察调查的基础上，每个章节探索独居者是如何面对那些独居带来的常见问题的：在长时间生活在家庭中之后如何适应独自居住的生活，在投资个人职业规划以及社交、个人需求之间的左右为难；在多年的婚姻或爱侣生活之后重回单身独居生活，甚至全然不知分居后的生活将会如何；与他人一起推动、促进单身人士的福利待遇以及社会地位；保护自我远离来自工作的压力、社交媒体的烦扰、不安的家人和朋友的影响，以及对某些独居者来说，无法排解的与他人共同生活的压力感；在失去了长久相伴的伴侣之后独自老去；意识到我们中的每一个终将有一天面临独自一人的生活，因而让独居成为一种更为健康、社交活跃的体验，应当是每个人共同的责任。而这最后一项，是我们可以一起克服并实现的。

我撰写了许多关于独居生活的文章，并且也常常就这个话题做公开演讲，因而我知道，你可能会好奇，为什么我对这个话题如此执著，而对我而言，这项研究又意味着什么。毕竟，如今图书馆和书店里都充斥着各种论辩的大量书籍，已婚的人们鼓吹婚姻生活的益处，而单身人士则推崇单身，或者一致对爱情发表愤世嫉俗的质疑。我对于独居生活这一话题的兴趣与我的个人生活关系并不大（我现在已婚并有两个年幼的孩子，但曾经也有过一段快乐的独居生活），而更多是来自于我调查研究中的一些发现。在九十年代后期，我曾经写过一本关于 1995 年芝加哥市那场摧毁性的致命热浪①的书，调查中我得知，在美国的城市及其他地区有数以千计的人独自在家中死去，不为家人、朋友甚至邻里所知，也无法得到社会保障体系的保护。造成这些人死亡的原因并非仅仅是恶劣的天气，另一个重要因素是他们高度孤立的生活带来了危险，仿佛整个城市已经弃他们而去。他们无声无息地创造了一种某位城市调查者称之为“独自生活并独自死去的神秘社会”的现象。芝加哥 1995 年的热浪

① 1995 年芝加哥热浪是指 1995 年 7 月 12 日至 7 月 16 日的五天，在美国芝加哥史上最热的 7 月气温中，日温记录达到了 41 摄氏度，造成了大约 750 人死亡，这是目前公认的美国历史上最恶劣的天气自然灾害。

是一个病态的契机，使这一社会现象开始为人所知，而当几百具尸体出现在芝加哥中心城区时，公众开始意识到一个问题：我们该如何对待那些幸存下来的独居者？

《热浪》一书出版之后不久，罗伯特·伍德·约翰逊基金会[①]的某位工作人员联系了我，问我是否有兴趣就广泛的美国独居生活现象进行进一步的调查研究。一开始我有些排斥，因为我最初涉猎这一领域的经历是如此的残酷而艰难。而后，我意识到，我以最残忍的方式开始接触这一现象，而进一步了解人们为什么以及如何选择独居，也许有机会解开一些我们关于自身以及现今价值体系的核心和基础问题。我提出了一个研究计划，当基金会决定支持这一研究之后，我雇用了一些调查助手便开始着手这一项目。

我们的调查从曼哈顿开始，这里是美国独居现象最为普遍的地区，而研究范围也逐渐扩展到了美国的主要城市——洛杉矶、芝加哥、华盛顿、奥斯丁，以及旧金山海湾地区，甚至是其他独居盛行的国家：瑞典、英国、法国、澳大利亚和日本。在这项长达七年的调查研究临近结束之际，我们已经对超过三百名处于不同年龄和社会阶级的独居者进行了深度访谈，尽管，这里也必须指出，绝大多数独居者都有足够的经济能力支持这样的生活方式，因而，我们的访谈以及由此而来的研究分析，主要集中于中产阶级的经历与体验。除了访谈之外，我们也对独居者聚集的地方进行了观察，例如

---

① 罗伯特·伍德·约翰逊基金会是美国的最大的、致力于研究健康和卫生保健的慈善机构。

聚集了大量年轻专业人士的住宅区域、单身公寓，以及为老年人提供辅助生活中心的住所。我们查找检阅了以往关于单身者以及独居者进行的调查、社会调研以及市场调查的资料（一些调研中将单身者与独居者并为一类，而为了某些原因，我们也不得不采取相同的方法）；我们也访问了对于美国大量独居人士给予密切关注的其他人士，例如护理者、政府官员、建筑师和人工智能设计者。

我们中的每一个人在参与到此项目之初，对研究结果都抱有各自的预判和想象。我们中的有些人在二三十岁时曾经独自居住，并且认为独居代表着特立独行和职业上的成功。研究团队中的一位助手一直为在遥远的城市寡居的祖母感到担忧。另一个人则为结束了错误的婚姻并最终找到了各自的自由的父母而感到欣慰。另外一个则为一直独居的女性友人担心，怀疑她们是否还会结婚生子。还有一位则一直关注着独居且为疾病所扰的穷困人群。

社会调研的基本准则之一是研究者清楚了解自己对于研究课题的预判想法，但能超越这些先入为主的想法。我们整个研究团队努力遵守这一准则，而我也希望读者在阅读此书时也能如此做。我知道这并非易事。但对于读者而言，一定拥有一些对于独居的理解和认识，也许也拥有一些鲜明的观点。在研究项目进行的过程中，我许多对此课题抱有兴趣和热忱的朋友和同事都曾请求我解答他们各自急切的问题。

有些问题非常私密：独居生活的兴起是否来自不信任感或者促进了不信任感？——对于他人的不信任、对于亲密关系的不信任，甚至是对于承诺的普遍不信任？独居是否成为那些害怕被拒绝和分离的人们的一种自我防御式的辩词？或者独居是否代表着一种更为冒险且有风险的生活方式，更适合于那些愿意持续挑战自我的人们？

另一些问题则属于社会学范畴：当今天人们通过手机、社交网络等方式更为紧密地联系在一起，独居生活是否有着其他的意义？今天年轻人对独居生活的兴趣是否会令他们更注重于个人的发展，而不愿意投身到社区或者群体活动中？又或者，在如今人人都发现传统家庭常常分崩离析的情况下，独居生活的兴起是否将形成全新的“城市部落”以取代传统的家庭形式？今天独居者们建立起来的社交网络，当他们迁徙、结婚、变老、生病之时，是否会随之消弭？如果答案是否定的，那社交网络中留下的独居者们，又会变得如何？

还有些政治性的问题：当大量增加的独居人口开始形成一种新的群体身份时，是否会像某些著名的政治策略家所预言的那样，形成新的游说以及投票团体？或者，当每个人都更为关心自己的利益和需求时，独居是否会造成政治分裂？国内的独居老年人口的增长是否会促进社会保障制度的大量建设，以帮助这些孤独、虚弱甚至生病的人们？如果这样的保障制度未能建立，后果又会如何？

对我们中的许多人来说，单单只是想到独居生活，就令我们产生对孤独的紧张感，而这并非毫无根据。尽管对于有些人而言，在某些条件下，独居生活确实会造成孤独、苦恼、疾病，但很显然，这种灾难性的结果也并非无法避免。

今天，越来越多的人正在寻找他们待在家里就可以实现的个人主义，——或者，也许待在家里可以为他们带来的个人主义。能够负担自己居所的年轻专业人士，更倾向于拥有家里的个体主导权，而不愿意与室友共居；三四十岁的单身人士并不愿意为了寻找人生伴侣而放弃独居生活带来的种种好处（个人的、社交上的，以及两性关系上的）；离婚人士以往的婚姻经历终结了他们对于浪漫爱情是幸福与稳定的基础的幻想；丧偶的老年人，为能够独自生活而感到骄傲，结交新的朋友、参与社交群体和活动，开始全新的生活。

尽管每种情况不尽相同，但所有这些人都将面临一个共同的挑战：他们不仅仅需要解开如何独自生活的谜题，更需要学会活得更好。在这个问题上，他们并不孤单，我们所有的人，不管此时此刻我们是独自生活还是与他人一起生活，都需从他们的答案中学习成长。

第一章

独自生活

2007年9月30日，在格林波因特[①]的迈凯伦公园里，“无责任”队战胜了“监狱”队，夺得了布鲁克林足垒球[②]邀请赛的冠军。冠军队的主要成员都是二三十岁的中产阶级年轻人，他们经常参与本地的联赛，而他们的对手则从普罗维登斯、华盛顿特区、亚特兰大和多伦多等地远道而来。今天，足垒球俱乐部正在毛伊岛、迈阿密、达拉斯、丹佛、圣地亚哥以及西雅图等地兴起。世界成人足垒球联盟拥有七十二支注册球队以及超过一千五百名球员，在2009年拉斯维加斯举办的创始者杯赛上，协会将足垒球比赛称为“新的美国式娱乐”——这显然有些夸大其词，但联盟如今正致力于帮助英国以及印度的团队组织联赛，并热切地向美国以外的其他地区推广此项运动。

---

① 格林波因特（Greenpoint）是纽约布鲁克林地区的一个区域，因格林波因特球场以及下文提到的迈凯伦公园而出名，迈凯伦公园则以休闲垒球、排球、足球、手球和其他运动的盛行而出名。

② 足垒球（Kickball）是一种游乐场游戏、联赛游戏，20世纪上半叶起源于美国。它类似于棒球，球员用踢球来击球，而不是像棒球中用棒球棒，因而在年幼的孩子中更为流行。

现今，足垒球这一在过去具有代表性的孩童游戏却正蓬勃兴起，令人诧异的同时也不禁让人联想起社会学家所说的“第二青春期”。第二青春期推迟了所谓成家立业的“成年”，这在发达国家正变得司空见惯，一如冠军球队的名字——年轻人更热衷于无责任负担的生活方式。如在芝加哥，一则关于足垒球组织的广告是这么写的：“闲暇时光从未这么有趣过。”而另一个躲避球联盟的广告则标榜：“身为成年人，我们也能在球场上尽显往日光辉！”在另一些地方，这些体育项目又重新组建起类似大学联谊会或是高中生活般的氛围。ESPN 的报道称，在“休闲垒球”比赛中，球员必须整场都拿着一罐啤酒，而跑垒者必须灌下一罐啤酒才能得分。纽约市的足垒球比赛在布鲁克林的嬉皮士文化中心区举行，不同于联谊会之类的形式，在这里，比赛结束后，观众们直接从球场去往酒吧，像印第安人欣赏印第安摇滚乐团的演出，一直玩到第二天清晨。赛季结束时，球员和球迷们一起聚集在格林波因特体育场，参加足垒球舞会。

在周末投身儿童游戏式的运动项目，这并不是现今年轻人重归青春期的唯一方式。比起前几代人，他们更长时间地待在学校里，因为他们清楚良好的教育背景与适应能力一样，都在就业市场上更受欢迎，他们对于匆忙地投身某一职业这种做法持怀疑态度，认为对一家未必会对雇员忠诚的公司效忠，并非明智之举。他们晚婚晚育，年复一年地维持着随性的两性关系或是持续不断地约会，——对于一段亲密的关系能维系一生不变，他们通常也持怀疑态度。他们热衷于在即时消息工具以及社交网络上聊天，打电动游戏，在互联网上分享音乐。不少二十五岁以下的年轻人甚至搬回去与父母同住，记者与社会学家将他们称作“回旋镖族群”。

然而以历史的眼光来看，“回旋镖族群”的叫法其实名不副实，同样的，将纵情享受第二青春期看作年轻人忘了长大成人，也不妥当。社会学家迈克·罗森菲尔德这么写道：“如今，人们普遍相信，与以往相比，年轻人更乐意搬回家与父母同住。”而事实上，他也承认，和以往几代人相比，年轻人同样更乐意于拥有自己的住所。自1960年起，毫无疑问25至34岁之间的年轻人与父母同住的比例确实提高了：男性比例从11%上升到14%，女性比例则从7%增长到8%，但同时更显著的文化变化是——年轻人正致力于从家庭生活中解放出来。举例来说，1950年只有1%的18至29岁的年轻人独自居住，而今天这个数字已经达到了7%，又如，当时11%的20至29岁的年轻人离开父母在外居住，而今天，这个比例已经高达40%（尽管这些年轻人并非都是独自居住，但搬出父母家至少是独自居住的一个必要条件）。人口统计学者伊丽莎白·福塞尔和小弗兰克·弗斯滕伯格的调查表明，自1970年以来，独居正以惊人的速度增长，形成了一种新的离家独立的形式，并具有重大的社会学意义。

这样的说法有些太过避重就轻。在近十年间，越来越多的二三十岁的年轻人开始将独自居住看做成家立业前的一个重要过渡期，在大城市这一现象更为普遍，年轻的专业人士将拥有自己的独立住所看作一种与众不同的标志，也因此尤其不乐意与室友或者父母同住。

独自居住有其特定优势：独居保证了两性生活上的自由，并扩大了生活的各种可能性，令年轻人有足够的时间成长成熟并寻找真正的浪漫真爱。独居将年轻人从难以相处的室友中解放出来，甚至，当你的好友并不是总待在你隔壁的房间里时，友情也变得更牢固。独居令年轻人以想要的方式、在想要的时候外出社交，而且可以更集中精力在自身以及自身的需求上。

独居这种生活方式为何开始受到年轻人的欢迎？它又是如何从一种失败的社会生活现象转变为成年的标志以及个人成功的象征的？回答这些问题，我们必须更为仔细地探寻城市公众生活，或者说，单身亚文化是如何促成了全新的个人主义的。最早开始在格林威治村等地区开始独自居住的波希米亚文化倡导者们，无意中以先锋之姿开创了一种全新的生活方式，这种生活方式广受欢迎，并将最终成为主流文化的一部分。家庭内部的人际关系变化，令人们在独居生活中更为自在，因而我们也必须检视家庭内部的私密生活。当然，我们首先应该回退一步，来看看所谓“旧式”的个人主义与今天我们所说的个人主义究竟有什么不同。

现代派将独居当做一种高效而实用的经验，这种观点拥有足够的历史基础，其根源可追溯到古中国、古埃及以及古叙利亚的寺院传统，这些传统将苦行修行看作一种增长知识和令生活更有意义的方法。根据寺院教条，离群索居是通往神识的最有效方法，五世纪时的隐士阿巴·摩西[①]也正是缘此而提出他那著名的口号：“去吧，

① 阿巴·摩西（Abba Moses，330—405），又称作“黑圣徒摩西”，埃及古时著名的苦行僧侣与牧师。

坐在你那狭小的屋子里，那屋子会教会你所有的一切。”

然而现实中，几乎没有隐士是真正离群索居的。无论是居住在沙漠中，还是城镇的郊外地区，他们都因各自的理由，与周围的人们生活在一起。历史学家彼得·布朗恩写道：在埃及，苦行的理论及做法都已达到了最明晰及精细的地步，人们必须完全照搬有关的教条，在沙漠中，在封闭的空地中，在条件艰苦、四面壁垒高筑的村落中进行修行。布朗恩也进一步阐述道，在埃及，帕柯缪[①]修道院被称为“村庄”。[②]亚洲学学者文青云也曾写道：在中国古文明中，最早的隐修是世俗与哲学的，而非宗教的，而这种生活方式并不要求彻底地放弃社会化的生活，更接近于“无视人类生活中最常见的事物，如财富、权力与名望”。[③]

几个世纪以来，这些传统声名远播，但也发生了变革。今天看来，一些古老的浪漫主义著作纷纷赞美个人主义，并将离群索居看作回归自然的一种方式，以梭罗和约翰·缪尔[④]的精神为代表；又如

---

① 帕柯缪（Pachomius，292—348）是团修式修道生活创始人，在 312 年改信基督宗教后，决心以苦行修行实现自己的信仰，于 315—320 年间，在埃及南部建立起基督教第一所修道院，并撰写了团修式修道生活的规则。

② 引自彼得·布朗恩的《圣者在古典时代晚期的兴起和作用》。——作者注

③ 引自《岩穴之士——中国早期隐逸传统》（香港大学《中国大学报》1990 年版）——作者注

④ 约翰·缪尔（John Muir，1838—1914），美国早期环保运动的领袖。他写的大自然探险，包括随笔、专著，特别是关于加利福尼亚的内华达山脉的描述，被广为流传。缪尔帮助保护了约塞米蒂山谷等荒原，并创建了美国最重要的环保组织塞拉俱乐部，他的著作以及思想，很大程度上影响了现代环保运动的形成。

心理学家安东尼·斯托尔所写的那样，是一种创新自我的回归。[①] 毫无疑问，这些极具影响力的观点促成了一种重要的信念：独立生活对于每个人的成家立业而言，是非常重要的。但这些观点也带有反城市与反社会的决定性偏见，因而与在城市中独自居住的情况格格不入。为探寻当代安家立室的方法，我们对历史的回溯不能仅限于寺院传统，更应着眼于当代城市生活的各种传统。

德国社会学家齐美尔曾写道："对于某些特定类型的个人自由的保障，以及对普遍个人自由的保障程度上，大型都市提供了无可比拟的支持。"齐美尔于 1858 年出生于柏林，当时柏林的人口约为 46 万，而在他的一生中，亲眼目睹了柏林的人口增长到了 200 万人。与同时代的其他人一样，尤其是那些参与了反对现代化的浪漫主义运动的人们一样，齐美尔感叹城市化带来了道德文化的各种变化，但他也并不赞同削弱城市化便能改进并将一切变得更有意义这样的说法。

他斥责那些像尼采和拉斯金[②] 一样相信城市化摧毁了个体精神的人们，他认为，小镇生活不仅对个人加以限制，同样也限制了个体在与外界关系中的独立性以及其内心的差异化特点，以至于现代人在小镇环境中甚至会觉得无法呼吸；而城市则恰恰相反，城市扩大了个人的视野，为个人提供了"社交进化"的可能，并令每个人

---

① 见安东尼·斯托尔的《隐居——回归自我》。——作者注

② 约翰·拉斯金（John Ruskin，1819—1900），英国多才多艺的作家、艺术家、艺术评论家、哲学家、教师和业余的地质学家。1843 年，他因《现代画家》（*Modern Painters*）一书而成名，是前拉斐尔派的一员，本身也是一位天才而多产的艺术家。

“首先可以自由地超越对于失去家庭生活的恐惧”，能依据个人兴趣爱好加入任何新兴的社会群体或亚文化。[①]

齐美尔认为，这一全新的社会现象发展出的，是一种全新的“都市型”个体，人们以理性和智慧的眼光看待世界，拥有深刻的精神生活和平静理智的态度，——他将这种态度称作“有所保留”的态度。然而，看起来城市居民并不像正压抑着自我，相反，齐美尔认为，现代城市文化解放了城市居民，在村落年代被压抑的那些自我部分，正在城市化生活中重新被培养发展起来。他在书中写道：个人自由，并不能消极地理解为单纯的个体行动自由，或是仅仅被庸俗化的偏见归纳为思想解放运动，自由的本质特征是每个人生而俱来的特殊性与不可复制性，这恰恰是生命赋予我们的既有特征，遵循着内心与自然的规律，我们就能找到自由。

对于十九与二十世纪转折之际的城市居民而言，从家庭的禁锢、宗教传统的约束和小镇邻里的监视之中解放出来，确实令人振奋。人们常常辩称现代城市文化催生了一个属于伟大的创造力与审美实验的时代，也促进了各种先锋派的运动——如超现实主义、达达主义[②]、包豪斯建筑学派[③]等的兴起。现代城市给予放弃旧的习俗、快

---

① 引自齐美尔的《城市与精神生活》。——作者注

② 达达主义是一战时期兴起于苏黎世的一次文艺运动，涉及视觉艺术、文学（主要是诗歌）、戏剧和美术设计等领域的文艺运动，对 20 世纪的现代主义文艺流派产生了深远的影响。

③ 包豪斯建筑学派是指包豪斯学院所倡导的建筑流派或风格的统称，注重建筑造型与使用功能的结合，包豪斯学院在德国，是一所艺术和建筑学校，于 1919 年创立于德国魏玛，讲授并发展设计教育。

速适应新的社会潮流的人们以褒奖，因而也引发了人们日常生活中的非凡创新——齐美尔称之为“生活技巧”。而唯美主义者宣称，他们对艺术和生命一视同仁，甚至于不那么特立独行的城市居民也开始了艺术化的生活体验，他们改造自己、社区、他们的家园，以满足自己的“内在天性”，这些行为也冲击着城市和国家已经构建或刚刚重建的各种实体机构。

如今再回顾所有这些变革，找个住处独自生活似乎并不显得多么“特殊”或“极端”——套用齐美尔的措辞，但在十九与二十世纪之交的那个年代，独居作为一种履行个人社会自由的行为，仍然被大多数人视为大胆且叛逆。然而事实上，在十九世纪末期，单身的年轻人并不少，年轻人离开家乡去大都市找工作在那个年代是很普遍的现象。1890 年间，居住在美国大城市的单身男性青年（15 至 34 岁之间）的比例，甚至明显高于 1990 年时的数字，而当时美国的初婚年龄大约是男性 26 岁、女性 22 岁，这也比此后的整个世纪都要高。其实这些数字表明许多人都晚婚，而这些不过是平均数，也就是说，必定有些人要比这更晚结婚。1900 年，全美 25 至 34 岁间的白人男性青年中有整整 1/3 都是单身，纽约市的单身比例更高达 1/2。但这些单身汉几乎没有人独自居住，约有超过一半的未婚男女与家人生活在一起（正如欧洲南部的某些地区和许多其他发展中国家如今的情况一样）。几乎所有离开家乡去邻镇或遥远的城市工作的人们，都向当地家庭租了一个房间居住，或是搬进了宿舍，后者令社会工作者和社会学家日渐担忧起来。

宿舍被称作“为普通人而设的普通酒店”，是小型私人公寓的前身，而私人公寓最终将成为容纳城镇单身居民的主要住宅类型。宿舍在熟练的技术工人中广受欢迎，他们想要逃离被“监视”的家庭生活，尽管收入稳定却薪资微薄，宿舍因而以形式的多样性和平易近人的价格，受到许多城市移民的青睐。建筑历史学家保罗·格罗斯写道：“酒店生活，除非与另外一个群体共享生活资源，否则几乎可以被概括为这样一种生活方式——完全不受社会契约约束，也不受生活在同一个家庭屋檐下所默许的那种内部监视所影响。”① 这一现象令所有类型的卫道士们忧心忡忡，他们担心这会导致家庭之外的孤立生活，并引发一系列社会问题。独居生活被描述为危险的，因为据说独居会令男性自私、易冲动，而对于女性，独居则会令她们倍感寂寞、歇斯底里、压力重重。早在 1856 年，诗人沃尔特·惠特曼就在《邪恶的体系结构》一文中，列举出了他认为独居生活将为个人带来的各种不良后果：“萎靡不振、精神空虚、懒惰倦怠、神经紧张、消化不良、热衷于调情、挥霍无度、虚荣爱炫耀，也许我们必须承认，独居通常也将引致不道德，甚至是耻辱的行为。”五十年后，一位众所周知的基督教牧师警示大众，说宿舍体系“正像章鱼一样伸出腕足抓住那些不甚警醒的灵魂”。而 1929 年，芝加哥大学的社会学家哈维·佐伯格在他经典的实地研究著作《黄金海岸与小群体聚集区》中感叹：典型的宿舍没有餐厅、客厅、共同的聚会场所，因而也没什么机会在宿舍结识新的朋友，

---

① 引自保罗·格罗斯的《生活在中心城区：酒店式公寓的历史》。——作者注

而宿舍的房东或管理者也对房客们毫无兴趣，几乎不会产生什么交集。

与许多同辈社会学家一样，佐伯格认为没有伴侣的单身独居是“个体混乱瓦解”以及“社会失范”的成因。为了阐述这一观点，他列举了一些在宿舍多见的邻里社区自杀密集发生的统计数据，以及一系列来自《满是装饰家具的屋子》中的恐怖故事。在《慈善女孩》的故事中，一名来自堪萨斯州恩波里亚的二十二岁年轻女子来到芝加哥上音乐学院，并住进了宿舍。在头几个月里，她就告诉所有人她几乎无法认识新朋友，而她的“寂寞也渐渐累积变成了绝望”。慈善女孩经历了一系列的磨难，——母亲的去世，父亲也因她搬去城市而断绝了来往，甚至她的音乐老师也漫不经心地对她说，她不够优秀，恐怕无法完成音乐学院的学业。没有一个人给予她安慰，那些室友们甚至也漠不关心。“我审视着我芝加哥的生活，这一切对我究竟意味着什么？我的音乐消失了，这里我既没有家人也没有朋友。”对于佐伯格而言，这个关于城市化的寓言故事振聋发聩，他引用了书中慈善女孩的话，并加上了自己的注解：“城市就是如此”，在其他任何地方都不可能有这样彻头彻尾的无名之辈，而今天的都市中，也唯有今时今日城市的集体宿舍中才有这样的人。

然而，有一些城市居民恰恰热衷于这种默默无闻的匿名状态，因为这释放了他们“内心的规则”。在芝加哥大学的另一项经典研究“少数民族居住区”中，社会学家路易斯·沃思解释说，在二十世纪早期，某些犹太人想要逃脱当地犹太社区的束缚，芝加哥城中也因而涌现出了一批犹太酒店。而几乎同一时期，历史学家克里斯蒂娜·斯坦塞尔写道，在纽约市“第一批完全成熟的当代美国人”[①]移居到了格林威治村[②]，格特鲁德·斯坦因[③]称之为“享受没有父亲的日子”，并将格林威治村伪装成“聚集了一群以离群索居而自豪的异类的社区”。格林威治村的诞生背后有着复杂的个人主义、政治以及艺术文化原因，但正如罗斯·威特在他的居住史研究著作《梦想共和国》中指出的，格林威治村的所有成员都有一个心愿——“解放自我”，他们的共同心愿造就了格林威治村。

二十世纪初格林威治村因聚集村中的知识分子、艺术家、革命者、离经叛道的怪人而盛名在外，其中不乏一些标志性的著名人物，如乔治娅·欧姬芙[④]、艾玛·古德曼[⑤]、尤金·奥尼尔[⑥]、阿尔弗雷德·施

---

① 引自克里斯蒂娜·斯坦塞尔《现代美国：纽约的波希米亚以及新世纪的创造》。——作者注

② 格林威治村，是纽约市西区的一个地名，19 世纪末兴起，自 20 世纪初开始成为美国反主流文化的大本营，19 世纪后期和 20 世纪上中叶，这里以波希米亚首都和垮掉的一代诞生地著称，也曾是美国各种激进思想和文艺潮流的发生地。

③ 格特鲁德·斯坦因（Gertrude Stein，1874—1946），美国女作家、诗人和艺术品收藏家，后旅居法国，并创立了一个知名的艺术沙龙，对 20 世纪西方艺术文学都产生过重要的影响。

④ 乔治娅·欧姬芙（Georgia Totto O’Keeffe，1887—1986），美国女画家，被誉为 20 世纪艺术大师之一，她的画作更被称为 1920 年代美国艺术的经典代表。

⑤ 艾玛·古德曼（Emma Goldman，1869—1940），美国无政府主义者，以其政治行动主义、写作与演说著称，她在二十世纪前半叶北美与欧洲的无政府政治哲学发展中扮演了关键角色。

⑥ 尤金·奥尼尔（Eugene O’Neill，1888—1953），美国著名剧作家，美国戏剧的奠基人，1936 年诺贝尔文学奖的得奖人，表现主义文学的代表作家，主要作品有《悲悼》三部曲、《天边外》、《安娜·克里斯蒂》、《奇妙的插曲》和《进入黑夜的漫长旅程》等。

蒂格利茨[①]、沃尔特·李普曼[②]、克劳德·麦凯[③]和埃莉诺·罗斯福[④]等。但为数更众的普通村民也可以自由地享受这一“解放者的摇篮”，这是一个“走出藏身之地”[⑤]的地方，形形色色的人们在这里展现更为完整的自我。女性在就业市场寻找工作是这种自我实现的一个关键，工作赋予女性一定程度上的财政自主权，并打破了家庭对于她们的束缚。斯坦塞尔解释道：这一社区造就了不同于传统的家庭结构中的独立单身女性，这些女性每天独自搭乘有轨电车上下班，并热切地讨论着女性寻求传统的家庭角色以外的生存之道。无论纽约、芝加哥、伦敦还是巴黎，这种实验派的生活方式衍生出一系列属于那个时代的全新小说情节，历史学家朱迪思·沃克维兹将之形容为“城市里到处都是同时代的女性，而她们独来独往，生活充满了快乐与刺激”，而斯坦威尔则附和道：“这一代人雄心勃勃的野性激发了这

---

① 阿尔弗雷德·斯蒂格利茨（Alfred Stieglitz，1864—1946），美国摄影师以及现代艺术的发起人，被尊称为“现代摄影之父”。除了摄影作品之外，施蒂格利茨也因其在纽约的艺术画廊而著名，他在那里向美国介绍了许多欧洲前卫、先锋艺术家，前文提到的乔治娅·欧姬芙是他的妻子。

② 沃尔特·李普曼（Walter Lippmann，1889—1974），美国新闻评论家、作家、记者，传播学史上具有重要影响的学者之一，代表作《公众舆论》（*Public Opinion*）至今仍是传播学的经典教材。

③ 克劳德·麦凯（Claude McKay，1889—1948），牙买加裔作家和诗人，是反对种族歧视的哈莱姆文艺复兴运动中的先锋人物，他的小说《回到哈林》获得了哈蒙文学金奖。

④ 埃莉诺·罗斯福（Anna Eleanor Roosevelt，1884—1962），美国第32任总统富兰克林·罗斯福的妻子，女性主义者，美国首任驻联合国大使，并主导起草了联合国的《世界人权宣言》。

⑤ 此处原文直译即为“从柜子里走出”，有“出柜”的寓意，格林威治村也是同性恋运动的发源地。

些‘女英雄们’，她们走出去，向世界证明自己，拒绝浪漫的爱情游戏，决心要在婚姻之外找到自己全新的故事。”

诞生于格林威治村的波希米亚文化，并非仅仅源自村民们的精神特质，这里独特的空间布局也是一个成因——狭窄而多风的街道、温馨的咖啡馆、发廊和酒吧沙龙，以及它卓越的中心聚集区华盛顿广场。华盛顿广场满足了个人实验所需的私密性，同时为展现自我的人们提供了公开展示的空间。二十世纪初，广场附近有大量出租楼宇内住着许多大家庭，而后的几十年里，建筑商却建起了不少价格相对低廉的小型住宅单位，小型住宅类的住所，为这里的男男女女提供了一个“催生一切的初始之地”①。1917 那一年，杜尚② 和他的朋友们爬上了华盛顿广场上的拱门，宣布该地区为“自由和独立的共和国”，作家安娜·爱丽丝·查宾将拱门附近的一座建筑物称为“城中第一所单身公寓”，而这座单身公寓名叫“培尼狄克”，正是命名自莎士比亚的《无事生非》中那个嘲笑婚姻的年轻人。到了二十世纪二十年代，建筑商们将越来越多的单户家庭住宅以及出租楼宇改造为一房或两房公寓，这一次，不仅仅是男人，女性也蜂拥而来住进了这些公寓。

公寓型住房的需求来源不言而喻。历史学家卡罗琳·威尔指出，1920 至 1930 年间，格林威治村 14 岁以下的儿童人口下降了 50% 左

---

① 引自罗斯·威特的《梦想共和国》。——作者注

② 马塞尔·杜尚（Marcel Duchamp，1887—1968），20 世纪实验艺术的先驱者，达达主义和超现实主义的代表人物之一，被誉为“现代艺术的守护神”。

右，而1930年间，村中约有一半的成年男性未婚，而女性中的未婚比例大约是40%。这些人口变化与整个纽约市的普遍人口变化趋势一致，只是在格林威治村，一切发生得更快，也更为戏剧化，并成为了一种时尚。此后十年间，原本由家庭构建成的城市社会，正蜕变成一个属于成年人尤其是单身男女的庞大游乐场。越来越多的先锋人物选择了独身生活，而城市中的其他人以快速的步伐紧随其后。

十九世纪末二十世纪之初，波希米亚文化兴起的同时，男同性恋者也搬进了城市里，他们四处寻求住所以避开来自社会的监管和约束。历史学家乔治·察恩希的记录描绘出纽约的同性恋者是如何帮助别的同志找到合适的居所的，他们选择那些较为宽容的房东和邻居们，介绍其他男同性恋者做邻居，以避免挑剔的人“入侵”他们的领域。出租式的房屋对他们更具吸引力，这种住所文化不仅更注重隐私保护，房东们同时还允许住客按天或周缴付房款，所以，万一不幸发生了什么糟糕的情形，房客们也能轻易地放弃租约，搬到别处去住。察恩希的报告还指出，在曼哈顿区，一些酒店公寓如公寓房一样吸引了大批的男同性恋者，一位分析家指出了背后的原因——“在那里，你的邻居不过只是门上的一个数字罢了”。从格林威治村、切尔西、“地狱厨房”①到东五十、六十街区，整个城市的街道渐渐变为同性恋的聚集地，这些聚集地围绕着酒吧、自助餐厅、

① “地狱厨房”（Hell’s Kitchen），正式行政区名为克林顿，又被称为西中城，是美国纽约曼哈顿岛西岸的一个地区，早年是曼哈顿一个著名的贫民窟，以杂乱落后的居住品质、严重的种族冲突与高犯罪率而知名。

低价的餐馆、文学社团以及社区中心展开，令他们在面对质疑自己的声音时，可以互相支持面对挑战。到二十世纪二十年代，这些地区已经形成了颇具名气的标志性区域，不同性取向的人们在这里聚集一堂，享受自由与权利，而无需担心别人异样的眼光。

其实很久以前，人们纷纷来到纽约市的波希米亚、单身汉及同性恋社区，如果不能亲身参与，至少也来旁观一番这些区域内独特的亚文化场景。众所周知，哈莱姆文艺复兴时期，中产阶级的白人穿越纽约城来到上城区，体验爵士乐俱乐部的异国情调和上城区迷人的夜生活；这些中产阶级，同样也来到格林威治村欣赏波希米亚文化的各种产物。从早到晚，格林威治村的访客从不间断，而入夜后，这里繁忙的街道以及热闹的文化场景，令格林威治村摇身一变成了一个摩登生活方式的全新剧场，富有冒险精神的观众自纽约市以及纽约以外的地区蜂拥而至。这恰是城市公众生活蓬勃发展时会产生的景象：密集而多样化的社会环境中，陌生的人们彼此相遇，街道化作了舞台，全新的公共区域由此建立。理查德·森尼特在《公共人物的堕落》中指出：随之，“个体的想象力极限被再度扩张……因为想象力中关于真实与可信的界定，不再被局限于个体惯常所认定的领域”。一个人可以同时过着高度社交化的生活，而又保留有一个属于自己的私人空间，这一曾被认为古怪而难以理解的现象，如今变得确实可行而诱人。

在哈莱姆文艺复兴时期，白人中产阶级接触到非洲裔美国人的音乐、舞蹈、艺术与文学，并由此将黑人文化由边缘化的地位缓缓汇集进入美国流行文化的主流，同样地，白人中产阶级在与单身族群和波希米亚等亚文化的接触中，在心中播种下其他不同生活方式的种子，这些种子也慢慢地开始生根发芽。尽管，这并不代表大批的美国人甚或纽约人突然放弃自己传统的想法，放弃了尽早在两性关系中安定下来的想法。事实上，二十世纪二十到五十年代，在年轻人中，早早结婚进入家庭生活仍然是占据主导地位的做法，男性的平均初婚年龄甚至下降了两岁（由 24.6 降至 22.8 岁），而女性则下降了一岁（由 21.2 降至 20.3 岁）。但在同一时期，在纽约、芝加哥、洛杉矶、旧金山和西雅图这些大都市中，另一种全新的、摩登而独立的单身生活正在萌芽。这些自称为“新女性”的解放者，站在了社会变革的最前沿。

“单身女性，绝不是需要同情和保护的生物，她们正蜕变为这个时代最具魅力的女性……她们的迷人之处在于她们依靠自己的智慧生存，自给自足。为了在这个竞争激烈的世界中生存，她们不断磨砺自己的心理和个性，直至闪耀发光，这些磨砺与结果一样美好而吸引人。经济上，她们更充满梦幻般的魅力，她们不是寄生者、依附者，她们不像乞丐或者流浪汉那般卑微，她们是奉献者而非索取者，她们是成功者而非失败者。”

1962 年，四十岁的海伦·格利·布朗在她又薄又煽情的畅销书《性与单身女性》中写下了上面这些话。在《时尚》编辑部任职超过三十年的海伦·格利·布朗出身寒微，她出生于阿肯色的奥索卡山脉地区，十岁丧父之后与母亲一起搬到了洛杉矶市。家境贫寒加上妹妹又罹患小儿麻痹症，她不得不支撑起整个家，基于自己的亲身体验，她开始赞赏同时代的职业女性，欣赏她们的努力奋斗和对成功的梦想。她曾就读于一家小型的商业专科学校，毕业后进入人才中介机构从事文书工作，后来踏足广告界成为了一名秘书。在广告业中，她步步高升，最终成为了业内最有成就的文案撰稿人之一，并将事业拓展至新闻业。

《性与单身女孩》出版于贝蒂·弗里丹的《女性的奥秘》[①]成书一年以前，前者作为一本女权著作，却震惊并疏远了绝大多数女权主义者，因为书中并未抗议或抗争众所周知的、弗里丹命名为“无名的问题”——因歧视而在家庭、法庭、政治上以及工作环境中产生的两性不平等问题。布朗的书是为了那些生活在尽早结婚安定下来的巨大社会压力中并为之烦恼的女性所写的，这些女性在获得一纸结婚证书正式进入家庭生活之前，经历了多年的成长、摸索和愉快的生活，并因而认为婚姻可能并不是她们想要的结果。布朗在书中说：“女性最好的年华里并不需要一个丈夫的角色，单身女性最大的烦恼恰恰是——如何解决那些急着要娶她的男人带来的麻烦！”她还写道：“婚姻是女性最糟糕的岁月里的一份保障。”布朗的书并没有告诉女性该如何步入婚姻，相反，她在书中教导她们如何以最上流的姿态，保持单身。

---

① 《女性的奥秘》(*The Feminine Mystique*) 于1963年出版，由美国作家贝蒂·弗里丹所著，被普遍视为20世纪最具影响力的书籍之一，揭示了当时（20世纪50—60年代）美国妇女的生活状态以及普遍存在于她们身上的“无名”的精神问题，此书被视为标志女权主义者自我意识新浪潮出现的一份文献，引发了第二次女权主义运动的浪潮。

在《性与单身女性》中，布朗将自己作为书中的第一个范例，讲述了她的晚婚故事：她直到三十七岁时才嫁给了她聪明迷人、从事电影业的丈夫，并住进了一栋俯瞰太平洋、车道上停着两台奔驰的豪宅中。布朗也承认，对她而言，维持女性的自主权并非易事。在她二十多岁甚至三十多岁时，她眼睁睁地看着同龄女性们纷纷步入婚姻，委身于一些缺点显而易见的男人。她说："尽管很多时候，我已经确信我终将孤独终老，死在自己老处女的床上，可我也从未考虑过为了结婚而结婚。"相反，职场上她像个真正的"碧奇"[①]一样工作，在职业路途上，她形成了一种个人独特的攻击性风格，她愿意进入公众的视野，为众人所瞩目。布朗认为，做到这一点，你并不需要是个绝世美女、拥有许多财富，或是个性强硬，你仅需要拥有一点无畏的勇气、坚定的信念以及面对独自生活的坚韧毅力。

布朗所说的"独自生活"可不是孤单的意思。她坚称，室友是属于女子联谊会里的姑娘们的。单身女性需要的是一间只属于自己的公寓，哪怕那只是车库上方的一小间屋子。"独自居住的好处不胜枚举，单身女性因而有了独处的时间和空间来避开来自家庭朋友的社会压力，并充分发展自我。她可以工作到深夜，而不用担心其他人的想法，她可以有时间阅读以丰富内心，她可以观察自身，自省以改变自己的外表形象。最重要的是，她的隐私得到了保障，并可以更自由地体验冒险和纵欲的生活。"（尽管没有任何调查依据），布

① "碧奇"即英文 Bitch，婊子的意思，此处用以形容行事作风强硬而有攻击性的女性。

朗声称："单身女性的性生活质量通常比她已婚的女性朋友要好得多，因为她无需无聊地永远与同一个人绑在一起，她有很多男性追求者，拥有不受限制的伴侣选择。"

女性研究学者莎朗·马库斯曾写道："二十世纪六十年代，私人公寓成为全新城市文化的一个强有力的象征，为单身的女性提供了一个舞台——一个更具性解放意味的舞台，她们在那里充分发挥自己的创造力，并将自己具有创意的生活与取乐方式推销给其他人。"然而，极少单身女性长久地保留着私人公寓这一舞台，毕竟，布朗都未曾将独居作为一种颠覆婚姻的手段，她恰恰视之为改善婚姻的方法。她劝告女性："如果你最终选择了婚姻这条道路，一段单身的生活也将有助于建立一个更为良好的婚姻基础。"单身独居的生活为现代女性做好了健全的准备，即便是面对婚后要重回孤单一人这样不幸的情景，毕竟"男人很可能在五十岁时离开他的妻子（尽管这可能会令他花费不菲），就好像女人大可以将脏碗碟留在水槽里一样。"

事实上，在布朗出版《欲望与单身女性》的同一时期，另一个新兴的文化运动正鼓动男性也采取同样的生活方式，彻底推翻婚姻和家庭，享受全新的单身汉生活。《花花公子》杂志正是这文化运动的表现形式之一，该杂志的主编休·海夫纳更是其标志性的领导人，他创造的那只长长耳朵的兔子，成为了这种全新的男性生活方式的代言图腾。海夫纳曾说过："我可不希望我的编辑们结婚，并因为婚姻而产生许多愚蠢的念头，开始唠唠叨叨诸如亲密关系、家庭、家人之类的话题。"事实上，他的杂志也竭尽所能地阻止读者产生结婚的念头。

《花花公子》杂志谴责传统的家庭生活，并敞开怀抱接纳了一种全新的男性“家庭”生活方式。比尔·奥斯戈比在《设计历史》杂志中曾写过这样一段话：在整个五六十年代，《花花公子》吸引人们的目光聚焦于一系列奢华的“花花公子圣地”上，其中既有现实中的建筑，也有幻想的蓝图，它们无一例外地满足了时髦的人们对于城镇生活的梦想。在《男人心》一书中，芭芭拉·厄莱雷奇认定《花花公子》杂志的意识形态投射出的涵义是“将家庭重塑为男性的快乐王国”。杂志毫不含蓄地向所有的读者叫嚷着：当打开杂志时，每个人都应该丢下郊区的家、你的旅行车、你控制欲极强的妻子，回归伟大的城市生活！找一个自己的住所，用现代化的奢华填满它：美酒、现代艺术品、时髦的服饰、真皮家具、高级音响，和一张特大号的床，还有超越一切的美好享受——漂亮的单身姑娘们。

花花公子的私人宅邸向女性敞开大门，尤其是那些杂志中所赞颂的——爱找乐子、适婚年龄、个性开放的姑娘们。海夫纳的身边都是“兔女郎”，一开始是在他芝加哥的公寓里，最后在他那栋著名的洛杉矶豪宅中，他常常同时拥有几个情人。他的要求一贯直截了当，欢迎那些可以到访一晚甚至停留更久的女性。但她们在他那里并非随心所欲，寻求感情上的承诺，或是期待海夫纳安定下来进入婚姻，都是不被允许的，——他的床对所有的姑娘开放，可最终，那张床只属于他自己。

其实，并不是海夫纳的一己之力改变了一切。二十世纪七十年代，无论是男性还是女性都从服务行业的快速成长中获益，这些服务包括家居清洁、照顾孩子、看护老人、送外卖，甚至干洗服务。社会学家苏珊·利斯特借鉴从劳动统计局得到的数据，指出“原本有妇女完成的家务劳动转化为付费服务，这成了一种伟大的造就全新就业机会的领域。”而这一切背后的原因很简单，——进入劳动力就业市场的女性比例的记录，一直在被打破，从 1950 年的大约 1/3，到 1980 年已经增长到了超过半数。

越来越多受过教育的女性越来越快地涌入职场。二十世纪七十年代，完成过部分大学课程的女性中，进入职场的比例从 51% 上升到了 67%，而那些完成了大学学历的女性投身职场的比例更从 61% 增长到了 74%。正是由于这些女性离开了她们原本无形的工作——那些无偿的家务劳动，因而为其他人，当然主要还是为其他女性，创造了新的服务业的就业需求，以代替她们完成这些家务劳动。自此，私人服务行业开始不断壮大。

虽然女性的薪酬远远低于男性（至今仍是如此），但迅速地进入劳动力职场令女性比以往任何时候，都更易于实现个体独立。六十年代平均初婚年龄缓慢上升，而二十世纪七十年代初婚年龄开始大幅跃升，女性自 21 岁提高到 22 岁，而男性也从 23 岁提高到 25 岁。在这个动荡的十年间，人们不仅晚婚，他们也以前所未有的速度，快速地终结自己的婚姻。1970 年时，约 70 万美国夫妇离婚，与 1960 年的 39.3 万和 1950 年时的 38.5 万相比，这都是一个很惊人的数字。但 1980 年时，美国的离婚人口达到了前所未有的 120 万人。人口统计学家的统计表明，离婚率在七十年代已经提升了 50%，而另一个令人吃惊的事实是，1970年结婚的人中，有25%在1977年时就已经离婚了。[①]

整个美国经历了一场离婚革命，这种转型并不单纯是由女性进入职场而引起的，一种全新的道德标准也为此推波助澜——人们开始认同，关注自我是与照顾家庭同样重要的义务。这一新道德的兴起，也很快建立起“无过失离婚”的相关标准。芭芭拉·达佛·怀特黑德在她的《离婚文化》一书中写道，美国人“对于自身的需求和兴趣越来越关注。传统标准以外，如收入、家庭稳定性和社会阶层等以外，越来越多的人开始以家庭是否能促进个体实现和个人成长，来评判家庭纽带的健康和牢固与否”。欧洲学者们也观察到类似的变化。英国社会学家安东尼·吉登斯认为，一旦女性实现经济独立，夫妻便开始寻求“纯粹的关系”，这是一种不同于受制于传统的经济或社会制约的“自由漂浮”的关系。他这么写道：现代婚姻，越来越转变为一种“因与另一个人的亲密关系而获得情感上的满足”而建立并维持的关系。而当这种情感需求无法被满足，尤其是当婚姻进入困难的时期，人们愈发感受到维持婚姻关系也必须寻找到一个合理的理由，不然，离婚就是一个现成的选择。到了二十世纪七十年代，越来越多的人开始表现出这么一种态度——无论是选择成为一个花花公子，一个妇女解放式的女性，还是只是保持单身，追求个人幸福的需求具有压倒性的重要性。大卫·萨拉索恩如此描述这一

① 有关离婚率的统计数字来自于美国健康统计中心发布的《关于最终离婚率的深入报告》(1981)。——作者注

切：在这十年中，能从一段两性关系不受约束地进入下一段恋情，似乎是与《人权法案》一样重要的事情。[①] 找一个自己的住所，则是实现这种生活方式的最佳方法。

二十世纪六七十年代，住房市场也促进了人们寻求独立自主的需求，——与人口增长相比，房屋的储备数量增长得更快，尤其是当中产阶级家庭纷纷“逃出中心城区”时。[②] 这一现象后来被称为“城市危机”，而历史证明，城市危机为未婚成年人找到了一个机会，一个在大都市中寻找自己的公寓处所的机会。在许多大都市中，中产阶级人士很轻松就能找到负担得起的出租公寓，私人公寓将他们聚集在一起，进而形成了围绕单身生活而建立起来的形形色色的地区亚文化。芝加哥的林肯公园、旧金山的滨海区、洛杉矶的西好莱坞、西雅图的贝尔镇，这些都不是波希米亚或者同性恋亚文化区域，而是都市专业人士，年轻的单身、未婚和离婚者的聚集区。为满足日益个性化的市场需求，这些地区到处都是新建或改建的公寓楼。单身的独居生活，忽然间盛行起来。

试想一下，为数不少的人们正以这样的方式生活：1960 年，约 700 万美国人独自居住，而十年间，超过 400 万人加入了这一阵营，因而截至 1970 年，独居人口已达到 1100 万。在二十世纪七十年代独居人口的家庭数量以比以往任何时代都快的速度飞速增长，而

① 引自大卫·萨拉索的《现代爱情：为我们的婚姻设立联名账户》。——作者注

② 引自约翰·亚当《80 年代的美国住房》。——作者注

1980年时，这个数字已经达到了1800万。[①] 城市里，这种增长更为惊人，例如在曼哈顿，家中只有一个人住的家庭住所的比例从1960年的35%上升到1980年的46%，而在洛杉矶、芝加哥、达拉斯、西雅图和旧金山这些地方，单人家庭的同比增长甚至更大。独居人口的数量在七十年代以后依然持续上升，八十年代和九十年代增长速度略微放缓，而2000年又再度飙升。到今天，美国已有超过500万35岁以下的成年人独自居住。

许多选择了独自生活的年轻人从小就形成了这样的想法。当然，并没有人这样直白地教育他们，孩童时代，尽管情况可能不尽相同，但所有的孩子都与家人生活在一起，而学校的教育也绝不会鼓动年轻人独居。然而，今时今日，越来越多的孩子培育出独立生活的能力和愿望，这都源自一个历史性的变革：孩子自己的卧室。

传统上，大多数家庭中的孩子不是与父母，就是与兄弟姐妹住在同一间房里。对于居住在城市出租屋中的移民家庭，和举家迁移到北部诸州并蜗居在狭小公寓中的非洲裔美国家庭来说，这事实不容置喙。可直到最近，对于美国的白人中产阶级家庭，甚至是一些富裕的白人家庭而言，其实这说法也确实属实。美国人口普查表明，1960年，平均每户美国家庭的儿童人口为2.4，而平均每个儿童拥有的卧室数则为0.7间。但此后，美国家庭规模逐渐缩小，而房屋面积则在增长。1980年间，平均每户美国家庭有2个孩子，而每个孩子

① 数据来源自美国人口普查。——作者注

拥有一间卧室；2000 年，每户平均儿童人口为 1.9，平均儿童卧室数量为 1.1 间——这意味着，在美国不仅每个孩子普遍都拥有自己的卧室，有些孩子甚至可能还拥有另外一间其他房间。数据表明，典型的美国家庭的居住面积在 1950 到 2000 年间翻了一番，从 91.3 平方米上升到超过 204 平方米。[①] 今天，对许多中产阶级家长而言，如果不能为每个孩子都准备一间单独的卧室，实在是为人父母上的失职。中产阶级因而从城市中心区迁往郊区，以确保子女都能拥有独立的私人空间，——许多年前看来奢侈的做法，如今已成为中产阶级生活的必须条件。

无论是在城市还是郊区，孩子们现在也更经常地独自在家，由于愈来愈多的父母在工作日都必须双双外出工作，孩子们就在家里自己准备点心和正餐，并安排打发自己的课余时间。由威廉·格拉登基金会发布的《挂钥匙的孩子》报告中指出，2005 年，大约有 1000 到 1500 万 16 岁以下的美国儿童在放学后或是暑假中，自己照顾自己："与以往的时代相比，今天成年人对于子女的监管愈来愈少，而有些孩子从 8 岁起就开始自己照顾自己。"

"挂钥匙的孩子"和家庭中单独的卧室的普遍化，正形成一种国际趋势。过去 50 年里，欧洲急剧下降的生育率彻底改变了居家空间的情形：从 1960 到 2000 年，英国平均单户家庭人口从 3.1 人下降到了 2.3 人，在法国，这一数字也从 3.1 下降至 2.4，德国从 3.8 到 2.6，

① 儿童卧室条件的数字来自于罗森菲尔德的《独立的一代》，美国家庭住房面积的数字，来自于国家房屋营建商协会公布的数据。——作者注

意大利从 3.6 到 2.6，丹麦则是从 2.8 跌至 2.1。加拿大也呈现出同样趋势的变化，1960 年至 2005 年间的平均家庭人口从 4 人下降到 2.5 人，但在日本，1975 年至 2005 年间，家庭平均人口却从 2.5 人增长到了 3.3 人，而美国，家庭平均人口一落千丈——从 1900 年的 5 人，到 1950 年 3 人，而 2000 年下降到了 2.6 人。[1] 几乎在所有这些国家里，家庭规模的急剧减小、家庭住房面积的增加以及公寓住房的兴起，一齐改变着我们的社会。二十世纪后期的所有发达世界国家中，人们既可以选择与家人住在一起，也完全具备了独自生活的条件。

当然，今时今日，私人空间已经无需再依赖专属的个人房间来形成，我们大可以全家坐在一起，甚至是在一起用餐，却各自沉浸在 iPhone 或笔记本电脑中，也不与身边的家人交谈。可在过去，社交媒体尚未出现的那个年代里，中产阶级的家中开始出现每个人自己的私人空间，在当时，就已经开始改变美国家庭的互动方式了。社会学家安妮特·拉奥特在她的“美国不同阶层育儿方法的比较研究”中发现，在典型的中产阶级家庭里，除了每隔几天偶尔坐下来一起用餐，每个孩子都待在自己的房间里，甚至父母和子女都很少待在同一间房里。于是家庭生活围绕着每个人——不仅是父母，还有子女们的——需求和喜好展开，兄弟姐妹们参加不同的运

① 欧洲的有关数据引自《人口统计学报告：满足老龄化社会的需求》，加拿大和日本的数字分别来自加拿大统计局和日本统计局理事长报告，美国的数字来自于联邦统计局。——作者注

动，玩不一样的乐器，跟不同的朋友来往，全家使用一种开放性的时间表，每个家庭成员都能按自己的想法待在或离开家里。父母们竭尽所能地让每个子女都得到个人发展，而孩子们在这种过程中，也开始培养出自己是独一无二的、享有特权的想法，兄弟姐妹之间也产生了强烈的竞争意识，甚至略带着些许敌意，尽管在中产阶级家庭中，兄弟姐妹其实很少待在一起。拉奥特指出，常常听到孩子们在另一个家庭成员身上使用“恨”这个字眼，但谁也不会因此大惊小怪，——当每个人都开始关注自身时，人们和环境都变得更为平和。

1958 年，心理学家、儿科医生唐纳德·维尼科特发表了一篇极有影响力的论文，文中指出，尽管看来有些自相矛盾，“但独处的能力是基于有其他人在场的独处经验而建立起来的，如果缺乏这种经验，则关注自我、自给自足的能力很难发展成型。”说得更具体一点，维尼科特指的是母婴关系，以及幼儿如何从母婴关系中培养独处的安全感，并学会在他人在场时依然以自我为中心，——传统意义上，信赖的母亲在场，对幼儿来说，代表了周围环境是安全可靠的，这为建立健康的客体关系提供了条件。[①] 维尼科特论文中所指出的母婴关系的重要性，对它发表之后的几十年中出生长大的孩子们来说，依然深具意义，文中提到的这种学习的过程，为孩子们培养

---

① 弗洛伊德最早使用了“客体”一词，以表达对婴儿而言，满足需求的事物，而对儿童而言，客体一词可与“他人”互换。因此，客体关系即指人际关系。——作者注

出更强大的独处能力创造了条件，而所谓“条件”并不仅限于孩子们的独立卧室。

与越来越普及的独立儿童卧室一样，另一文化变革同样引人注目——儿童心理学家向父母提出帮助婴儿入睡的新建议。人类的历史进程中，通常母亲都与婴儿睡在一起，其实即便是今天，世上绝大多数的母亲和婴儿依然共同入眠。在诺特丹大学建立了“母亲婴儿睡眠实验室”的生物人类学家詹姆斯·麦肯纳曾指出，在人类进化的过程中，母亲们发展出一种与生俱来的能力，即便在熟睡状态，母亲们也能照顾好婴儿入眠。虽然许多地区人们都将婴儿放在摇篮里睡觉，然而直到二十世纪婴儿床才被广泛推广开来，并开始为中产阶级家庭所使用。起初，婴儿们在母亲的身旁安睡，或者是睡在父母床边的婴儿床中，但 1946 年末，儿科专家本杰明·斯波克出版的《婴幼儿护理常识》一书，在众多建议中，特别提出父母应当让新生儿待在自己的房间，让婴儿学会独立安睡，这样父母们也能获得一些隐私和安宁。①

《婴幼儿护理常识》中这短短几行文字的影响却难以估量，——此书在出版后以三十九种文字印刷了超过 5000 万册，显然无法被当做一本普通的出版物，直至今日，此书依然是最畅销的书籍之一。五十年代，“斯波克医生”俨然成了现代社会毋庸置疑的儿童护理和发育领域的权威，他对许多其他问题也提出了自己的意见，包括婴

① 本杰明·斯波克的书今天已经出版了第八版，更名为《斯波克医生的婴幼儿护理学》。——作者注

儿睡眠训练这一引起了无数医生和父母关注的命题。2000 年，美国国家消费者产品安全委员会的主席，在办公室里向所有的父母发出倡议：避免与两岁以下的幼儿同睡一间卧室。这位主席女士的行为确有足够的理论支持，——斯波克医生的理论在“睡眠专家”和儿童心理学家的手中被进一步发扬光大了，他们认为，婴儿独自入眠的价值是无可估量的。

例如，1986 年的畅销书《解决孩子的睡眠问题》的作者理查德·费伯，就在书中指出：“众所周知的事实是，人们独自躺在床上时，睡眠质量更好。”他也承认，让婴儿睡在自己身边，对父母而言，是极具诱惑力的，有时他们甚至会觉得，这是为了孩子好。但他认为，这些父母是错的：“一个人睡对于婴儿来说是建立‘自己是一个独立个体’的认识的重要环节，他们将不再因为与父母分离而感到焦虑。”费伯对于那些拒绝采纳他的建议的父母言辞激烈：“如果你认为你更愿意让婴儿睡在你自己的床上，也许你该好好审视一下自己的感情需求”，因为很有可能，“你并不是为了孩子好，而是在利用他逃避自己的问题、解决自己的问题……如果你不能简单地解决这问题，那你可能需要专业的心理辅导帮助。”尽管费伯言之凿凿，但仍有些家长推迟或并未采纳“费伯法”，可数百万人购买了费伯的书，并采用“费伯法”锻炼培养自己的子女——这使得美国的下一代人口，变得更适应也更善于独处。

经历拥有私人卧室和大量独处时间的成长期后，越来越多的年轻人想要保持这种自由的状态，即便当他们离家去上大学时，甚至可以说尤其当他们进入大学校园时，这种对自由状态的向往更为明显。美国各地的大学宿舍管理人员，都报告了一个相似的情况，绝大多数的新生从未与人共享卧室，而其中许多人在大一时都无法适应有室友的新生活。第一学年结束时，这些年轻人宁愿支付额外的房租来恢复自己的私密空间。如今的大学校园中，全新的宿舍楼里都拥有足够的单人间和套房式单位，学生们既拥有一个公共区域，又有一间有一张床和书桌的私人房间。在学生们提出单人间的要求前，大多数高校就已经准备好了宿舍，但今天，单人寝室依然供不应求。

例如，2006年迈阿密大学的宿舍主任露辛达·柯妮凡就承认，学校一直无法满足于为数众多的单人宿舍的申请，并宣布学校计划建造几百个新的单人间。她对学校报纸说："我们必须满足现在学生们的需求，他们既想要公共环境也希望能保留私人的空间……我们知道这些宿舍楼都年代久远，也正在努力做出改变，以令校园生活更具吸引力。"2008年，乔治华盛顿大学的报告中提到，学校其中一栋宿舍的5间单人间收到了超过286件申请，华盛顿大学承诺，在完成学校新设施建设和改建计划之后，校园里将增加300间单人宿舍以满足学生们的需求。2009年，波士顿大学新建了一座豪华的高层本科宿舍楼，楼里包括大量被称为"单身宿舍"的单人间，和许多每位学生都拥有私人卧室的套房宿舍。以往的年代里，即将毕业的高年级学生和好朋友们分租公共宿舍，分享大学生活的最后一年，而如今，一种全新的精神正在悄悄成形，一位在波士顿大学新宿舍楼申请了宿舍的学生对《波士顿环球报》这么说："我申请了自己的宿舍，因为我的朋友们都太节俭了，不愿意在这里租房间。”[1] 现在，她也完全可以在最后一年离开朋友们独自生活了。

但至少还有一位家长坦承不讳，一位住在波士顿大学豪华宿舍的学生的母亲承认，她儿子在离开大学后将很难保持这种生活方式，2009 年的秋天，她对儿子说：“毕业后，你将面临不景气的就业市场，以及不得不忍受在布鲁克林的住宅区里与老鼠为伍。”[2] 其实她还可以加上一点，无论他们是否喜欢，除了那些家境富裕的学生，最终当这些年轻毕业生来到大都市，会发现自己还是不得不与室友分享住所。这非常重要，因为室友分享住处与拥有一个独立的单人住所之间的区别，如今已具备了深刻的文化涵义——对于现今的年轻人而言，这就是告别“第二青春期”，进入成年期的转折点。

以满怀抱负的年轻记者贾斯汀[3] 为例，他毕业于十大名校之一，毕业后他得到了一份纽约市的工作，并附带提供过渡性的工作宿舍。贾斯汀给人的第一印象似乎有些害羞、充满防备，他身材瘦小，长着微卷的棕色头发、深陷的眼睛，温和柔软的声音有时难以分辨。但一旦他放松下来，他又显得风趣而风度翩翩，只是这通常需要一些时间，因而，他觉得在纽约市与他人相处，似乎比他想象要困难，

---

① 以上宿舍有关现象，引自丽莎·查普曼的《迈阿密大学生》，2008 年 3 月舒米·爱德华的在《华盛顿大学短斧报》的文章，和《波士顿环球时报》2009 年 9 月 2 日的报道《波士顿大学为学生们提供奢华生活》。——作者注

② 引自《波士顿大学为学生们提供奢华生活》报道中达茜·贾恩的话。——作者注

③ 贾斯汀是化名，除了那些公众人物，书中出现的其他人也都是化名。为社会科学研究的对象匿名是保护他们的一种标准方法。——作者注

而独自居住似乎对这一点毫无益处。所幸他的几位大学时代的朋友也来到了纽约，在朋友们的介绍下，他找到了几位室友一起租下了一间公寓，而他们如同大学时代时一样，依然乐意一起外出。贾斯汀对于独自生活并不排斥，但他知道自己还没有准备好，当时机成熟时，他会再次尝试独居的生活。

看过《六人行》和《三人行》[①]的人都会同意，当你年轻又单身时，与室友同住是件非常有趣的事情：室友为你作伴，当你早晨醒来或经过了漫长的一天回到家中时，不会觉得孤单；当你来到一个陌生的城市时，他们帮助你结识新朋友，邀请你参加各种聚会，扩大你的社交圈；你们一起做饭、打扫卫生、购物采买，这意味着你不必独自负担所有的事情；你们分担房租，这样就可以住在一个相对更好的社区，并省下钱外出社交。许多年中，贾斯汀一直享受着这些好处，与室友同住的种种好处令他经历了一系列看起来无穷无尽的麻烦——室友们来来去去，不得不去寻找新的公寓住所，在不同的街区搬来搬去，——这样，他才能与自己同龄的室友同住。但五年后贾斯汀发现自己开始更为关注与室友同住的其他代价，因为，也正如所有《六人行》与《三人行》的观众们所熟知的那样，很多时候，甚至是通常，与室友同住也可以毫无乐趣可言。

与室友同住的人，最终应该无一例外地都因烦恼不断而被迫搬离吧？当我回顾我的调查研究，那些被受访者称为“麻烦的室友”

① 《六人行》(*Friends*) 与《三人行》(*Three's Company*) 分别是九十年代和 70、80 年代间的两部美国情景喜剧，讲述了年轻的朋友们住在一起发生的故事。

的故事，实在是形形色色，各有特点：曾经是朋友，却不再支付自己的那部分房租和账单的室友，偷窃东西的室友，品味不佳的室友，宅在家里从来也不出去的室友，不说话总是沉默的室友，在博客上谈论你的室友，看电视成瘾的室友，有酗酒问题的室友，偷吃别人食物的室友，从不洗碗的室友，散发出不好气味的室友，不喜欢你的女朋友的室友，看上了你女朋友的室友，成为了你的女朋友、与你分手却拒绝搬走的室友。

贾斯汀的经验算不上太糟，但他有自己的麻烦。同住一间公寓，但他和他的室友却彼此不对盘，很快气氛也随之变得紧张。贾斯汀甚至不愿意在客厅或是餐桌上见到他的室友，他开始避免回家，或是到家后径直冲进自己的房里。他回忆道：这太可怕了，“当你与室友的关系并不亲密友好时，从某种程度上来说，共居一室甚至比独自居住更令人寂寞，因为将你孤立起来的人就直接站在你的面前。这种经历太糟糕了！”所以，他搬走了，新公寓和室友的情况要好一些，但贾斯汀开始渴望能有更多的隐私。贾斯汀解释说，当与室友同住时，“如果你把一个女孩带回家，不仅这个姑娘会注意到你的室友，你的室友也会关注她。”家里的社交对话变成了一种负担，有些时候甚至令人难以忍受，而隔天早上的对话，可能更是惨不忍睹。在贾斯汀接近三十岁的时候，他已经有很多朋友了，也有足够的钱能负担得起一间市中心的一居室公寓，当然，前提是他得节省下一些其他开支，并彻底放弃存钱的念头。这决定并不困难——贾斯汀决定搬出去独自居住。

这是一种截然不同的体验。贾斯汀说：“现在我完全无法想象与一个室友一起生活，而且，这样我也不可能会过得开心。”他解释说，随着年龄的增长，在他的社交圈子里，一旦超过了二十五岁，人们约定俗成地认为，你要么与配偶生活在一起，要么有一个自己的住处独自生活。他坦言，人们认为作为一个成年人还与室友同住，并不光彩。“我可能会不承认我有一个室友，我的意思是说，我觉得现在我是个成年人了，与室友同住就变得难以接受，那仿佛是一种未成年人才做的事情。”

第二章

独自生活的能力

心理学家贝拉·德保罗曾说：“我一直过着单身的生活，也从未渴望过其他生活方式。”德保罗是一位倡导单身生活的作家，她出生在宾夕法尼亚州的邓莫尔小镇，在她的家乡孩子们从小接受的教育告诉他们，结婚是人生必经的过程。在她上大学之前，她也从未想过还有其他选择，但长大成人之后，她意识到，单身才是她想要的生活，她解释道：“我并不是在某一刻，突然意识到自己喜欢单身的生活；单身就代表了我，这毋庸置疑。意识到这一点并付诸行动的必要条件，是我开始了解，我们可以坚持对自己有意义的生活，这种坚持甚至是件好事，——即这意味着，你的生活方式无须循规蹈矩。”①

即便不是成长于邓莫尔那样的小城镇，人们也可能一样难以接受独居生活。主流文化仍然看重婚姻或亲密的伴侣关系所带来的安全感，这种重要性也被灌输给年轻人，如今现代社会的孩子们也许比上几代人都拥有更多的私人空间，但他们仍然在家庭环境中被抚

---

① 引自贝拉·德保罗的《我如何发现单身才是我想要的“幸福快乐的生活”》一书。——作者注

养长大，童年生活中至少会有一位成年人相伴，家里常常还会有其他孩子的存在。幼年期与他人共同生活的经验影响了人们对未来生活的预期，成家立业并与他人生活在一起，即便并不是人们眼中的理想状态，至少也会被当做一种行为规范。年少时的经验也塑造了我们的个性，发展了我们与别人共享家庭生活空间的技能、技术和行为模式，也促成了我们性格的形成，推动我们发展生活技能，创立各种共享家庭空间的技术和模型，成年后，所有这些都有意无意地影响着我们。

通常在长大成人之前，鲜少有人会有独自生活的经验，这也意味着，那些开始独居生活的人们，会很快地发现他们必须学习以适应这种新生活。梭罗、悉达多[①]和海伦·格利·布朗的故事也许鼓舞人心，但一个人的家庭生活可没有什么可以参考的指导手册，至少现代化的独居生活并无教科书可循。无论多么兴奋激动，独居生活依然充满挑战，独居意味着人们需要自己面对无论紧张或温馨的情景，这种新生活还会衍生出一系列个性化的需求。独居生活的有些挑战是非常实际的，例如学习采购生活用品和做饭，平衡独处与社交生活之间的比重，通过通讯媒体建立健康的人际关系——从以往被动地看电视，到积极地通过电话和互联网进行人际交往。而其他一些挑战恐怕就没那么简单了：学会适应孤独，勇敢面对独居即等

① 悉达多，德国小说家赫塞所著的《流浪者之歌（又名悉达多）》，中的主人公，他在释迦牟尼的时代古印度，通过禁欲主义、自我放逐以追求和探索生命的最终目标。

同于失败的社会成见，应对房屋市场与职场上的歧视，与那些已婚朋友们交往，而他们可能为单身未婚的朋友感到不安，并认定单身令自己的朋友并不快乐幸福。

虽然每个人培养独居能力的经验都各具个性特色，但我的调查研究表明，这其中依然有些被广泛认同的共同点：今天，年轻的单身主义者将独居视为特立独行与成功的标志，社会不再将独居视为人生失败的象征，他们将独居当做一种在个人发展尤其是职业发展上的投资。他们认为，这种投资必不可少，因为当代的家庭关系非常脆弱，而工作也并不可靠，最后每个人可能都还是得依靠自己。另一方面，自我提升也意味着承担独身的一些挑战：学习家务能力，学会一个人自得其乐地生活，建立信心以投身人生新的挑战。单身生活同时也意味着社交上的更多努力——建立强大的朋友与同事的社交网络，甚或，如记者伊桑·沃特斯所说那样，形成“城市部落”以取代家庭提供支持。①

投入工作和“部落”会令单身生活充满成就感，但这种成就感却很难持之以恒。到三十多岁依然单身的人们大多都会发现，他们的社交圈子因为朋友们纷纷结婚生子而日渐式微，而工作即便带来了成就感，却无法满足他们最深切的精神需求。于是，他们陷入了两难境地，这些已经习惯于享受“独立时光”的人们必须要在令单身生活重放光芒，或者是找一个伴侣步入家庭生活之间做一个抉择。对男性来说，这一选择并非那么迫切，可对女性来说则截然不同，

① 引自伊桑·沃特斯的《城市部落：重新定义友谊、家庭与承诺的一代》。

单身就意味着三十五岁之后，她们每夜入睡时都会听到耳旁生物钟永不停歇的滴答作响，提醒着她们，她们能孕育自己的孩子的可能性正变得越来越小。正因如此，作家洛瑞·戈特利布争辩说，单身女性应该将就那些并不那么理想的伴侣，并安定下来。她的说法并没有什么说服力，当婚姻的双方都未全身心投入时，维系婚姻会变得尤为艰难，（而其中另一个理由，是在出版了这本争议性的《嫁给他》之后的两年里，戈特利布自己也完全无视了自己的这项建议）。那些已经学会了独自生活的年轻人们认为，如果婚姻一开始就是一种妥协，那生活并不见得就会变得容易一些。他们以开放的心态寻找理想的人生伴侣，但如果没能找到，他们觉得能有一个地方独自居住，也许更好。①

大多数年轻人都将独自生活看做人生的一个阶段，而非终点，并充满激情地面对由此而来的各种挑战。无论他们是否正积极地寻找自己的人生伴侣，他们都期望有朝一日能找到自己的伴侣，并步入婚姻的殿堂。今时今日，四十岁的美国女性中有84%是已婚，而六十五岁的女性中有95%有过婚史。毫无疑问，与今天相比，1945

① 事实上，德保罗的研究表明，相比之下，单身并独居的人士更善于面对生活方式带来的挑战。在德国进行的一项超过20年的长期研究，要求3万名参与者每年对于自己的幸福程度作出评价。平均而言，在调查期中那些一直维持单身的人的幸福指数比那些已婚人士略低，但总体而言，单身人士的幸福程度要高于那些结婚却离婚或者伴侣过世而寡居的人。在荷兰进行的一项针对18岁以上人士的调研也有相似的结果，保持已婚或单身的人的幸福程度相对更高，但那些曾经有伴侣却最终分手的人却会经历一个幸福感的骤跌，但慢慢又会回升。——作者注

年和 1970 年的那几代人对婚姻有着截然不同的看法，但这种不同的观点无关他们最终会否结婚。当代美国人也许对婚姻本身持有质疑的态度，但未婚的人群中依然有超过 90% 的人相信总有一天他们会选择结婚。①

如今 65 岁和 25 岁的人之间，对于婚姻态度的区别并不在于是否会选择结婚，而是何时结婚。出生于二十世纪四十年代的美国人，男性与女性的平均结婚年龄是 23 岁和 21 岁，相应的，到了 40 岁的时候，他们之中从未结婚的人不到 6%。今天，初婚年龄达到了联邦政府有记录以来的最高数字，男性 28 岁、女性 26 岁。而在马萨诸塞州、纽约州和华盛顿特区，初婚年龄如今已经超过了 30 岁，和今天欧洲某些国家——如瑞典和丹麦的数字一致。此外，40 岁仍从无婚史的美国人，占到了男性中的 16% 和女性中的 12%，② 这意味着，他们都曾有很长的时间独自生活。

单身人士如何利用自己的独居时光？在《反对爱情》一书中，劳拉·基普尼斯指出，没有固定的伴侣关系释放了人们各种发挥的自由。她甚至挑衅般地暗示，这种自由可能会威胁社会现状，她写道："谁知道他们会一时兴起做出什么不好的事情？谁知道未来他们会有些什么样的需求？"可事实上，书中对那些最野心勃勃的单身者的采

① 参见罗斯·柯瑞德和杰森·菲尔兹 2002 年的著作《数字、时间和婚姻以及离婚的阶段》。——作者注

② 引自马修·布拉姆勒特和威廉·莫舍的《美国——首次婚姻的解除、离婚和再婚》；美国无婚史人口的数据来自爱德华多·波特与蜜雪儿·奥德耐尔的《面对没有学位与妻子的中年生活》。——作者注

访，也清晰地展现出一个不具危害性的答案：他们将自己的“自由时间”都花在了工作上。

今天的社会经济条件下，我们大多数人都是自由的、彼此为更好的工作机会而竞争的对手。在这种环境下，空闲时间的真正含义难以被归纳，今天的职业人，尤其是年轻的职场人，都清楚地知道，雇佣者和被雇佣者之间，并不再为社会契约所约束。雇主不再做出长远的担保，而软弱的工会既无法对雇主提出要求，又无法将工人们团结起来。相反，每个人都努力工作以期建立自己的优势，在我们职业生涯的早期尤其如是。对于那些正在崛起的新一代充满抱负的年轻专业人士而言，二三十岁确实不是结婚成家的好时机。相反，这是投身学校和工作的最佳时机，并希冀能因此而有所作为。我们将自己的时间交给那些教导和雇佣我们的人，剩下的时间则用来自我提高。我们学习新技能，展现自己的方方面面，旅行，搬迁，建立人际关系网络，赢得声誉，晋升，寻找一份更好的工作，然后，循环往复，从头再经历一遍所有这些过程。当你没有一个彼此承担责任和承诺的伴侣时，所有这些都会容易一些，而当你独自生活时，一切就更简单一些。

这就是现代经济繁荣的代价，职场令年轻人做出不同寻常的牺牲，当他们年富力强时，要么将时间精力都献给工作，要不就得彻底放弃获得成功的希望。在盈利性的行业中如是，甚至在那些看似没什么剥削的领域，如大学和文化产业中，也是如此。例如，当我在伯克利大学读研究生时，我曾听说，几位学生的导师，一位先锋派的女性学者，就曾积极劝诫她们在做出成绩之前，不要急于进入一段严肃的两性关系。她认为，学术界的竞争已变得非常激烈，几乎所有的地方都取消了终身教职这样的职位，而能够负担得起日常开销的教育工作也并不常见。两性关系即要求你的投入又令你分散精力，更糟的是，还影响你的工作质量。重要的是，没几段感情能天长地久，——难道，你不应该优先考虑自己的工作么？

那些知识型经济行业工作的所谓“创意阶层”也有着相同的思潮。诚然其中的某些幸运儿可以偶尔在办公室打个乒乓或者享用免费的食物，但他们更面临着工作带来的巨大的时间和精力要求，他们工作在竞争最激烈的行业中，从软件、电影、广告到艺术界。他们还必须尝试打破个人生活与职业生活之间的屏障，将工作放在首位来进行马修·卡佛所称的“灵魂的创作”，甚至是牺牲自己的社交时间。在《自由职业的国度》一书中，商业作家丹尼尔·平克就指出，各个领域的创业者也正面临着巨大的工作压力。平克将数以百万计的美国创业者称作“独奏者”，因为他们的“前景完全取决于个人的奋斗努力”，而非“大企业的仁慈”。这种工作性质的新变革既是解放性和令人振奋的，也是可怕而令人疲惫不堪的。正如平克的一个受访者所说的：“自己创业最糟糕的地方是你得 24 小时工作，而最棒的地方就是，你可以选择哪 24 个小时用来工作。”

而银行、法律、媒体、医药等领域的人们，就没有这样自由的工作时间了，这些行业中的高层管理人员根本不需要建议员工将工作放在感情生活的前面，因为这些职业已经隐含了这样的条件。在这些以及其他一些高效率也高收入的行业中，员工花费大量的时间在工作上，每周 70、80 甚至是 90 小时，无论是在办公室办公或者出差，还是在私人时间中用黑莓手机检查邮件。如今，当工作上“出了些状况”时，年轻的专业人士常常被迫取消午餐约会、晚上的社交活动，甚至整个休假假期。以在投资银行工作的马克为例，在他 20 岁出头时，他就一直将自己西海岸的公寓空置着，甚至在女友搬了进去之后也从未露面，只是因为突然间工作需要他留在东海岸！不用说，这段感情很快就结束了，此后，马克开始尝试按照自己职业的现实状况规划自己的生活。他告诉我：“我仍然会去约会，但我开始与更年轻的姑娘交往，以避免遇到那些会提出那个可怕的问题的女性——‘接下来我们的关系会怎样？’我还是会继续寻找合适我的伴侣，但因为我不得不把工作放在首位，并在闲暇时间与同事们一起社交，我也开始变得有些逃避——我想，晚一点我还是可以有机会结婚生子的。”

为了适应全年无休的工作文化，马克将办公室变成了他的社交中心，而他并不是唯一一个做出这样选择的人。在调查研究中，我们采访了一位律师，他说在持续两年每周工作七十多个小时以后，他的一位同性恋同事，已经成了他最重要的社交伙伴。而第一章中提到的记者贾斯汀也说，他不介意超时工作，因为工作环境本身是社交化的：“我周围有许多与我兴趣相投的人们，我们一直有良好的互动、聊天、互发邮件，在大厅里聊一下某个采访故事或者一个不愉快的拍摄经历。”他也承认，工作中认识的朋友，业已成了他办公室外最主要的社交伙伴：“我们外出共进午餐，工作之余我们一起参加运动，我们有一个自己的网球队、一个垒球队，——这太有趣了！”

办公室里并不是唯一模糊了年轻人的个人生活与职场生活界

限的地方，如今，智能手机已经成为年轻人必备的工具，而在Facebook之类的网站上，他们无时无刻不在与不同领域的朋友们交谈，工作与娱乐的世界交织混合在一起，形成一股他们随时随地都在追随的信息流。我们的调查中，采访了一位三十多岁在政府供职的女律师，她形容道："我一天工作9个小时，其中7个小时在阅读邮件，当然主要还是工作邮件，但其中也有一些来自家人和朋友。而我的手机通讯录里有350个联系人。"即便是与朋友外出的休闲时间，每次手机响起她也都会查看并迅速地回复与工作有关的电话和短信。①

实际上，上文所讲述的这种情形并不少见，尽管人们常常将独居和与世隔绝联系在一起，但实际上对于大多数成年人而言，情况恰恰相反。通常，独自生活的人们的社交生活是过度扩张的，加上他们在数字媒体上的高度活跃，他反而更为忙碌。②我们采访中的这些年轻的都市专业人士都告诉我们，他们总是挣扎着避免因过度频繁的社交活动而分心，例如晚上与朋友的聚会、网上从不离线的对话，而从不担心与外界缺乏联系。——《美国的单身人群：新核心家庭》一书证实了这一点：由调研公司Packaged Facts进行的大型调研结果表明，独居者更倾向于认为，互联网改变了他们休闲生活

① 关于职场生活中的人际吸引，请参见《绑在一起的时间：当人们在家办公或以办公室为家时》。——作者注

② 1985年《婚姻与家庭》杂志中的一篇重要调查这么写道：独自生活的人们与外界的联系并不少，在某些案例中，甚至拥有更频繁的人际交往。——作者注

的方式，他们更常常上网到深夜，或者因为上网而减少睡眠的时间，而这并不是说他们就常年“宅”在家里。根据皮尤基金会关于《新技术与社会隔离》的研究，互联网和社交媒体的重度使用者，相比其他人群，拥有更为多样化和范围广大的交际圈，他们更可能去公共场所认识陌生人，或者参与志愿组织。[①] 与已婚人士相比，独居的单身人士去酒吧和俱乐部跳舞的可能性要高一倍，单身者更常在餐厅用餐，上艺术或者音乐类的课程，出席公众活动，或者与朋友们去逛街。当然，他们偶尔也会觉得孤单，或者觉得需要做出些改变，令生活更为完整。但那些已婚的人们又何尝不是如此，说真的，绝大多数人在生命的某个阶段，都会有这样的感受。寻找终生伴侣或者找一个人同住并不是解救孤独感的灵丹妙药，毕竟，孤独这一心灵创伤，是人类生命体验的一个基本组成部分。[②]

许多单身人士在进入三十岁的后期时，也难免会开始反思——为什么自己没有找一个伴侣安定下来，而如果现在他们选择结婚，是否会过得更开心。例如，马克就说，直到三十多岁依然单身的生

---

① 见皮尤研究中心“互联网与美国生活”项目研究的报告——《新科技与社会隔离：互联网与手机如何影响着美国人的人际关系网》。——作者注

② 孤独感是一种心理创伤的概念是由心理学家约翰·卡西奥普提出的，他认为，感到孤独的人实际上未必比其他人孤单。事实上，《美国社会学杂志》1981 年刊登的一篇迈克尔·休斯与沃特·戈夫基合著的重要学术文章《独居、社会融合和心理健康》中，基于对 2248 名 18 岁及以上的美国成年人做的随机调查结果，指出：与大众猜想相反，独居者并不比未婚者的心理健康更糟，某些方面甚至心理健康程度更高。——作者注

活，令他体验到许多他已婚已育的朋友只能梦想的生活：生活在不同的国家，度过一个冒险的假期，约会不同的女性，以寻找自己理想的生活伴侣。他也很确定，职业生涯中花费大量时间建立起来的人际网络，如今也令他受益匪浅，当金融危机到来时，在他需要寻找新工作时给予他帮助。

当接近四十岁时，马克开始认为，他错过了一些重要的东西："我看着那些我已经结婚并有了可爱孩子的朋友们，我担心自己错了，有时，我觉得生活很空虚，我觉得我需要比工作更重要的东西。其实，我想和我当时的女友结婚，但由于我过去几年一直持续这样的生活方式，她对于与我共度余生没有什么兴趣。"马克清楚地知道，女性对于三十、四十多岁从未结婚的男人心存疑虑，"我需要让她相信我，我可以减少工作时间，不用无休无止地投入工作，可以放弃在晚上去满是单身女郎的俱乐部里玩乐。我觉得我已经玩够了，但她并不相信。"

当然，身为一位城市中的成功单身男士，相比同龄单身女性，马克拥有某些她们没有的奢侈特权，最重要的是，他并不急于决定他是否想要生一个自己的孩子。他心知肚明，即便他与现任女友没有结果，他也可以继续寻找自己的伴侣，而无需担心生育能力正在急速减低。① 虽然有些女性可能会对长期单身的男士心存疑虑，但马

---

① 这一说法言过其实，最近的研究表明，超过 40 岁的男性产生的精子数量比年轻男性少，且他们的孩子产生自闭症和精神分裂等病症的风险更高，——参见罗尼 · 拉宾刊登在 2007 年 2 月 26 日《纽约时报》的文章《男性的生育时钟也在倒数》。——作者注

克并不用担心单身成为一种不体面的标志，他所面临的单身生活的问题，不外乎一直想抱孙子的母亲的唠唠叨叨，和已婚朋友们对于纽约市的单身生活偶尔的小嫉妒和向往。

三四十岁依然独居的女性面临更多的社会压力，无论是偶然还是刻意选择了单身，大多数我们调查中采访的女性都表示，进入三十岁以后，能否以及如何找到人生伴侣并生育自己的孩子，成了她们生活中不可避免的一部分。她们发现身边的人们——朋友、家人甚至新结识的朋友，总是很关注她们的家庭生活，觉得这比任何其他事都重要，这些人在每次谈话中都急于询问她们是否有交往的对象。对于单身且独居的女性而言，这很普遍，以至于许多人怀疑究竟是她们自己更焦虑还是她们周围的人更为急切。但几乎所有的报告都指出，这令她们感到难堪，无论个人或职场成就如何，她们认为公众眼中自己的形象是“骄纵的”①——社会学家欧文·戈夫曼用了这个字眼，形容单身独居女性面临的更庞大复杂的压力——社会正贬低她们的成就和形象。

关于有没有约会对象的问题，恐怕并不是独居的年轻女性唯一的难堪之处。杂志和电视节目上，心理学家常常在建议女性该如何提升自己的魅力，并找到终生伴侣，而社会学家则急着告诫你，如果不安定下来，将会面对怎样悲惨的结局。（例如，《婚姻的案例》

---

① 引自戈夫曼·欧文1963年的著作《耻辱：关于管理被骄纵的身份的备忘录》。——作者注

的作者琳达·怀特和麦琪·加拉格尔就说："科学也赞成祖母辈们的'老一套'——总的来说，男人并不适合独自生活，女人也是。"）民主、共和两党的政治家们双双谴责婚姻率的下降和"自私的单身主义"。医生们则唠叨着警告女性患者"高龄产妇"的生育风险。反对单身的信息，甚至存在于单身人群内部，毕竟一生中谁都难以避免谈到找一个伴侣结合、生儿育女的重要性这样的话题，更何况，独居的人们还常常要面对单身的惶恐。

独自生活的女性都清楚，晚婚也意味着怀孕生子的几率大大降低。也许她们并未看过最近的一项研究结果，二十世纪七十年代，只有 1/10 美国妇女在生育年龄中未怀孕产子（医学上的生育年龄到 45 岁结束，但实际上绝大多数女性在 45 岁之前都已经怀孕分娩了），而今天，这个数字只有不到 1/5。① 但也许因为是身边有许多类似的例子，独居女性并不会对此趋势大惊小怪。尽管近四十岁或者四十出头的女性无子无女地独居这一现象在今天正变得越来越普遍，但并不代表，一切已经变得比以前容易了，在我们调查采访中，即便是最成功和最自信的单身女士，也坦陈她们也会怀疑，自己所做的决定是否正确。

莫莉是一位快四十岁的网页设计师，她自认是一名激进的个人主义者，采访时，她棕色而柔和的眼神总是在寻求理解，嘴唇微微张开，看起来有些脆弱。她说："我一直很喜欢有大量独处的时间，

---

① 数据来自皮尤研究中心 2010 年的报告，格雷·琴利文斯通与德维拉·科恩发布的《女性无子女比例上升，而高学位女性无子女比例下降》。——作者注

我也不善于与人相处。”莫莉和妹妹都是离异家庭里的“挂钥匙的孩子”，父母双方都将莫莉当作自己的调解人。“我不仅仅只是照顾妹妹，我也好像是牛仔竞技表演中的斗牛士一样，每个人都把自己的问题强加在我身上，我不得不为别人的事奔忙。当我离家去上大学的时候我非常兴奋，觉得身上的重担忽然消失了，我好几个月都没有给家里打电话。”

大学毕业后，她搬到波士顿并与室友合租了一套房子，她常常出去玩，有过几段并非谈婚论嫁的感情。六年后，搬到纽约市时，她在基浦湾买了一套自己的房子。今天莫莉三十七岁了，即便是独自在家时，她也并不觉得没有伴侣令她的生活不完整。她说：“我真的喜欢能有一片只属于自己的空间，我甚至从不觉得寂寞凄凉，有时，当电话铃响起的时候，我甚至也不想接。并不是说我的人际关系不好，但有时我觉得别人和我的关系太亲密了，比如与某个人生活在一起，完全没有属于自己的时间，对我而言并不是轻松惬意的事情。自己待着，不用去为其他人的事情操心，对我而言，更接近我想要的‘舒适’。”

尽管她这么说，当莫莉二三十岁时，她也曾对找一位伴侣同居或结婚感兴趣。她说：“那时我一直在约会不同的男性，想找到我的伴侣。”其中有几段感情持续了一年多，但到那个时间节点时，她总是会问自己：“我准备好与这个人共度余生了么？”每次，她的选择都是“不”。而到三十五岁时，莫莉对这样的反复尝试失去了兴趣，她每天长时间地工作，而把宝贵的时间浪费在约会上甚至感觉有些像是自我否定。她开始花更多的时间与同事出去玩，与在滑雪旅行时遇到的人交朋友。此后，她再没有与男人出去约会过，莫莉解释说，这比约会更让她觉得幸福："我只是喜欢不用为别的人别的事情操心。"

然而，莫莉也无法免俗地担心自己是不是做了一个错误的决定，也许可能更糟，她满足于独自生活可能代表着个人生活的失败。但总体而言，莫莉觉得自己幸运地生活在一个独居被认可的年代。她说："我真的是太喜欢独自生活了，如果活在别的年代，离开父母的家住进夫家的那种年代，我不知道我还能不能对自己有这样的了解和认识。"但当遇到低潮时，她也会有不同的想法："我担心自己是不是有什么问题，是否早年发生的什么事，直到今天还在影响着我的生活？"无论多么热爱并适合独居生活，当大众对这样的生活方式纷纷忧心忡忡时，要维持自我认可并非一件易事，对于独自生活的人而言，自我认可并感到幸福，并不是自然而然的事情。莫莉也承认，作为一位独自生活的女性，你必须建立起自信心。

艾拉是位三十五岁左右的公益律师，外貌明艳动人，一头金发，大大的蓝眼睛，手臂上发达的肌肉很符合她内心的坚韧。她已经非常适应独居生活给女性带来的各种挑战了，而她战胜这些挑战所付出的努力很值得深入探讨。她说："我常常看到身边同龄的女人感到绝望，就像是'我不能一个人！如果我找不到伴侣，那一定是我有什么问题！'可我从不这么觉得。在过去的四五年里，我认识了些女性朋友，她们都近乎急切地想要找到自己的伴侣。她们觉得孤独，而且也不知道如何在世上独自生活。我绝对不想变成那个样子。"洛瑞·戈特利布那种呼吁这个年纪的女性尽快找个伴侣安顿下来的建议，也会令艾拉不满，她认为，绝大多数的女性还是应该坚持寻找适合自己的那个人，或者，干脆开始学习适应独自生活。毕竟对艾拉而言，到今天，她已经看到身边七位友人纷纷经历了离婚或者分居的悲剧，而她觉得，那些听从了戈特利布的话的女性，恐怕也逃不过这样的厄运。

如果艾拉能看到婚姻对她的切实利益，也许她会有不同的观点，但作为一个博览群书的人，艾拉觉得那些关于婚姻的益处的各种研究报告，对于她自己的情况并不适用。她也认为，男性获得了婚姻带来的绝大多数的益处，尤其是今天，当女性不仅比男性更懂得生活，甚至也挣得更多时。[①] 她也读到有关的研究报告说，已婚妇女患抑郁症的可能比单身女性更高，而且，当已婚女性将精力倾注于家庭生活时，她们就很难维系自己的人际关系或是在职场上保持优势。而对于艾拉而言，她的家人、朋友、工作，便是她如今生活的最大意义。她明白自己的挑战在于如何享受这些带来的快乐，并学会承受自己的生活方式所带来的寂寥。

艾拉特意去学习面对这样的挑战，她找到现在的工作后不久，便在布鲁克林高地买了一间舒适的一居室公寓，这个区域很热闹，各种服务设施齐全，也有许多与她年龄相仿的单身人士。艾拉常常去当地的一间瑜伽教室，在那里学会了如何集中精神能量和感知，她已经坚持去那里四年了。她解释说："我认识每一个人，这是一个

---

① 参见 2010 年皮尤研究中心、理查德·弗莱和德鲁·科恩合著的《女性、男性与新婚姻经济》。——作者注

好像编织姐妹会一样的小团体，并不是充满竞争或是有些怪异的。”虽然她一直自视为一个局外人，但在这个地区生活了几年之后，她发现自己已经在此安顿了下来，而她也很喜欢这个地方。艾拉说：“生活在纽约最棒的地方就是你完全可以籍籍无名，但能有一个自己的小小团体也很不错，尤其是独自生活时，而且我真的很喜欢当我每天出门的时候，都会遇到一些自己认识的人。”

她偶尔也喜欢一个人在家里待着，她有自己的生活和人际社交要处理，有时会觉得一个人待着也挺好。她承认：“我一个人的生活就够丰富精彩了。”但这样的生活方式并非一蹴而就。尽管她一直热爱烹饪，但一个人生活时做饭就变得有些难，繁复的计划、购物、准备、烹饪和享用食物的过程，如果是一个人，就觉得有些奇怪和浪费。她并不渴望大型的家庭聚餐，但她清楚地意识到，现代社会很多人都将独自进餐——无论是在家里还是外面，视为一种失败的社会标志，更可以说，是可悲的。艾拉的这种消极情绪和其他单身人士相同，美食作者和编辑朱迪思·琼斯就曾说过：“我喜欢做饭给别人吃，与朋友们分享快乐，但一个人的时候为什么要这么麻烦呢？”① 可是，艾拉渐渐意识到，独居生活中的烹饪需要培养特殊的技能——愿意用自己的时间、金钱和创造力，来满足自己所需的意志力。这是一个值得探索追求的挑战，因为那些学会了这一点的人发现，这一技能在厨房外也令他们获益匪浅，因为从根本上而言，这是一种关于如何照顾好自己的技能。

---

① 引自朱迪思·琼斯的《一个人做饭的乐趣》。——作者注

学会在住所以外与在家中一样享受单身生活，这非常重要。但年轻的单身人士发现去做、去享受那些日常的平凡小事，如去餐厅、酒吧、音乐会或者看场电影，非常困难，因为他们从小的教育告诉他们，这些都不应该是独自一个人做的事。然而对于许多人来说，独自旅行显得尤为困难。人们总是告诫单身女性孤身一人、没有旅伴的出门是很危险的，2009 年《波士顿环球报》刊登过一篇鼓励女性独自旅行的文章，这篇名为“独自旅行的女性，世界也可以成为你盘中的牡蛎”的文章指出，独自旅行可以是一种非常强大的社交体验。即便如此，文中依然郑重建议“安全是女性旅行者最应关注的问题”，并引用了一位女性旅行者在自己的书中所写的话——当我们踏出家门的那一刻，我们就必须留意身后的脚印。这篇文章也建议“学习一下女性自卫课程，这可以降低你成为被害者的风险”。①这确实是至理名言，但却无需过于多的郑重其事。

艾拉曾在国外留学，她的工作也需要她常常出差，因此，她已成为一位无畏的旅行者。当她的公寓无法帮助她逃离城市生活的重重压力时，她选择参加充满探险的旅途，参与挑战性的旅行团，或者是到城外去参加为期一周的瑜伽静修。和其他大多数单身人士一样，艾拉也发现，旅游业是为夫妇和情侣量身定制的，自己旅行的人在酒店房间和租车方面的花费，通常和两人一起旅行的情侣或夫妻没什么两样，而旅游业的广告通常也是针对情侣和家

---

① 此文作者卡里·博德纳楚，刊登于 2009 年 3 月 15 日的《波士顿环球报》。——作者注

庭的。

而近年来，她也注意到旅游市场正在适应新的变化，以满足独立旅客的需求。根据旅游行业协会的报告，美国国内旅游市场中，单身和独居人士占到了 27% 的份额，而休闲旅行中大概有 1/10 的旅客是独自旅行的。而近来，多家酒店、SPA 和游轮公司对这一现象采取了新的举措。如挪威游轮公司就在 2010 年 2 月宣布，将在加勒比海航线的游轮上增加 128 间单人房，而这些房间的住客只需要支付一人的旅费，这与旅游行业惯有的做法大不相同，因为单人旅客通常也需要支付两人的费用。①

然而，无论住宿环境多么温馨，对于独居者而言，旅行终究不过是寻求人生意义的过程中一种短暂逃避。就像艾拉这样资深的探险者们都承认的那样，如果你无法寻找到独自生活的意义，那么外出寻找新鲜感本身，也会渐渐丧失新鲜感和吸引力。在我的调查中，当我就当地城市部落的命运采访记者伊桑·沃特斯时，他告诉我："许多人跟我说他们喜欢独居，是因为独居生活令他们可以随时随地去旅行。但是，旅行并不是什么灵丹妙药，充其量不过是一次长长

① 其他酒店也开始向独身旅客做推广，例如圣摩尼卡的费尔蒙万豪酒店就推出了一个"独自在城市旅行"的方案，其中包括了许多如何独自一人游览城市的建议。而威斯汀圣约翰别墅度假酒店有一个包含了三晚住宿与一个私人泳池的"单人假期"套餐，售价 2550 美元。一些新兴的旅行社也为那些寻找旅途浪漫邂逅和特别折扣优惠的单身旅行者推出了一些方案，如单身国际旅行社的"超级单人折扣"就是针对那些想要获得更优惠价格的单身旅行者。这些变化都很不错，但不过只是个简单的开始，单身旅行者也看到了旅游业为情侣和家庭所做的种种特别安排和设计，并表示要在旅途中令他们宾至如归，旅游业还有很长的路要走。——作者注

的中场休息，旅行本身无法回答最深刻的那个问题。”所有独自生活的人们都会明白，家，才是最终的目的地，也是他们独居生活最终的归属之地。

来自雇主、地产商和住宅协会的歧视令单身人士日常生活的安排变得更为复杂。我们调查中访问的单身人士都认为，学习与这种歧视抗争，是独居生活必不可少的一部分。例如，许多单身人士指出，上司与同事们更尊重有配偶和子女的员工的私人时间，艾拉举例道：“在办公室里，我是唯一一个独自生活的人。”每个人工作的时间都很长，但当有急事发生，需要一些时间处理的时候，艾拉总是那个人们打电话找的人，因为大家都知道她没有需要照顾的伴侣或者孩子，而那可能会影响工作的进行。这样的抱怨很常见，上文提到的网页设计师莫莉也说，在她的公司里，“人们觉得单身的人应该承担更多的工作，也应更努力地工作，如果你说家里有个孩子要照顾，大家都能理解你需要早点下班，或者周末不能加班。”

雪莉·郎博特是一位近四十岁的企业主，在亲身经历了这种歧视之后，她开办了一家网站，为单身人士提供产品、咨询和社区服务。雪莉一头棕色长发，个性前卫但略有些紧张。对于这种对单身人士的偏见，可能造成的在职场和个人生活中的影响，她深表忧虑。我们第一次见面时，她向我抱怨职场上的差别待遇比一般人想象的要更为深远：“当时我在一家美国公司工作，有一阵子，办公室里的其他同事几乎都怀孕了，于是我每天八点上班，而她们十点半才来，然后下午两点就去看医生。永远也不会有个公平的平衡，——

我的意思是说，一旦有了孩子，她们就会在下午五点下班，因为她们要回家照顾孩子，而我却要在办公室工作到晚上七点，——工作量上的不平均实在是差别巨大。”而真正激怒她的，是当她得知自己的奖金被取消了，而另外一个业绩不佳的部门里，一位已婚同事却拿到了奖金。当她就此向老板投诉时，老板看起来很友好，却不过是把她当作“派对动物式的姑娘”，她的经历对她说，如果一个单身女子穿得不错，社交生活又相当活跃时，他们觉得她的收入应该没什么问题。雪莉说：“人们想当然地觉得，你穿不错的衣服，又总是出去玩，经济上你应该不需要奖金这笔钱。”她辞职之后创立了 SingleEdition.com 网站，网站上最受欢迎的板块之一，是单身者热切讨论如何处理职场歧视的论坛。

网站上另一个大受欢迎的论坛里，单身人士讨论着在房地产市场上所受到的歧视。这是合作式公寓[①]多见的城市中的一种独特现象，这些合作式公寓有一个私人董事会，新买家需要得到董事会的批准，而董事会的成员可能并不认可“单身贵族式的生活方式”的人会成为好邻居。刚搬到纽约市时，雪莉有一个房产经纪人，她亲身经历了这种歧视，当她看中了几套合作式公寓时，这个经纪人总是告诉她不幸的话，“他总是对我说‘你是个单身的女人，你又是个

---

① 合作式公寓，又被称为住房合作社，是一种法人、公司体制的地产所有、住房使用权的置业形式。合作式公寓通常是会员制的，所有成员以股份形式拥有一个单位的住房，而所有会员的资源被整合，因而在购买与住所相关的其他服务和设施时，可以享有更好的价格优势。而另一个与本文观点息息相关的特点是，每位会员选出董事会成员做代表，来筛选新会员，以决定自己想与怎样的人为邻。

加拿大人，没有一个董事会会批准你购买的'，可我有一份体面的工作和足够的银行存款，但这个家伙总是一副就是不行的样子。"雪莉很气愤，因而转投了其他房产经纪。"每个人都把我介绍给城中最好的房产经纪，可所有的经纪人众口一词，尽管你有足够的经济实力和一份有保障的工作，但你是单身，你是女性，你从加拿大来，三项都是死穴，你肯定会被拒绝的。太荒谬了！可这种事反反复复地发生，我都32岁了，却实在忍不住哭着打电话向朋友倾诉。"雪莉最后放弃了，直到她结婚之后，才重新开始找合作式公寓，她说："有了丈夫之后，这简直是小菜一碟。"

而那些不需要合作式公寓的董事会批准的单身人士，要找一个住处就容易得多了。事实上，独居生活的兴起引发的一个重大变化，就是由单身者购买的房产数量的急剧上升，并引发了法律变革。美国国会于1975年通过了平等信用机会法令，禁止以贷款者的性别或婚姻状况为由拒绝贷款申请，也禁止向女性申请人询问她们采取何种避孕措施以及是否打算生育这样的问题。房产市场忽然向单身人士尤其是单身女性敞开了大门。

美国房地产经纪人协会的报告指出，1981年单身女性占美国购房者的10%，当时这是一种新奇的现象，《纽约时报》甚至报道说："当单身女性说起自己已经购置了自己的房产时，她们所表达的情绪，无一例外都是：十年前，我想都不敢想。"[①] 而2009年，全美单

① 引自1981年12月20日纽约时报，埃伦·兰德的文章《单身女性开始购置房产》。——作者注

身男性与女性分别占全部购房的10%和21%，加起来已经占到了全部市场份额的1/3，而首次置业者中，单身男性与女性也占到了12%和24%，单身人士已经占据了这一部分超过1/3的份额。20世纪50年代，女性客户单独出现在房地产经纪办公室，会令经纪人讶异，而今天，如果没有这样的客户，反倒会令经纪人们吃惊。房地产经纪人芝加哥协会会长对当地一家报纸说："我在房地产业工作差不多15年了，这些年单身女性顾客的数量一直在持续增长，这已经不是一种趋势了，这已经是一种常态。"①

45岁以下的单身女性购房者的数量增长，显得尤为引人注目。从经济学的角度来看，这一变化背后的原因不言而喻：今时今日，越来越多的女性接受了高等教育，也比以往任何年代，更确立了自己在职场与事业上的成功。举例而言，1970年女性占到了大学毕业生的36%，而今天，大学毕业生中的女性比例是54%。今天，女性收入仍然低于男性，而且同工同酬也尚未实现，但女性与男性之间的薪酬差距正在缩小。二十世纪七十年代，全职女性工人的平均收入是全职男性收入的52%，而2007年，这一数字上升到了71%。对于单身女性而言，她们的获益更为显著。皮尤研究中心指出："在美国出生的30到44岁之间、不同教育水平的未婚人士中，1970年至2007年间，女性的家庭收入涨幅要高于男性，而不

① 购房者的数据来自美国全国房地产经纪人协会；2009购房者和性别构成，数据源自梅迪尔新闻服务2007年2月17日的利兹·列美尔的文章《单身人士进军房产市场》。——作者注

同教育程度的未婚女性，2007 年的家庭收入都要高于 1970 年时的水平。”①

经济上相比以往所获得的成功，并非是单身女性成为房产市场最快速增长的购买者的唯一原因。毕竟，单身男性的平均收入仍然要高于女性，但他们却并不太会去购置自己的房产。我们的调查采访表明，女性购买住所比例的增长到达峰值，最主要的原因并非是经济上的，而更是来自独居生活带来的社会心理的巨大变化。不久前，大多数女性将结婚看做成年的重要标志时刻，但今时今日，成年的象征也可以以其他多种形式体现。而独自生活的三四十岁的男性则对购置自己的房产、选择一个邻里区域长久居住没什么兴趣，他们并不觉得有安居的必要。但对于三十多岁或者四十出头的单身女性而言，越来越多的人将购置房产视为进入下一个人生阶段的转型标志，这是一种给自己以及他人发出的信号，代表她们准备开始投资自身了。在电影业工作的金柏莉生活在纽约市，她拥有一头齐肩的褐发和白皙的肤色，她的笑容甜美但却带着一点欺骗性，藏起了她自信而又有些顽皮的一面。金柏莉在竞争激烈的电影业内也算事业有成，但她坦言当发现自己三十岁出头依然单身一人时，她也曾有过一个情绪崩溃的阶段，并花了好几年才解决了自己因未满足的期望而带来的痛苦。她回忆道：“我很伤心沮丧，也感到孤独。那并不是我想要的生活。”但忙碌的工作令她可以不那么绝望。“一周里我都可以忽略这种绝望，工作令我从早忙到晚，但周末就变得格

① 引自皮尤研究中心《女性、男性与新婚姻经济》。——作者注

外辛苦，你知道么，就像当你周日早上醒来，不知如何是好，既没有什么安排，又孤单一人。”一开始，她看电视以转移注意力，不去想那些诸如为什么她没有找到一个合适的伴侣，或者没有亲密的朋友圈之类的问题，但后来，她发现，电视令她感到更为空虚：“那时候我常常在看电视，但那真的会很快让你觉得沮丧又孤独。”① 尽管她知道她应该离开家里的沙发，到外面去与人交际，但却总是缺乏动力。她等着电话和门铃响起，但它们从来都没响过。她说：“我花了好久才意识到，一切和大学时代已经完全不同了。人们不会路过来敲门，而交朋友也变得越来越难，——每个人都很忙，大家都没什么时间。我害怕了，对出去社交觉得恐慌。三年之中，我每个周末都打电话给我哥哥（跟他抱怨不迭）。我没有别的事情可做。”

在金柏莉三十五岁左右时，事情发生了转折，她说：“我受够了孤独，发生了一些事情，而我在这上面花了不少时间，我成熟了，改变了。”她坚持认为，这个决定性的转折点，正是她搬出租住的公寓，买了一套自己的房子的那个时刻。这是一种心理和经济上的双重挑战，同时也非常重要，因为这代表着她不再等待一个男人来加入她的生活，带领她进入下一个全新的人生阶段。她正以自己的方式，独立迈向下一个人生阶段。金柏莉说：“我没有找到一个伴侣安定下来，我也没有爱上什么人，于是我只好回过头来审视这一切。

① Packaged Facts 调研公司 2007 年的美国全国消费者数据调研表明，24% 的单身人士看电视上瘾，而已婚人士中，只有 19% 有电视瘾。——作者注

以前我从未想过自己买一套公寓，过往我甚至对这种做法有些抗拒，我不想自己一个人去挂窗帘，我一直觉得这会是和我的伴侣或者爱人一起做的事情，所以，买一套自己的房子对我而言，一开始是有些难以想象的。”

但购置公寓这一转变立刻令金柏莉感觉良好，事实上，这种良好的转变，令她做出了一系列改变。她开始重新塑造自己的身体，找了一位私人教练，开始在周末与一群朋友一起骑车外出，并减掉了30磅体重。她重新装修自己的公寓，隔出一个开放空间以举办晚宴派对。她变得外向，邀请朋友一起出去玩，开始主动与他人交往。而金柏莉最大的突破性举动，是她在一个约会网站上注册，并上传了自己的资料，在以前，这会令她觉得很“恐怖”，因为她担心会有人认出她，人们会证实她内心的恐惧——“因为我没有找到恋人，所以我是个失败者。”而当金柏莉开始全新的生活之后，这种恐惧感也随之减少了，她说：“我对自己更有信心，我不再害怕与人交谈、结识新的朋友，不再害怕出去社交，开始变得有些冒险精神了。”

金柏莉与不同的男人约会，但当她觉得自己对对方没有兴趣时，她不再和他们见第二、第三次面，因为她不再缺乏安全感，她并不需要每个人都喜欢她。她看电视的时间比以往减少了，她不再让自己陷入抑郁、不合群、孤独的恶性循环中。她辞去了工作，如多年所愿地成为了一名自由职业者。而后，金柏莉做出了一个更为大胆的举动，她主动联系“选择做单身母亲”组织，这是一个为想要成为母亲又不想将就不合适的伴侣的女性提供帮助的女性组织，金柏莉希望能有一个自己的孩子。[①] 与其他年近四十岁的单身女性一样，金柏莉也无法回避滴答作响倒数着的生物钟，她决定直面这个问题。她相信自己已经足够坚强和自给自足，在她独自一个人的生活中，已有能力照料另一个人了。毫无疑问，这并不是金柏莉三十岁时想象中的家庭成员，她甚至不太确定她能够坚持完成这件事，毕竟有了孩子之后，寻找人生伴侣就变得难上加难了。但金柏莉不再为自己觉得难过，她说："我很幸运，我有点钱，我有家人的支持，我想，我会找到解决办法的。"

独居的人们都明白，生活丰富多彩，但成为单亲父母绝对是独自生活中最具挑战性的寻找家庭伴侣的方法。对于那些既想要维持独自生活，但也想要给别人以照顾并避免孤单感的人而言，还有一个更为普遍的选择：养一只宠物。

家庭宠物是西方文化的共同特征。历史学家凯瑟琳·格里尔在2004年就写道："超过60%的美国家庭饲养了宠物，而其中有36%是有孩子的家庭。"公共健康杂志的一篇文章指出，美国的宠物拥有

---

① 根据"选择做单身母亲"的网站，该组织宣称：我们并不是一个倡导性的组织，鼓励一位女性进入一种不那么实际又充满压力的生活，或者是还有许多深刻的未解决的问题，这种情形是不公平的。即便对完全有心理准备的女性而言，选择做单身母亲也绝非易事。一般情况下，我们的成员都认为，最好是有慈爱的父母双方共同抚养孩子成人。但如果无法找到一位合适的伴侣，或者在离婚率居高不下的今天，我们认为，一位有爱心也有能力的单身母亲独立抚养孩子，也是一个可行的方法。（见 www.singlemothersbychoice.com/philosophy.html）——作者注

率是“典型性的，基于全球研究数据，犬、猫或者鸟等宠物在欧洲家庭的比例也很接近，例如比利时的家庭宠物拥有率为71%，法国63%，荷兰60%，英国55%，意大利61%……而调查覆盖的17个欧洲国家的平均宠物饲养率为52%”。[①] 长久以来的迷信令人们相信，独居者比其他人饲养宠物的几率更高，因为独居者以宠物来替代他人的交往陪伴。可事实恰恰相反，所有养过狗的宠物主人都知道，宠物犬有助于改善人际交往，而非限制人际交往。另外，独居者饲养宠物犬猫的概率比夫妻和多人家庭更低，比如只有1/5的独居者饲养了狗而1/4饲养了猫，但多人家庭中，约有一半饲养了狗，而1/3饲养了猫。[②]

独自居住的人中饲养宠物的比例并不高，但在我的调查采访中，那些与宠物猫狗一起生活的独居人士，无一例外地认为他们与宠物之间的关系意义重大。例如，有一位女士就曾问我们，家里饲养了一只宠物，是否就意味着她并不能算是“独自”居住。另一位女士形容饲养宠物犬令她的生活发生了革命性的变化，——最主要的原因是，宠物犬令她常常需要离家外出，与他人互动。她带着自己的狗外出，在她待在自己的前院时，给它绑上长长的牵引绳，甚至带它去家里附近的酒吧。她承认：“现在我每天与更多的人聊天，我的

① 参考文献——凯瑟琳·格里尔2006的著作《美国的宠物史》；艾伦·贝克和N·马歇尔·迈尔斯刊于1996《公共卫生年度回顾》的《提升健康与拥有一只伴侣动物》。——作者注

② 家庭宠物饲养率的数据来自于美国统计局的在线报告，见www.census.gov/compendia/statab/2010/tables/10s1204.xls。——作者注

狗为我打开了另一个世界的大门。”①

安吉丽娜快三十岁了，在一个工会里工作，几年间她都和对宠物过敏的室友生活在一起，而她说，想要养一只猫是她决定搬出来独自居住的主要原因之一：“我一搬出来独自住，就马上养了我的猫。我和我的猫关系密切，每天我回家时她都会来迎接我，而且一直陪伴在我身边。”安吉丽娜特别喜欢照顾猫不是很麻烦这一点，她解释说：“自己给它剪爪子很难，而把它装进外出笼里也很麻烦，但除此之外，猫咪是很好照料的。”如果她要外出几天，她只需要给自己的猫准备好一大碗水和食物，而如果她带异性回家，她可以关上卧室的门让猫咪留在外面。安吉丽娜说：“一居室的公寓刚刚好，猫咪有自己的房间，晚上可以自己玩。”

维持与家庭宠物的关系也需要付出代价，如《陪伴动物的宣言》一书的作者、社会评论家唐娜·哈拉维所指出的：“这并不是非常和美的关系，充满了欢乐、创造、劳动、智慧和玩乐，也一样满是垃

---

① 对于其他一些独居者，宠物猫可能会成为人类同伴的替代品。在宣传和提倡单身生活的 Onely 博客上，一名研究生坦承：“我的生活中有了两个新朋友……我把我所有的非工作时间花在阿尔文和西奥身上。上星期我多次推迟了与朋友和家人的电话，以便能和它们一起玩，为它们做饭，或者抱着它们。我睡得更少了，因为我们整夜有说有笑地熬夜。当人们打电话问我在哪里时，我对他们的生活没什么兴趣，却总是花时间絮絮叨叨讲述西奥有多聪明又英俊，阿尔文有多滑稽有趣……阿尔文具有冒险精神，带出了我野性的一面，而西奥则比较害羞，总是一脸忧愁的样子，让我很想安慰它。我很幸运，不需要在它们之间做出选择，因为它们都喜欢一起待在我腿上。哎，我那些可怜的热衷于做媒的同事们啊，他们没有养过猫……我会尽力安慰并支持他们的。”——作者注

圾、残酷、冷漠、无知和损失。”随之而来的还有经济支出，为了养一只猫而租住更大的公寓，已经耗尽了安吉丽娜所有的积蓄：“如果我是住在单身宿舍，养一只猫之前我一定会三思，因为我希望如果有必要的时候，能把我的猫关在卧室外面。现在我每月花1100美元租一居室的公寓，房租占到了我薪水的45%，还有煤气费、电费、手机费和上网费——如果我是与室友合住的话，所有这些费用就会除以三就分摊了。我的经济状况完全失控了。”最后，单独租住公寓长此以往还是不可行，而安吉丽娜也无法继续维系独居公寓的生活方式，她决定辞职，报读研究生，并搬到一个更便宜的城市去生活。但她从未考虑过放弃她的宠物猫。

与安吉丽娜一样，大多数宠物主人都相信他们与宠物之间的关系确实给他们的身心带来益处，而大量的研究也支持这一观点（尽管并非所有的研究结果都如此）。发表在《公共卫生年度回顾》的科学调查论文中，动物专家艾伦·贝克和N·马歇尔·迈尔斯指出：“所有的迹象都表明，动物伴侣扮演着家庭成员的角色，往往是最受欢迎的家庭成员……一些人认为，宠物增加了他们与他人社交的机会，而对另外一些人而言，宠物令他们在独处时也不会感到寂寞。”宠物带来的益处因人而异，但贝克和迈尔斯的报告中列举出的益处包括：延长寿命，减少焦虑和孤独感，降低高血压和罹患心脏疾病的几率，增加安全感，甚至带来欢乐。他们的结论是：“动物伴侣对于不同年龄的、被社会大众非难异化的人而言，都有利于他们的身心健康。”在公众场合，独居者可能会觉得被异化或者遭受异样的眼光，但当他们回到家，与宠物一起玩耍时，这种心理阴影就消失了。

事实是，消除独居带来的痛苦的困难程度，其实等同于消除生活所带来的痛苦。有些感受，诸如孤独、后悔、害怕失败、对未来的担忧，被形容成所有单身者的共同点。如洛瑞·戈特利布就将三四十岁的单身女性形容为“悲惨的”，而琳达·怀特则宣称未婚者的心理健康程度要逊于同龄的已婚人士。独居者在社会中常常被指指点点，但其实有伴侣的、已婚、有孩子的人所面临的生活的难题并不见得就少一些，这其中也包括了孤独感。

我们调查中采访的年轻人都不避讳单身独居生活的艰辛，但他们思虑成熟地面对独居生活带来的种种挑战，并往往成功解决了这些问题。年轻人们可以，也确实学会了在没有家庭伴侣的情况下独自生活。甚至其中有些未来终会步入婚姻的年轻人如此享受独居生活，以至于不确定自己最终能否放弃这样的生活方式。这也许解释了皮尤研究所最近的一项调查结果，在《并不寻找爱情》的报告中，研究指出：“美国大多数单身青年表示，自己并未在积极寻找一位爱情伴侣，即便是那些在寻找伴侣的，也并未频繁地约会不同异性。大约一半（49%）的年轻人在过去的三个月中，只约会了不超过一次。”

豪恩是位三十岁出头的教师，他最近刚与交往了很久的女友分手，正为怎么照顾自己发愁。“生活中有另外一个人的参与，例如女朋友，会让我觉得焦虑和紧张，”豪恩这么说时，他藏在粗框眼镜背后的眼睛里有无法隐匿的疲乏，“我能自己独立生活，我觉得我具备了那种自我意识，一个人待着也觉得舒适的能力。”这并不代表单身的独居生活很完美，豪恩常常在自己的公寓里写作，他形容自己有时会沉浸在一种“漂浮在不同空间中”的感受里，而那会令他觉得孤单和寂寞。但独居生活带来的好处，弥补了随之而来的麻烦，豪恩解释说：“我开始学会享受我一直热衷而以前却没有时间深入探索的事物。例如，我有很多音乐唱碟，但以前我身边总是有另一个人，所以我并不会坐在家里听音乐。现在，我开始担心我无法放弃自己的单身生活了。”

那些热衷于单身的生活方式的人对于稳定的两性关系表现出的态度，有时显得有些玩世不恭，但他们的说法揭示了我们这个时代，个人主义的推崇已经发展壮大了。豪恩说：“最终每个人都只剩下自己，你身边的人们会发生这样那样的事情，最终留下你孤独一个，所以我很高兴能在年轻的时候就适应这种孤独。我热爱我的朋友们，但不幸的事情可能会发生，我们之间的关系也可能发生改变，所以我试着少依赖一些我的朋友们，而更依靠自己。独自生活，就是这种想法的一种表现。”豪恩观察到人们离婚、家庭分离以及友谊破裂的情形，并知道未来他所爱的人们也会离他而去。他用一种饱含悲伤和消极的声音解释道：“我自己一个人住，事情反而更简单一点。”而其他人也抱有和豪恩差不多的想法，在一部名为《单身》的纪录片中，影片的预设观点是“建立和维持一段两性关系从未像今天这么充满挑战”，而片中就关于单身最棒的地方采访了一些男男女女，其中有一个人说“我不用担心和别人分手了”，而另一个则说“至少我不会今天被异性拒绝”。

我们不难理解，有些人因为拒绝和分离而变得谨慎，不再轻易投身一段认真而负责任的两性关系。但当这种谨慎变成畏缩，令这些独居者躲在自己的安全屋里逃避时，情况也就变得不太乐观。无论独居者如何活跃于人际交往，事业有成，又善于安排自己独自一人的生活，在与他人共同生活的家庭环境中，所建立的那种强烈而亲密的关系依然有其无可替代的特性。但同时，当家庭伴侣辜负或者背叛了这种信任和亲密时，所带来的痛苦也是无可比拟的。正如我们在下一章里会谈到的，很多人选择分手或离开自己的伴侣，是因为在一起时，他们更为孤独。

第三章

分离

六十岁的海伦有过两次离婚的经历，她是一位教师和作家，有着一双目光锐利的双眼和同样清晰敏锐的头脑。她独居在格林威治村里已经几十年了，当我在她宽敞的公寓里采访她时，她说："我们这一代人，向往着浪漫主义的爱情，这种渴望就像爱情是种救世的力量，是通往自我发现和所有其他一切的方法。"她的语气听起来有些不置可否，甚至略带一些自嘲的意味，但她似乎毫不介意这样评价自己的生活。从小，海伦就认为自己是完全独立的个体，但这并不妨碍她遵循那一代人共同的信仰，将真爱视作救赎之道，——这造就了她早年的种种经历。在那个离婚代表着离经叛道的年代里长大，对完美的婚姻依然心怀向往几乎是不可想象的，海伦与她所有的女性朋友都曾真实地面对"直到死亡将我们分开"这一誓言背后残酷的真相，她说："我记得童年时，我坐在我母亲厨房的桌边，看着一出出家庭不睦而引发的悲剧，女人们谈论着堕胎，妻子们有外遇，而她们的丈夫甚至对她们的怀孕、堕胎都毫不知情。她们都是可怜人，因为在婚姻中，她们依然很孤独。"

海伦说，二十世纪五六十年代，对于女性而言，是深感困惑的年代。她和她的中产阶级同龄人都面临着全新的职场契机，有机会打破传统家庭生活的桎梏。然而同时，她们也依然承受着巨大的压力，寻找合适的男性一同步入婚姻。海伦回忆道："二十三岁的时候我在欧洲，我写信给我的母亲说，——我知道我有一份很棒的工作，我想好好工作创建我的人生，但同时，我也清楚地知道，我必须要找到一位伴侣，这是令我的生活完整的最重要的部分。和其他姑娘一样，我在等待一个男人来开启我的人生。"

她并没有等太久。二十五岁时海伦回到纽约，找到了一份教师的工作，并在母亲的家中举办了婚礼，她嫁给了一位荷兰裔天主教徒，一位艺术家，海伦当时希望他会引发她身上波希米亚的一面，但他并没有。这段被海伦称为"工具主义"的婚姻失败了。她解释说："我们之间并没有不忠，但我是嫁给了自己的想象，一个臆想中的形象，我结婚是因为我知道我需要一个丈夫以便找到和继续我的工作。"没有多久，海伦就意识到，她的丈夫无法帮助她成为她所期望的自己，而她也无法从根本上改变他。她说："我们开始看见真实的彼此"，他们同时意识到，在一起只会令对方不快乐。于是，两年半的婚姻之后，他们离婚了。

海伦依然坚信婚姻的重要性，她继续恋爱约会，短短几年内，她爱上了一位犹太裔心理学家，他是"共产党人的儿子"，和她的前夫"截然不同"。海伦三十二岁时，他们结婚了，婚礼依然在海伦的母亲家中举行。但是，尽管细节略有不同，最终的结果依然相同——海伦觉得孤独、不满，他们也无法让事情变好。两年半之后，海伦提出了离婚。她说："我的母亲无法忍受我丈夫，我打电话给她，说‘妈妈，我和他结束了’，我母亲完全支持我的决定，但她对我说‘海伦，下一次你得靠自己了’。”

但海伦并没有找到第三任丈夫。如今，三十多年过去了，海伦认为：“婚姻太他妈无聊了。我结婚的时候比任何其他时候都要过得悲惨。”在她看来，独自生活完全是站在虚伪的生活的对立面，而遵循传统却不幸的婚姻，不过是因为社会常识要求你这么做。第二次离婚之后，海伦意识到一个“重要的结论”，或者更确切的说，是两个结论。首先，她承认“如果没有男人，我也要开始自己的生活，没有人会照顾我，我得自己照顾自己”。其次，更重要的是，她观察到越来越多的同时代的女性同样也对婚姻感到失望，她们发现爱情与婚姻生活并没有令她们的生活更充实，也没有让她们蜕变为自己希望成为的那个样子。“我们陷入爱情一次，婚姻却没有获得成功，第二次又陷入爱情，但依然以失败告终，于是，一次两次你有了经验，而这种经验马上就令婚姻与真爱是救赎之道这样的神话破灭了。”

海伦那一代人中离婚的男女数量高得惊人。她回忆道：“我们看到错配的夫妻，僵持在已经死亡的婚姻中许多年，因为他们害怕独自生活，也不知道该如何自处。”对离婚态度的转变是一次真正意义上的文化变革，离婚变得能为社会接受，让人们能从不快乐的婚姻中解放出来寻求更好的生活，但同时，数以百万计的人也因此而身陷不知所措。海伦说：“他们不知道该如何看待自己的生活，这就像无政府主义的状态，当你解散了自己的家庭，打破了社会约定，接下来你该怎么办呢？”

海伦与她那一代人无法回答这个问题，但之后几代经历了离婚革命带来的痛苦的人们，也同样无法给出答案。尽管与配偶或长久的伴侣分离之后，有些人不知该如何重塑自己的生活，但这种迷惘无法阻止情侣配偶打破他们之间的关系：根据联邦政府的统计，今天每五个成年人中就有一个经历过离婚。① 尽管美国的离婚率在经历了八十年代的峰值之后，有过回落，但今天，美国夫妻离婚的可能仍然高于其他任何西方国家，社会学家安德鲁·哲尔林写道："按照目前的离婚率，终将有超过一半的美国人的婚姻以离婚告终。"② 因而，数百万从未计划过独自生活的人们，如今面临着独居的生活，必须调整自己的期望并重新开始自己的生活。

对于许多人来说，再婚成为了他们的解决办法。相比其他国家，美国人更愿意给婚姻第二次机会，他们充满希望，而且行动迅速！在美国，离婚与再婚之间的平均间隔仅为3.5年，但如果我们仔细看这些数字，并非每个人都急于再次投身婚姻生活。相比中老年人，年轻人再婚的可能性更高，再婚的速度也更快，但在美国南部和那些农村地区，保守文化盛行，职业女性的比例很小，单身文化的环境氛围并不强烈，所以，婚姻本身仍然很具吸引力。总的来说，再婚率在二十世纪下半叶急剧下降，举例而言，1950年时，2/3

① 2008年约9300万已婚美国人口中，约有3000万要么离婚（2500万），要么分居（500万）了。而五年之内，美国有大约1/4的婚姻分别以离婚或分居收场。这些数据来自美国统计局发布的《婚姻登记、离婚人数与婚姻时长》的报告。——作者注

② 引自社会学家安德鲁·哲尔林写的《婚姻潮流》。——作者注

的离婚人士会在 5 年内再婚，而 1998 年中，这个比例大约只有一半。尽管二十五岁之前离婚的女性中有超过 80% 在三十五岁之前再婚了，但那些年龄大一点的离婚人士就显得更为谨慎。全国统计数据表明，二十五岁以上的离婚人士中，只有 44% 的女性和 55% 的男性选择了再婚，而美国退休人员协会（AARP）最近所做的针对 40 至 69 岁之间的离异人士的调查显示，他们之中只有 1/3 再次步入婚姻。①

这么多人放弃了婚姻种种所谓的益处，而选择了烦恼纷纷的单身生活，并选择余生都独自生活的原因究竟是什么？原因之一是现代女性已经从传统的经济剥削和性约束中被解放了出来，她们可以摆脱那些不被感激、不被重视、无报酬的家庭责任（即便今天这些责任仍然存在），例如料理家务和照顾他人，如今她们可以更关注自身的需求。（这一观点也可以帮助解释，为何在 AARP 的调查中，有 2/3 的女性向她们的配偶提出了离婚的要求。）另一个原因是，男性逐渐幻想着一种更具冒险精神的性生活，尽管有证据表明，这种期望很少有机会能得到满足。当代都市蓬勃发展的单身文化给那些与配偶分开的人们带来丰富的社交和个体激励的机会，他们不再面对孤独和孤僻。最终，我们选择放弃不幸福的婚姻，是因为我们更珍惜自由和个人主权，以及我们寻求自我实现的可能。对于男性和女性而言，独自生活都是一种具有诱惑力的方式以实现所有这些期望。

---

① 再婚的数字来自国家疾病控制和预防中心 2002 年发布的报告。——作者注

这并不代表离婚的城市居民已经放弃了寻找配偶或者共同生活的伴侣。在我们的调查采访中，绝大多数被采访对象都说，他们确实感受到婚姻带来的种种益处，至少是当婚姻生活还一切顺利的时候。但分居中的女性往往会强调日常生活中那些微小但亲密的关系的价值。四十一岁的凯拉已经独自生活五年了，她说："我喜欢那种有人日复一日地了解你的感觉，他知道所有你在别人面前隐藏的一面。当你在某个人面前可以做你自己，尤其是那些琐碎的瞬间里偶尔发生的小事，还有那种毫无压力的闲暇时光，都是非常甜蜜的。"迪娜曾有过四年的婚姻，如今三十多岁，她说："我能辨认出我丈夫上楼的脚步声，以及他关上我们家房门的声音，我怀念他上楼时那种有节奏的脚步声，这种节奏已经从我的生活中消失了。"六十一岁的马德琳一个人快乐地独居了二十年，她认为那些"陪伴、交谈、分享、对话是无价的，知道有个人在那里，是一种心理上的安慰。如果有个人陪你一起经历，你会觉得日子过得轻松些。"

婚姻当然也带来经济上的好处。男女双方都肯定了来自统计学的数据：结婚或与伴侣同居，都能带来巨大的经济优势，他们可以买得起更大的房子，住在更好的街区，共同分担那些无论多少人使用却同样的收费，例如有线电视、网费和公用事业费用等。而万一你生病、失业、回学校念书、打算尝试什么不一样的生活时，伴侣的薪水福利能带给你更多的安全感。另外，生活在一起的伴侣也拥有大肆挥霍购买共享的物品的储蓄能力和经济余力。几十年的精心研究表明，大多数情况下离婚会导致双方的生活质量下降，而女性所受的影响要远大于男性。[1]

离婚的男性则倾向于将婚姻带来的好处归纳为一些其他“奢侈品”。个子高大且诙谐幽默的山姆，今年六十岁，他单身了近三十年，并纵容自己的腰围越来越粗，健康状况也每况愈下，毫不意外，他说如今他怀念前妻从前照顾他和打理他们的家的方式，和那个年代的妻子们一样，山姆的妻子做了大部分的家务。但他说，他也同样投桃报李地做些其他家务，他坚持认为，这些家务不仅令他的家庭生活更愉快，也令他成为了一个更好的男人。山姆说：“承担责任是件好事，这让你看起来更好。我结婚时总是确保衣服是干净的，家里的角落也不会堆着一堆脏衣服，我收好自己的鞋子，洗干净自己用过的碗碟。但当你独自生活时，有时你不免有些懈怠，懒得打理和照顾自己，我独居时，总是下班回家，就看看电视或者体育比赛，我变成了一个沙发土豆，也找不到约会的对象。”

在我们的调查研究中，山姆不是唯一一个在采访中提及独居影响了他的性生活的离婚男士。来自台湾的雷，在搬到芝加哥之后的八年中一直保持着单身，他说他最怀念的与女性共同生活的益处是“性、有保障的性生活”，他说：“你无需出去寻找机会，你不必花费精力去做个花花公子，你可以放松自己，做点其他的事情。”我必须指出，矮矮胖胖的雷，黑发梳得整整齐齐，牙齿微微泛黄，是我的

---

① 参见理查德·彼得森 1996 年的《重新评估离婚的经济后果》的报告，彼得森的调查数据显示，离婚后，男性和女性生活标准下降的跌幅约为 10% 和 27%，这种改变是实质性的，但仍比许多此前的预估要低得多。——作者注

调查研究中唯一用“有保障的性生活”这样的字眼来形容同居生活的益处的（其他的男性都说，同居令性生活变得更容易，但绝非理所当然的）。但事实表明，再婚的中年男性确实比单身或者离婚的男性拥有更高比例的性生活。AARP 对 40 至 69 岁的男性做的调查显示，57% 的有伴男性（结婚或同居）在过去 6 个月中每周至少有一次性生活，而没有伴侣的男性中这个比例仅为 43%。有同居伴侣的男性陷入禁欲生活的可能性也更低（49% 的单身或离异男士在过去的 6 个月内“完全没有性生活”，而有伴的男士中仅有 16% 会如此），那么毫不奇怪的，单身男性相比同龄人，每周至少自慰一次的人数比例也是有伴男士的两倍。①

对女性而言，与伴侣共同生活对性生活的助益则更为显著。AARP 的调查中，那些离婚后再婚或者与伴侣同住的女性表示，在过去的六个月中，有 88% 的人曾接吻，而 54% 的人至少一周有一次性生活。而相对那些离婚后保持单身的女子而言，仅有 18% 的人

---

① AARP 的调查数据来自由 Knowledge Network 基于全美 1147 人的样本所做的调查——《离婚的经历：中年及中年以后的离婚生活》。而《美国医学杂志》发布的关于美国性生活的调查结果也支持 AARP 的观点，参见斯苔茜 · 泰斯勒 · 林道和娜塔莉 · 加夫里洛娃的《性、健康与多年性生活带来的身体健康》一文。参照两个美国人口的代表性样本，芝加哥大学的学者们发现，和伴侣一起生活的男性与女性，在过去 6 个月内性生活活跃程度都要远高于独居生活的同龄人，而且这种差距随着年龄的增长而扩大。例如 25 到 54 岁之间的单身男性中，有 72% 在过去 6 个月内有性生活，而同龄女性这个比例约为 58%，而在 65 至 74 岁的独居男性中，性生活活跃的比例仅为 37%，女性则为 4%。——作者注

在过去 6 个月中有过亲吻，而只有 9% 的人一周至少有一次性生活。在无性生活方面，两个群体也表现出了相似的差异性：17% 的再婚女性过去半年中没有性生活，而未再婚的离婚女性中这个比例高达 77%，即便是口交，81% 的单身离婚妇女过去半年没有这方面的经验，而再婚的女性中这个比例是 42%。但在自慰的频率上两者却相同，无论是否单身，离婚的女性中有 7% 每周至少进行一次自慰。

诚然，AARP 的调查并不全面，并未涵盖中年离婚男女性生活的全部方面。例如，在我们的调查采访中，许多离婚女士坚称，不活跃的性生活并未令她们感到痛苦，因为随着年龄的增长，她们的性欲随之下降，而且她们也已经习惯了一个人。五十七岁的桑迪住在旧金山湾地区，当被问及是否有一位性伴侣的时候，她说："我不想总是徘徊在失望和伤心中，我现在没有性伴侣，生活中我没有遇到一个合适的人。但如果我真的需要一个性伴侣，我完全可以出去找一个，但我并没有兴趣，我不觉得这是必需的。"① 此外，AARP 的调查仅仅是考量了性生活的数量，而非质量，某些人一定更热衷于与不同的性伴侣发生关系，而非与同一位伴侣重复的性生活。但总体而言，再婚带来的性生活上的益处与经济上的益处一样显著，但再婚率的历史演变趋势显示，越来越多的人认为离婚和分居后再度

① 发表在英国医学杂志的研究也证实了男女两性，随着年龄的增长，对性生活的需求程度存在普遍差异：55 至 64 岁之间没有伴侣的男性中，有 50% 表示"对性感兴趣"，而没有伴侣的女性中只有 24%。65 到 74 岁的年龄区间里，独居的男性有 31%"对性感兴趣"，而女性中这一比例仅为 8%。——作者注

寻找伴侣共同生活，也有许多其他的代价和成本，而这些代价令单身这一选择，显得更具吸引力。

毫无疑问，许多单身的离婚人士仍在寻找配偶和伴侣，但许多单身女性都抱怨说，那些愿意在同龄女性中寻找伴侣，而非只追求年轻女性的单身男士很少见。关于离婚与再婚的故事还有很多，根据 AARP 的调查，40 至 69 岁的离异人士中，43% 的女性和 33% 的男性表示他们现在“不再相信婚姻”了，或者不愿（至少思想上）再次步入婚姻。导致他们这种怀疑主义的负面态度的，不仅是他们自身糟糕的经验，同样也有来自他人不好的经历的影响。1950 年至 1989 年间，再婚婚姻的离婚率也翻了将近一番，这一增长趋势意味着即便是那些愿意相信婚姻的美好的人，最终也有不少无法从错误中成长，坚持走下去。①

四十一岁的凯拉住在伯克利，她是一位娇小的职业女性，采访那天，她穿着一件无袖的绿色 T 恤和一条印着颇具当地文化特色图案的长裙。尽管凯拉愿意谈论她私生活的细节，但她侧着脸看着街道的方向，直到采访临近尾声的时候，她才开始放松自如，转过来用她琥珀色的眼睛看着我们。在凯拉的观点中，独居最好的地方是“我可以不用考虑其他人，放纵自己一些奇怪的小爱好，做我自己想做的事情”，例如一连四天吃一样的食物，看俗气的电视节目，或

---

① 再婚的数据来自安德鲁·哲尔林的《婚姻、离婚与再婚》以及 AARP 的《离婚的经历：中年及中年以后的离婚生活》调查报告。——作者注

者是半夜起床读一会儿书。她热爱独居的另一个原因，是她不再需要容忍一个人以不会做饭做家务为借口，让她承担所有的家务工作。凯拉解释说：“当谈到家务时，很多男人总是会装出一副手足无措的样子。我和我的伴侣只是标准不同，但因此，我们也有许多和其他情侣、夫妻一样的分歧。”

夏洛特今年五十二岁，她身材高挑瘦削，看起来优雅而充满自信，在曼哈顿有一份办公室经理的工作。在很年轻的时候夏洛特就结婚了，生了两个孩子，但四年之后，她与丈夫离了婚。在她眼中，那段婚姻唯一带给她的好东西，就是两个孩子。作为一位单身母亲，她将两个孩子抚养长大，而十几年前，两个孩子中年幼的那个也搬出去自己生活了，于是，夏洛特开始了她的独居生活。一开始，这很难，她说：“我觉得房子空荡荡的，我像是得了空巢综合征，我觉得非常孤独、恐惧，那种似乎有个凶手正站在你的床边或是躲在楼下的柜子里的恐惧。”但几年之间，她克服了这种恐惧，夏洛特搬到了一间小一点的房子，那里更适合她如今的需求，她把新家变成了一个远离城市和工作的绿洲。工作中，她常常需要为他人的需求奔忙，她说：“当我觉得好像对什么人什么事厌倦烦恼时，我就在家里画画、写作、读书。”

夏洛特已经学会了独立的家庭生活，并爱上了这种生活，她说：“当你独自生活时，生活就不再需要妥协，我做的事都是因为我自己想要这么做，这完全是在宠溺自己，生活的一切都是关于你自己。”这并不是说夏洛特是自恋的或是性格内向，但不幸的婚姻和二十年的单身母亲经历，令她觉得她有权利将自己的需求和想法放在最重要的位置。“我不想再照顾其他有生命的东西了。”当孩子们离开家之后，夏洛特立刻进入了当地的艺术氛围，她周末和晚上常常去画廊参观，或是在一个社区工作室里学画画，但她也谨慎地与他人保持着距离。尽管夏洛特曾经喜欢宴客，但现在她很少邀请别人到家里来，她在采访中承认：“我无法再举办家庭派对了，派对意味着大量的工作。每次派对开始前的一个小时，我就会开始问我自己——‘我到底为什么要办派对呢？为什么啊？’整个晚上我都是客人们的奴仆，累得手脚酸疼，家里也一团乱，可客人们却总是问，下次我们什么时候再来你家？”

夏洛特仍然乐意有人陪伴，她与家人关系亲密，偶尔也出去约会。她离婚后最热烈的感情关系发生在大约20年前，她最后和那个男人生活在一起，但她说那段关系是“可怕的、灾难性的”，甚至令她最终“盖棺定论”地拒绝了此后几年里所有的追求者。当她快50岁时，她的亲人们开始担心她能否找到自己的伴侣，夏洛特回忆道：“我母亲提醒我‘你该出去约会’，人们对我说‘这样下去你会孤独终老的’，或者是‘你最好趁现在还有机会的时候找个伴’。”夏洛特把人们的忧虑都放在了心里，她担心自己会变得深居简出、不合群。她不知道，如果她失业或是患病，她该怎么办，她开始质疑自己，她对自己的宠溺是否有点过了头？

夏洛特的一位堂兄总是热衷于为她安排相亲，一开始夏洛特将信将疑，但最近，她愿意试一试。她承认，她喜欢她的相亲对象，“我的意思是，并不是他所有的一切我都喜欢……”——听起来，她自己都觉得有点惊奇。夏洛特对自己的新恋情很小心翼翼，但也并非过分谨慎。在我第一次访问她的时候，她平均每周与男友共度两晚，他们的恋情正在急速升温中，最近，她的爱人甚至谈到了结婚的可能。

夏洛特正纠结该如何做出决定，她喜欢如今这种无需妥协的生活方式，无论何时都可以做自己喜欢的事情的自由，但用她自己的话说，她也“害怕孤独一人走下去”，她担忧，如果现在不快点决定并与人开始共同的新生活，她可能就要孤独终老了。她说：“我的女儿总是担心我会在年纪大时，面临破产，或许是疾病，而那个时候，我会后悔自己今天做出的决定。而如今，我常常觉得，也许她是对的。”她的苦恼带来重重压力，而夏洛特也抱怨说，她找不到睿智的指引来给予她意见。她知道那些专家和教授们都拥护婚姻的价值，尽管没有亲自读过那些社会科学文献，但她知道那些调查研究声称婚姻带来更多经济上的安全感，也令人长寿。但和许多其他“资深”的单身女性一样，——尤其是那些经历过离婚的女性，夏洛特对这些反对单身独居的意见依然抱持着将信将疑的态度。她并不认为，婚姻能令她免除独自老去、面临死亡的痛苦和折磨，因为她知道，很大几率她会比她的男性伴侣活得更长久，如果他们是一对幸福的配偶，那婚姻最终的结果可能就是，她必须要承担起照料一位垂死的老人的主要责任，——而这并非是她想要的。[①] 在我们采访的过程

① 根据针对伦敦老年人的调查研究，瓦莱里娅·海恩斯和珍妮·休伯特发现，拥有广泛人际网络的老年女性，经历诸如朋友生病或去世之类的悲伤的可能性，要比社交上并不活跃的老年女性更高。参见《人际网络与健康》。——作者注

中，夏洛特一直在两个抉择之间犹豫不决，最后一脸困惑地说：“我不知道该怎么办。”

夏洛特对于婚姻的种种担忧，在与她情形相似的离婚妇女中并不少见。AARP的研究报告也声称，通常，离婚女性“总是犹豫不决”，在大多数情况下，相比与一位可能最后会分离的男性一起生活，她们认为单身独居的生活也许更适合她们，更能建立她们自己的生活方式。AARP的调查还显示，相较找不到伴侣，中年离婚人士更惧怕再一次失败的婚姻。在我们的调查研究中，大多数我们访问的离婚妇女都说，她们不排斥与另一位男性共同生活，但这是有前提的。有女性坚持，她想要一位能照顾自己的配偶，这样她们就不用承担全部的家务。也有女性要求配偶尊重她们得来不易的自主权，并理解她们已经建立了自己的生活方式。61岁的玛德琳住在旧金山，有她自己特殊的偏好喜好，她说：“年纪渐长之后，你就变得更为挑剔。不再像年轻时急于寻找伴侣那样，愿意放弃一大堆东西。你开始变得有些自我。”

这种挑剔也是需要付出代价的。玛德琳从头到脚都穿着黑色的衣服，看起来苗条而时髦，她承认：“我没有性生活，但到了我这个年纪，这也没什么大不了的。”而且，她的独居经历改变了她对同时代妇女的看法：“以前我一直认为，年老的妇女孤独一人是因为她们找不到伴侣，但现在我不这么看了，我想她们只是觉得‘我结过婚，尝试过那种生活了’，除非那个男人真的非常特别，不然做朋友也挺好的。”

那些离婚后搬出去自己独居的女性的生活中，朋友发挥着特殊的作用。在这个城市独居者越来越多的时代里，找一个和自己境况相似的人分享心情，也变得比以往容易。尽管离婚人士总是生活在对离群索居的恐慌中，但根据美国最大的社会行为研究 GSS（综合社会调查）的研究，超过 35 岁的单身女性（包括离婚的以及从未曾结婚的）比起她们同龄的人们，更常从事以下活动：每周至少一次拜访一位好友，每周至少一次“不见面”地与好友联系（如打电话或发邮件），晚上与邻居们在一起度过，参加非正式的集体活动，参加特定的社会群体等。[①] 在我的采访中，离婚妇女将朋友们形容为“像家人一样”，而非仅仅是同伴，朋友是她们最可靠的社会和情感支持。

五十年前，单身女性与家庭和周围的社区格格不入，在别人眼中，她们是怪异而不正常的，即便不轻视她们，人们也常常对她们投以怜悯的目光。但今天，独居的中年女性，以及她们之中以后依然可能多年维持单身的人数如此之高，人们都将之视为理所当然。譬如，海伦就表示，当她第一次独居时，她觉得能生活在格林威治村是一种幸运，这里到处都是像她一样的女性。在过去四十多年里，

---

① 这些数字来自于社会学家艾琳·康威尔在 2002—2008 年所进行的社会综合调查（GSS）的原始数据，而心理学家宋吕·波密斯基也在《幸福之路：用科学的态度获得想要的生活》一书中指出：“研究表明，相对于已婚者，单身人士与朋友们更亲近，与朋友们来往更频繁，那些单身终老的老年妇女往往有十几个长达数十年的亲密朋友。”——作者注

海伦亲眼目睹了独居生活开始进入主流文化，她认为，“现在，独居比以往任何时候都要容易，因为有许多人陪伴在你身边。”而且，这些陪伴者也很容易被找到，在互联网上，独居人士（其中包括数量惊人的中年离婚人士）正使用社交网络来认识新朋友，找到新的人生伴侣，或者与有相同兴趣的人们一起活动。当代都市充满了单身和独居人士，他们重塑社会，创造属于自己的环境，而在这些亚文化环境中，正如海伦所形容的那样，独居者“不再感到被边缘化，甚至不再感到孤单”。

孤独感是另外一个问题。无论离婚与分居的女性花了多少时间与朋友和邻居交际，他们仍然很难摆脱孤独感，至少是孤独带来的阵痛，而在某些情况下，这种孤独感带来的痛苦也会持续很久。相比那些有伴的女性，三十五岁以上独自生活的女性在调查中说，她们每周两次或者四次感到孤独的比例，都要高出一倍。①（但我们需要谨记，这并不代表独居就导致了孤独感，有这么一种可能，那些容易感到孤独的人往往更倾向于独自居住，因为他们不善于维持亲密的关系。）海伦说：“有很多人，总是觉得很孤独，而我也是其中之一。这就像是一种疾病，每天早上我醒来，面前有成千上万的事情要做，可孤独依然像一个沉重的立方体在我心中，一个黑暗的存在。”海伦学会了如何应对这种孤独感，她花了几十年的时间接受心理治疗，她学会了思索和写下自己的感受，而不是用以往常用的那些方式来消磨时间——混乱的男女关系、酗酒、沉迷于电视。海伦

① 关于孤独的数据来自康维尔对于 GSS（综合社会调查）的研究。——作者注

承认，花那么多时间在自己身上，是种奢侈，但她认为这很有必要，因为解决她自己的问题是非常重要的。

在海伦的眼中，大多数人不可避免地都会感到孤单，孤独感是人类存在的既定条件之一，她不赞成所谓独居导致孤独这样的观点。与我们调查研究中的许多其他离婚女性一样，海伦用来抵御社会失败感的方法之一，就是拒绝承认婚姻或者另一段新恋情能减轻孤独感。海伦解释说："当想到在房间里独处时，人们都感到难以置信的恐惧感，但这种绝望会引致灾难，因为与一个不合适的人在一起生活，是这世上最令人孤独的事情。"而玛德琳则有一种许多离婚人士都赞同的理论："当婚姻或者恋情不顺利时，你陷入孤寂。因为你不能去找你身边最亲近的人寻求帮助，因为在你的心里，他（她）就是问题的源头。于是，在这种两性关系中，你成了一座孤立的小岛，这是件令人感到非常孤单的事情。"

我们调查中采访的离婚女性都不否认，从过往的经历来看，婚姻确实有益于养育孩子、创建社区并建立强大的社会纽带。但她们也往往坚持，这些婚姻的益处是建立在女性付出代价的基础上的，而今时今日在她们的生活中，没有婚姻也很好。此外，她们也排斥将婚姻和"往日的好时光"形容为浪漫，当一对夫妻或伴侣拥有甜蜜的关系时，女性失去了就业和实现自我的机会。我们可以从社会学的角度来探讨此事，但对每一个个体而言，真正需要被解答的问题是——什么样的生活令你更快乐？独居生活并非快乐无忧，但对于那些经历过失败的婚姻的人们而言，独居带来的是痛苦更少。

在离婚或分居后受到孤独困扰的并不仅仅是女性。事实上，女性对于建立和维持人际关系网络的偏好，令她们更容易在离群索居时受到孤独的影响。社会普查的结果显示，三十五岁以上的男性（包括离异和无婚史的单身男性），比有伴侣的男性更常进行人际交往，如每周至少一次拜访友人、晚上与邻居一起聚会、参加某个社会群体的概率更高。但所有这些活动，单身女性的参加比例都要高于单身男性，而男性唯一和女性旗鼓相当的一项，是他们感到孤独的比例。单身男性中，报告说每周至少一次感到孤单的概率是非单身男性的两倍，而每周三次或者四次感受到孤独的比例则约为三倍。[①]

然而，独居单身人士的生活却绝非惨不忍睹。五十七岁的路易是一名律师兼业余乐手，他住在西伯克利区，自十五年前他的第二段婚姻失败之后，就一直独自居住，而他一直津津乐道于独居给他带来的自主权。他解释说："当你结婚时你没有自由，你要为他人着想，不能只考虑自己，如今我可以整天坐在这里看电视，也不会有人因此唠唠叨叨，当我想要时我就可以练习我的小号，我有自己的空间，觉得怡然自得，所以一切都是我想要的样子。"路易忙碌于工作和他的爵士乐演出，在两者的间隙，他也很享受偶尔的平静时刻，他说："我的生活够忙碌了，独自一人待着也没什么不好，我不需要每周都去参加派对。以前，我一个人时几乎不想出门，但现在，我会自己一个人去看电影，去餐馆吃中国菜，我不需要做什么计划，

① 关于孤独的数据来自康维尔对于GSS（综合社会调查）的研究。——作者注

只是想去就去了。”

但偶尔，这种自由也会充满压迫感，路易承认：“有时，我会感到孤独。”当许多与他同龄的离婚妇女满怀热忱地计划着与同事和朋友的午餐与夜间社交活动时，路易采取了一种稍显被动的做法。他说：“我并没有花心思去安排丰富的社交活动，我很顺势而为。”但最近，他开始担心这种生活方式对他而言并不太合适，他日日夜夜地忙碌于工作、音乐、上下班和电视节目之间，但缺乏亲密的伴侣——“性，但也包括共享一个空间下的简单日常接触”——正困扰着他。“也许这只是我做事的方式，”路易坦承，“可事实上，我单身了这么久也许是我一生之中最大的失败。”尽管与许多他同时代的男士一样，路易却认为他缺乏女性的那种社交能力，他难以维系与亲友的关系，并很难结识新朋友或是找到约会的对象。当他情绪低落或觉得孤独时，他就把更多的时间花费在工作和音乐上，他说：“尽管我不想这样，但事情就是如此。”

六十岁的山姆自分居后就独自居住，他承认他忽视了对于家庭的照顾，同时，他也毫不否认：“我宁愿没有社交生活，我变成了一个工作狂，我工作的时间非常长，每周七十个小时，工作之外的娱乐时间就很少了。”他在刑事司法系统担任男性辅导员，他的工作很充实，因为他需要深入地介入被辅导的男性的生活中，并帮助他们改变，工作耗尽了他的精力与情绪，通常一天的工作结束之后，他也已经精疲力尽。山姆喜欢音乐，所以偶尔下班之后他也会独自一人去俱乐部看一会儿表演，可绝大多数的夜晚，他独自一个人回到自己的家中。

但山姆觉得现在的境况不错，他说，他希望能住得离他的三个孩子和兄弟姐妹们更近一点，如果不能去和他们共度假期，节假日难免有些艰难。他希望能有更多的约会机会和性生活，但他知道，他并不想与那些他认识的已婚男士交换位置，他对像前一段婚姻那样的两性关系毫无兴趣。在山姆的描述中，他的婚姻分崩离析的原因是他的前妻，她强迫他做自己不喜欢的事情，而又拒绝陪他做他喜欢的事情，山姆觉得像是与一个自己不合拍的人结了婚，他说："那太孤独了，我与别人在一起却又孤单一人，我不知道该怎么自处。"山姆一直喜欢喝酒，但婚姻的绝望却驱使他开始酗酒，他回忆道："我不幸福，而我所做的一切就是追寻酒精的麻痹，酒成了我的伴侣和初恋，当我清醒过来时，我发现我并不了解我的妻子，我已经结了婚，我却与她毫无共鸣。"离婚不仅令他重获自由，也让他有机会重拾自我。

这几十年来山姆并没有再沉溺于酒精，他定期参加戒酒会，尽管独自居住，他却说："我很少感到孤独，因为我离上帝更近了。"这种情绪并不罕见，斯坦福大学的人类学家谭雅·鲁尔曼的研究也表明，越来越多的现代基督徒（其中包括近40%并定义为"福音派"①或"重生派"的美国公民）认为，与上帝的亲密关系是他们目前个人

① 福音派（Evangelical），新教神学其中一个影响层面最为广阔的神学主张，起源于十八世纪七十年代的英国。福音派的四大特点是：强调个人归信基督（或如后文所说的"重生"）；积极地表述和传播福音；强调《圣经》的权威，坚信《圣经》无错谬；强调与耶稣复活有关的基督教教义。

生活的核心。[①] 在 35 岁及以上的单身人士中，超过一半的女性和 1/3 的男性每月至少参与一次宗教活动，[②] 而这一现象显然已为教会所知，如今，牧师和修女们常常为独居人士举办特别的宗教事工。而在关于婚姻失败之后的独居生活的书中，基督教教育家赫伯特·安德森和福瑞·达加德纳则指出，如果保持密切的宗教信仰，人们可以拥有更为丰富和充实的精神生活。他们写道："关于基督教人类学中最鲜明的一点是，人类生活的最终目标便是要与上帝同在……上帝作为每个人的朋友出现，在接受了上帝慷慨的馈赠之后，没有人还会觉得自己是孤单一人。"

我们采访中的许多离异男士即便没有与上帝紧密联系，也都认为自己积极地融入社会，他们也许不像女性与朋友们接触良多，但他们在约会和性生活上更为活跃，独居生活带来的乐趣和自由，令他们对进入另一段认真的两性关系完全失去了兴趣。史蒂芬生活在纽约，他是位快五十岁的策略分析家，六年前与妻子离异了，他说，他从未想到独居生活竟然如此充满魅力。他的工作时间是弹性的，因而，晚上他通常在健身房锻炼身体，观看体育赛事和电影，或者去餐厅和酒吧参加社交聚会。他常常在约会，并注意到在大都市里，一个他这样年龄的成功男士总是很容易就能找到聪明有魅力的单身女性。他也承认，这是单身男人的奢侈品，但年轻时他可未曾有机

---

① 引自 T·M·鲁曼 2005 年的著作《听闻上帝的艺术：吸收、分解与当代美国的神性》。——作者注

② 关于做礼拜的宗教活动的数字来自康维尔对于 GSS（综合社会调查）的研究。——作者注

会尽情享受这种奢侈。

史蒂芬在二十岁出头的时候结婚，在那之前，他并没有太多两性关系的经验，婚后不久他的孩子就出生了。他喜欢自己的孩子，但他与妻子的兴趣日渐不同，渐渐开始疏远，当他的事业开始蓬勃发展时，世界向他敞开了大门，而他的家庭却需要他更多地留守家中。好几年间，史蒂芬全心投入了工作，一方面是因为他热爱自己的事业，而另一方面，如今他意识到，他是在逃避面对家庭生活的问题。然而最终，问题变得愈发尖锐而无法忽视，婚姻辅导并未能起到多大的作用，因为本质上他与妻子毫无共同点，无法相处。保留婚姻的唯一理由是为了孩子们，可谁又能肯定，生活在一个不快乐的家庭中，是对孩子们更好的选择呢?

与前妻分居两年后，史蒂芬结识了一个年轻女子，她想要一段认真的关系，而他也正有此意。她也许并非他心目中完美的伴侣，但也已经非常不错了，他们拥有美好的性生活，喜爱彼此的朋友，一起旅行，在电影品位和工作兴趣上也惊人地一致。一开始，他们每周在彼此的公寓度过几个晚上，最后，和许多其他生活在物价昂贵的大都市的情侣一样，他们发现这样的生活太不划算了，于是，她搬进了史蒂芬的家。一开始，他很喜欢这样的生活……直到，他开始厌倦。史蒂芬意识到，即便是与一个他爱的女人生活在一起，与人共同生活依然意味着，他必须放弃享受无拘无束的生活——与别的女性约会，晚上外出想待到多晚就待到多晚，无需为他人担心，看电影，参加朋友聚会。史蒂芬已经培养出对无义务的“轻生活”的热爱，他愿意放弃其中一些，但当他的女友搬进他家之后，这段关系开始变得令他无法承受。甚至，她提出了婚姻和孩子，于是，一切都结束了。史蒂芬对我说："这令我觉得很糟，因为我是真的很爱她。我身上有些东西，注定了无法进入一段认真的责任重大的两性关系，其中一部分原因是，我实在太热爱目前的独居生活了，独居带来了太多我无法割舍的东西。"

上文提到过的夏洛特在我们的第一次访谈时，正在考虑伴侣的求婚，而她最终也决定，放弃现在的独居生活，那她失去的太多了，在后续的访谈中，她解释说，十四年的独居生活后，她无法放弃自己独立的生活方式。而她也越来越担心，当了解到她在家中是怎么样的，如何行为处事，这段亲密关系也可能无法维系。她列举了一些自己在家里的怪癖——想吃的时候就吃，整天穿着睡衣，将电视和收音机同时开着。她说："我的追求者完全不了解我，而我觉得，一旦他发现了实情，这段感情也将开始走下坡路。"而眼下，夏洛特认为，为了一个并不了解她、可能会不再爱她的伴侣而放弃自己的独居生活，实在是有些太冒险了。她几乎确定自己做出的决定是正确的，她开玩笑似的说，"过二十年你得再来访问我一次，如果事情变糟糕了，我一定会抱怨你的——当时你明明有机会，为什么不阻止我？"

但并非每个人都有这样的自信，那位伯克利的律师、音乐家，五十七岁的路易，后背有些病痛，偶尔会令他疼得死去活来，几乎无法走路。当他在旧金山，他可以打电话让儿子过来帮助他在公寓里走动，或者吃药吃饭。但现在，他儿子搬到了别的城市，而他在附近也没有其他家人。那么，当他卧床不起，甚至更糟糕的情况发生时，他该怎么办？谈及此事时，他迟疑了很久："也许有人可以……也许我可以打电话给其他人……我不知道。"在整个访谈的过程中，这个问题都困扰着他，到最后，他坚持在自己老去之前，需要找到一个生活伴侣。"我真的需要些陪伴，"他承认道，"这不是太过分的要求吧？"

我们访问中的离婚女性则对朋友和家人带来的支持更有信心，其中部分原因，也是因为她们辛苦建立并维持着这种支援系统。这并不令人意外，正如心理学家卡罗尔·吉利根指出的，女性从小被鼓励亲密关系和重视相互支持，而男孩则被推向更大的组织（如运动队）中，其中最核心的活动，是基于一定游戏规则的竞赛。根据一篇研究性别和社交关系网的论文："从童年到青春期，女孩似乎比男孩更多地寻求来自他人的帮助，也更为支持他人。"而结果则是，相对于男性，成年的女性往往对于他人的需求更为敏感，也更具同理心。她们同时也是更为积极的社交活动策划者，因而，即便当她们的婚姻崩坏之后，这种社交网络也能帮助她们更好地获得支持。①

住在旧金山的马德琳是一位六十一岁的技术作家，如果能找到后半生的合适伴侣，她一定会非常高兴，但同时，她也会觉得极其震惊——因为她知道的每一个故事、听到的每一项统计都表明，这不太可能发生。她大多数的密友都是独自生活的单身女性，而她们都希望能维持这种生活方式。"任何客观的衡量都会令我们沮丧不

---

① 参考文献：卡罗尔·吉利根 1982 年的著作《不同的声音：心理学理论与妇女发展》，以及德博拉·百丽的《孩子们的网络和社会支持》。——作者注

已，”但令人惊讶的是，玛德琳却说，“可我并没有，我认识的女性朋友也都没有。这几乎是我一生中最好的时光，我的朋友比以往任何时候都多，而我一如既往地努力，以扩大我的社交圈。”

马德琳阅读了大量的科学报道，她也开始相信，拓展自己的社交圈可以帮助她日后老去时，免于离群索居的孤立命运。她一直积极寻求结识新朋友以丰富自己的生活和“社交资本”——正如哈佛大学政治学家罗伯特·普特南所提出的著名理论。她决不想独自打保龄球，她认为自己的行为不过是一种简单的策略，因为她喜欢外出探寻未知，看看会有什么发生。无论如何，她已经六十岁了，如果现在不尝试新事物，那要等到何时?

近年来马德琳开始越来越多地使用社交网站，像 Meetup.com 帮她找到了讲意大利语且政治兴趣相投的朋友，而在 Craigslist 她偶然结识了一位约会对象。几年前，她与邻居相识，而现在他们常常敲开对方的房门，随意即兴地散步前往附近的咖啡馆或公园。她还决定结识一些住在附近的男同性恋者，因为他们的社交圈在她看来是完全封闭的。如今，她说：“我是西方世界所说的那种腐女，[①]——如果你不介意我用这个词的话，我可以每晚都和一位年轻的男同性恋者一起外出，他们是我很好的、最棒的伙伴。”

对于她的亲友团，至今她还没有超出每个人都会需要的、偶尔的情感爆发之外的其他需求，但她确信，如果她有需要，她的朋友

① 原文为 Fag hag，是一个同性恋的俚语短语，指那些通常或只与同性恋和双性恋男子待在一起，或者有一个同性恋或双性恋男子密友的女性。

们会帮助她。而经历过一次失败的婚姻，和另一段十二年无疾而终的感情之后，她并不敢说，情人也能做到这些。如今，马德琳坚持，她会竭尽全力来维持她的支援系统："如果我开始一段新的关系，我也不想有太多的亲密无间，我们不必做什么都待在一起，我们不必拥有共同的朋友，而且，我也不想有人和我住在一起，而我也不想和其他人住在一起。"

第四章

自我保护

并没有人真的独自打保龄球。

罗伯特·普特南自己也承认，“独自打保龄”这一煽动性的短语，是他对于美国市民集体活动的衰落现象所作出的比喻性描述，而非观察结果。普特南赋予了这一短语戏剧化的影响力，保龄球联盟的参与人数确实在二十世纪下半叶开始下降，但其他许多历史上都曾显赫一时的民间协会和会员团体，例如童子军、麋鹿俱乐部[①]和妇女选民同盟也经历了类似的衰退。事实上，美国人依然一起打保龄，但更多地是与朋友（或者朋友的朋友）一起，而非以往那样参与正规的团队或有组织的团体。

这一区别至关重要。当《独自打保龄》于2000年出版时，学者和政治家都为普特南的宣称而忧心，他们担心美国人会聚在家里的客厅里一起看电视，而不再外出到公共区域互相交流。而今时今日，

① 麋鹿会全称“仁慈和保护麋鹿协会”，简称BPOE，是1868年创立与美国的兄弟会分支以及社交俱乐部性质的社会团体，麋鹿会是美国最庞大的兄弟会之一，宣称拥有超过百万的会员。

最迫切的社会问题已截然不同——我们不仅仅怀念家人一起看电视的日子，今天我们甚至只在自己的小屏幕上看电视了。二十一世纪的第一个年头里，整个社会一齐见证了全新的人际交往与民众集体活动形式——从 MoveOn 到 MySpace，从电子政务计划到小额贷款等举措推动了 Kiva[①] 这样的项目。新闻业在头版头条的位置反复向我们灌输“沉溺于社交网络”、“全世界皆嗜互联网如命”、“陷入互联网不能自拔”之类的说法。当代社会最令人忧虑的问题并不是离群索居的孤立，每个人都如此身陷于网上所发生的各种私人、工作和社交上的活动，我们的问题恰恰是“过度联接”，这也许便是科技达人琳达·斯通所称的充满着“不间断的部分注意力”的生活。

以上所有一切都影响着我们今天对为何和如何独自生活这一问题的理解。无论是否独自生活，大多数人都置身于一个或多个社交圈中，如今越来越多的批评家开始担忧，我们已经陷得太深了。作家威廉·德雷谢维奇称之为“终结孤单”，他认为，在当代社会“我们的生活完全与他人交融，而绝大多数的情况下，没有人会孤单一人”。[②] 社会学家道尔·顿康利则更进一步，他认为我们正在目睹“个人”的死亡和“虚拟个体”的诞生：越来越多的专业人士致力于研究人们如何“在脑中浏览不同的世界，管理庞大的数据流，产生冲动、欲望甚至意识”。[③]

---

① Kiva（Kiva.org），基瓦微基金，是一家非营利组织，他们让人们可以通过互联网贷款给超过 70 个低收入或者缺医少药地区的企业家和学生。

② 引自威廉·德雷谢维奇 2009 年出版的著作《终结孤独》。——作者注

③ 引自道尔·顿康利 2009 年的著作《其他地方的社会》。——作者注

这些话都耐人寻味，却缺乏些说服力。我们今天当然有充分的理由担心年轻人过度沉迷于短信、电视节目和互联网，以及越来越多的专业和服务业人士需要成日成夜地回复邮件来发展和管理客户关系，甚至是那些强迫症般无时无刻都要检查自己手机的“黑莓控”们。但这些真的代表“孤独”与“个人主义”的终结么？不可忽略的事实是，“网络社会”的出现晚于这些重要的社会变革：数量惊人的年轻人开始独自生活，史无前例的、越来越多的孩子们开始拥有独立的房间。我们不应忽视人们急速增长的独处时间与无论是私人还是工作上“连线”的需求之间的关系，而且，最值得注意的是，并非所有人都沉迷于网络，我们中的绝大多数，都并不是常年在线、四处寻找、接触并认识一个新的 Facebook 好友的那种人。

事实上，我们的一些采访对象说，独自生活是一种缓冲巨大的社会压力尤其是职业压力的方法。毫无疑问，独自生活这种策略，对于富裕的中产阶级和贫穷的普通阶级而言，有着本质上的区别，前者更多是精神上的健康，而后者更在意身体健康。对于成功的专业人士而言，独居将家庭化为了城市中的避难所，有助于独处和自我实现，而这二者，恰恰是上文中德雷科维奇和康利担忧今天我们已经失去了的东西。然而独居并非总是如此行之有效，我们采访的一些富裕中产阶级也承认，他们找到一个自己的住处，以躲避不健康的两性关系，逃避一个索取多于给予的社区等等。访谈中的边缘人士的独居动机尤其如此，对于他们来说，独居很容易造成极端的危机，不仅带来家中的自主权，但也可能意味着将带给人安全感的家变作坟墓般的隐逸、囤物宅居等反社会行为。即便是一些更为谨慎的脱离社会的行为，都可能形成一种可悲的安全感。对于许多刑满释放人员、药物依赖症患者、失业人士而言，入住 SRO[1] 和廉价的公寓都可以避免家人和朋友的陪伴，对他们而言，这些陪伴带来的麻烦远大于其价值本身。

独居是一种自我保护的手段，但同时独居也会危及个体本身，而且不出所料的是，那些健康、情感、财务状况良好的人，相比那些贫穷和不健康的人群，更能找到其中的平衡。对于那些经济上有保障、日程繁忙、拥有丰富社交生活的人而言，独居可能是一种高效的生活方式，因为独居既保证了隐私，也提供了自我复原以及个人发展的机会。但对于那些弱势社群而言，独居往往会导致一种危险的状态，伯克利大学的社会学家桑德拉·斯密称之为“防御性的个人主义”：对其他人和机构组织的不信任，并终将导致对自身的不确信。[2]

大多数独居人士有经济保障，并不贫穷，那些特意将自己的家居空间打造成忙碌紧张的工作生活之外的绿洲的独居人士，都指出这是一种自我修复式的再生，而绝非与世隔绝的孤独体验。快五十岁的菲尔是一位成功的记者，他说，在曼哈顿生活和工作是极具压

---

① SRO 即单间出租酒店，是在加拿大和美国的城市里用于形容多租户大楼的一个术语，单间出租酒店里的都是一居室或二居室，租户们通常共用浴室和厨房。

② 引自桑德拉·史密斯 2007 年出版的著作《孤独的追求：贫穷黑人中的不信任和防御个人主义》。——作者注

力的，因而，当一天结束之后，他需要关上门独自待着，他解释道："我不认为自己是一个孤僻的人，但我需要隐私，我需要时间来充电复原。"

菲尔毫无疑问是个外向的人，他外表冷静自持，但笑容温暖。过去二十多年来，他都独自生活，并且学会了将自己的家布置安排得符合他所需要的"孤独"。他说："我喜欢对自己的居家环境拥有控制权，我将它安排得好像童年的娱乐室，但更为宁静，就好像教堂里的那种感觉。我不仅仅是独自居住，绝大多数时间我家里没有电视机，也没有宠物。"菲尔认为宁静平和的家庭环境加深了他的自我认识，并最终提高了他的创造力，——他独自一人度过的时间帮助他成为了一位更好的作家、思考者和充满魅力的人。和已故的心理学家安东尼·斯托尔一样，菲尔也认为，孤独可以使人们更为接近自我，他能背诵出一个长长的艺术家和作家的名单，他们都曾大半生独自居住。①

虽然他的生活从来都不轻松，但独居令菲尔有充裕的时间来面对自己的感情，他说，如今他并不纠结于为何会有今天的情景，而

① 菲尔对于独居的益处的言论不难让人联想起已故的心理学家安东尼·斯托尔，在斯托尔的著作《独处》中，他提出了一个论点：孤独，如果在明智的前提下，有助于人们回归自我"，有助于增强伟大的作家和艺术家的创造力；斯托尔引用了爱德华·吉本的话："对话丰富人们彼此的理解，但孤独才是天才的学校，孤独也是不同的作品重新聚集在艺术家的手中的方式。"斯托尔谨慎地指出，取决于做法，孤独可以带来建设性或破坏性的结果，他提出："世界上许多最伟大的思想家都生活在没有后代的家庭中，或是根本就没有亲密的个人关系。"——作者注

是用更多的时间在家里思考，未来他将走向什么方向，以及他的生活方式是否如他所愿。当他越来越接近五十岁时，菲尔意识到，如果他继续保持单身，他将面临一项全新的挑战——老龄化带来的脆弱，和死亡意识的不断提升。菲尔说："我想，我知道，最终会发生什么。"但更为可怕的是，独自面对死亡。他解释道："年龄的增长改变了独居生活中一件最重要的事，'独自'和'死亡'这两个词语开始变得互相关联起来，但不太会有人为在已婚状况下面对死亡而忧心。"

在美食杂志社工作的艾米正忙得不亦乐乎，她相对年轻，才三十八岁，因而无暇担忧会有什么糟糕的事发生。她长着一头棕色的长发，五官轮廓分明，和菲尔一样，她承认她的工作需要大量的社交行为："我整天与有创意的人打交道，他们都有些戏剧化，我必须要应对他们骄傲的自尊心，有时是哄哄抱抱，有时是威胁或者消极对抗。"这种管理关系的工作，在繁忙时，更需要她牺牲自我的时间。她说："每个月中都有一个星期，我需要每天工作十二、十四甚至十六个小时。"通常这种情况下，艾米也不想再安排什么社交活动："工作已经需要我大量社交了，回到家之后，我完全不想再和什么人交流，我只想有机会解压休息。"

在访谈之初，艾米告诉我，一有经济能力之后她就搬出来自己住了，可当谈话深入之后，她告诉了我故事的另外一面：在过去的十年里，她曾两次搬离合租的公寓，是否有经济能力承担房租当然是其中一个原因，但更重要的是，两次她都是为了逃离让她无法忍受的家庭关系。第一次是在洛杉矶，大学毕业后，她周旋于糟糕的室友之间，后来和哥哥一起居住。艾米提及这段经验时，说："我实在受不了他，他快把我弄疯了，我必须搬出去。"拥有自己的住所确实是解放性的体验，不仅令艾米觉得自己是一个真正意义上的成年人了，也令她恢复了自主性和自控意识。

第二次则更为痛苦，当时她在纽约，搬进了男友的家中，并开始憧憬两人共同的生活。艾米承认："相比同租，这感觉更亲密也更有压力。"但因为爱情，她全心投入，希望两人能共同生活，但结果却不如人意。后来她获悉，她的男友正在与一个二十出头的姑娘偷偷约会。艾米充满敌意地说："他是个混蛋！从搬进去的第一个月开始，我就发现他背着我在劈腿，而在我们交往的过程中，他一直在欺骗我，我却毫不知情。"过往伤痕累累的经验令艾米不想再尝试任何与人合住的生活，她发誓说，她要独自生活，避免一个讨人厌的室友或者糟糕的恋人，直到有人能赢得她的爱情与信任。她依然在寻找她的伴侣，但却小心翼翼、进展缓慢，因为她牢牢记得，她可能会失去单身所带来的一切。

也许艾米有些小心谨慎，但作为一个相对自信和经济有保障的年轻专业人士，她的自我保护意识要远低于那些选择独自居住的城市弱势群体，弱势群体躲避着曾经并依然给他们带来诸多问题和伤害的亲友们。在艾米宽敞的公寓几英里之外，就是纽约市仅存的那些 SRO 和一居室公寓，成千上万孤独的人在那里独自居住，这些人都正在努力摆脱自己沉重的负荷——滥用药物、犯罪记录、贫困、失业和疾病是其中最常见的一些，而往往，他们的问题还不止一个。

这一弱势独居群体的人数自1970年代来一直稳步增长，其原因不仅是工业劳动力市场的崩溃，事实上，服务业的雇主不愿意雇佣工业劳动力，女性在就业市场的活跃，刑罚制度覆盖范围的急剧扩大，以及为贫穷人群所设置的社会保障服务上的节流措施，都造就了这一结果。[①]《纽约时报》在2006年报道指出："40至44岁之间、在大学的受教育经历少于4年的男性中，大约有18%从未结婚，而根据人口普查的估计，这一数字比25年前增长了大约6%；类似的，35至39岁的男性中，这个数字从25年前的8%跃升至22%。"二十一世纪初期的经济危机令事情变得更糟，2010年，皮尤基金会的"新婚姻经济"研究中指出，没有大学文凭的单身男子比1970年时收入更少，而且婚姻前景也更差，相比那个年代——他们"更嫁不出去"。[②]

他们中的许多人将独居视为"必要之恶"，独自生活为他们提供了重新站稳脚跟所需要的时间和空间，但也剥夺了他们急需的社会支持和关怀。五十岁出头的格雷格失业，并患有严重的心脏病，在过去的十年里，他一直一个人生活，大多数时间游荡在曼哈顿附近的庇护所或SRO中。当格雷格讲述他的人生故事时，很显然，对

---

① 关于雇主不愿意雇用有犯罪记录的人，尤其是非洲裔美国人的内容，请参见德瓦·佩吉在2007年出版的著作《注明：犯罪、种族、以及大刑罚时代找工作的种种》。——作者注

② 参见爱德华·波特和米歇尔·奥唐奈合著的《面对无学位且无妻子的中年》一书。以及2006年8月6日皮尤基金会的理查德·弗莱和德维拉·科恩在《纽约时报》发表的《2010年的新婚姻经济学：妻子们的崛起》。——作者注

他这样处境的男人而言，与朋友和家人的亲密关系既可能是有益的，也可能是有害的，完全视情况而定。[①] 而社区，也几近类似于婚姻——好的时候当然很好，而糟起来，则充满了危险。

不久之前格雷格刚因心脏病发作而住进了医院，他很担心会复发："有时候我在想，单独一个人住似乎是个缺点，如果有人能在我的身边就好了。"但谁能在他身边呢？格雷格有吸毒史，而近二十年来，他一直徘徊在监狱、废弃的建筑物和露宿街头之间。他说："我一直进进出出监狱，断断续续地坐着牢，一直到 1997、1998 年间。二十多年来我一直没有工作，因为很长的一段时间里，我一直在吸毒。"格雷格有一位合法妻子和两个孩子，但他说，州政府不让他和孩子们待在一起，因为他们买不起一套两居室的公寓，因而，他从未和孩子们共度过哪怕一个晚上。最近，孩子们的母亲去世了，而格雷格也很少见到他另外的家庭成员。当然，格雷格希望有朝一日他能有更多的时间与孩子们共处，或者是和其他家庭成员在一起。他知道，尽管他戒毒已经十年了，他离那一天依然十分遥远。

而现在，格雷格想出了一个心脏病发后照顾自己和应对复发的策略："无论我在哪里，有没有人和我在一起，如果我真的心脏病复

---

① 威斯康星大学的社会学家爱丽丝·戈夫曼也有类似的想法，她在费城举行的关于有犯罪记录的年轻黑人男子的人类学研究表明：他们甚至对最亲近的人心存怀疑，这些年轻人渐渐形成了一种不可预测的做法，规避甚至是完全逃避他们以前曾依赖的有关机构、场所和人际关系。这些年轻黑人很少独自生活，但事实上，他们避免与社会支持网络和机构打交道的生活策略，注定了他们几乎没有机会摆脱贫穷。见爱丽丝·戈夫曼 2009 年出版的《在逃：费城贫民窟中被通缉的男子》。——作者注

发，我要确保我会走到走廊里。我必须很快地走到门口，心脏病发作时你不会有那么多的时间，你的头脑无法正常运作，你无法呼吸，所以你会晕倒。但如果我倒在走廊里，那也许就会有人看到我。可能需要一会儿，甚至到时候一切都已经可能太迟了，因为我住的那层并没有其他人，但如果我倒在走道里，人们进出时就会看到我。”

格雷格居住的那种庇护所和 SRO，在很狭小的空间里生活了许多人，因而公共区域和走廊里总是有相当大的人流。格雷格也可以尝试在住处交些朋友，令他们成为自己的支持和后援，但他对自己的邻居们满怀疑虑。他的那些老朋友们，令他变得很谨慎：“过去我认识的人和我的那些朋友们曾经令我很头疼，你知道么，那些就像是‘哦，天哪，给我一点，就给我一点’的那种朋友。而且，当你的朋友有了麻烦，就等于你也有了麻烦，因为他们会带着麻烦来找你。过去，我和我的朋友们同甘共苦，成天混在一起，一起吸毒，一起回家，一起放弃一栋废旧建筑搬去新的地方。”

偶尔格雷格也会觉得孤独，渴望有人陪伴，但他很担心，花时间在他社交圈子里的那些人身上，可能反而将他引上歧路。“过去认识的那些家伙们，如今我大多不再见面了，我总是避着他们。我想这是我自己的问题，我拒绝与周围的人们交谈、交朋友，我不寒暄，不说‘你好’、‘再见’或者‘你今天怎么样’，通常每天，我都是直接走出去，通常只是去公园看看书，我与人交谈，我宁愿花时间在自己身上。”

五十多岁的蒂姆也决定了自己还是在一间小房子里独自生活比较好，他不想再与室友或者伴侣同住了。他说：“每次和我住在一起的室友，总是有毒品或其他这样那样的问题。我还是宁可独处，独自生活我就再没有机会把责任推卸给任何人了，如果我做错了什么，那就全都是我自己的错。这并不意味着我反社会，但我自己的问题已经够多了，我不想再掺和到别人的问题里去。”

最近蒂姆搬进了一个新的SRO，那里保安措施不错，还有工作人员提供社会服务。蒂姆想要比之前的那栋房子更为安全和更有隐私的住处，他说：“有些其他的SRO里，会有人吸毒，并对你说‘嗨，你想要嗨一下么’，但这里完全没有这种麻烦，在这里你可以做自己想做的事情，每天回到自己的房间，关上门，不会再有人打扰你，也不会有人来敲你的门。”

住在SRO和低成本公寓中的贫穷人群，建立起人际交往的屏障，以避免为同伴们腐坏的社会影响力所拖累。而另一群从社会阶层的阶梯上跌落，却依然希冀着能重新站起来的人们，为了逃避贫穷和失败的耻辱，也与邻居们划清界限，他们中有些人回避家庭成员、曾经的伴侣、旧友们，因为他们为自己如今的境况而羞耻，或是因为他们相信，这些已经厌倦了自己或为他们感到羞耻的人们，已经抛弃了自己。

尽管贫穷的人群对于重新找一个伴侣或与其他社区成员联系表现出一种抽象的兴趣，但现实的阻碍总是令他们望而却步，于是，保持独立依然是他们的优先选择，但结果往往陷入一种恶性循环：自我强迫式的离群索居剥夺了贫穷的单身人士在工作社交圈以及潜在的社会支援中获得帮助的可能，于是，他们的压力增加、健康受损，进而不得不面对更为严重的孤立和痛苦的威胁。

在受访的SRO和庇护所居民中，有为数不少的人向我们表示，他们一直独自居住，是因为亲近的亲朋好友的疾病和死亡令他们不堪重负。对于像格雷格这样来自贫穷或充满疾病的环境中的人来说，如果与家人和旧友们太过亲密，可能将意味着遭遇精神痛苦和各种麻烦。五十岁的里克是同性恋，当被问及他个人的亲密关系时，显得有些不知所措："每个人都过世了，这就像是一阵浪潮，在过去五六年间，我失去了差不多八九个关系密切的人。我与我哥哥的关系很好，我们非常亲近。我们一直在一起谈论我的朋友（里克最近刚刚过世的同性伴侣），并总是给我提供帮助。但去年十月，我正准备要和他见面吃午饭，刚要出门时手机响了，他穿戴整齐正要出门见我，就这么死了……所以，你看，一切都正按照一种看不见的模式进行着。"

里克对此事的反应是回到自己的房间盘坐了下来。他整天整夜地开着自己的电视，醒着的时候用电视来分散注意力，睡觉时将电视当做背景音乐，只有在离开房间的时候才把电视关掉。他承认，这生活并不令人兴奋，但这可以保护他免受伤害，他说："现在我根本没什么朋友，我想，孤身一人的生活就是我的选择。我曾是个非常外向的人，但现在我不想与人打交道。我就住在这里，外出、归来，生活仅此而已。"

米格尔最近也经历了一次类似的残忍打击，而他的反应则是完全撤回到鼓励的状态，他的目标是实现更强大的自我，期望以后不再需要依赖别人，也不用再担心他依赖的人会令他失望或忽然消失。他说："我想我现在真的没有什么亲密的朋友，或者说，我现在并不奢望会有什么亲密的朋友。我所做的一切是给自己一个成长的机会，成长为一个真正的男人，一个各方面完全成熟的男人，实现自给自足和自我价值的体现。我要做的是学会成为我自己最亲密和最要好的朋友，爱自己，感觉到真正的自我价值和自我实现。”

尽管有些人待在自己在 SRO 的房间里以躲避家人和朋友，但也有一些人更担心同楼居住的伙伴们。三十多岁的尼克承认道：“我绝大多数的老朋友不是死了，就是在坐牢 。”他在年少时因为一次输血而感染了艾滋病毒，此后的几年间，他与毒瘾抗争，结了婚有了一个孩子，拿到了 GED 证书，① 而后，他离了婚，生活一败涂地。迄今他已失业六年了，依靠伤残保险为生，常常每夜厮混在“各种毒品、老鼠和蟑螂出没”的单间出租酒店，那里“有人明目张胆地贩毒、卖淫，从酗酒和吸鸦片的，到可卡因瘾君子，什么样的人都有”。尼克说：“当你生活在一个腐坏的环境中时，你感觉自己好像同样开始腐烂。”但他喜欢聚会，他在那栋楼里有朋友，他舍不得离开他们，而当事情开始变得糟糕时，尼克也开始避开他们。他说：“我变得非常非常深居简出，如果没有出门的必要，我就不出门。”但他的朋友们并不欣赏这种做法，而且，尼克的生活也开始变得更为糟糕：“如果有人凌晨三点来敲你的房门，你知道那跟疯了没两样。我开始卷入口角和身体冲突。”尼克绝望了，他迫切地想找一个

---

① GED（General Education Development），即普通教育文凭，是为验证个人是否拥有美国或加拿大高中教育水平而设立的考试以及相应的证书，GED 证书与高中文凭具有同等效力。

地方搬出去住，以远离他的邻居们，最终他总算找到了一个更安全也更干净的住处，他带着一个教训搬进了新家：管好自己就好了。

尼克的新SRO里有一个舒适的公共区域，邻居们每天聚集在那里打发时间，聊天、看报、看电视，偶尔工作人员也会为居民们提供膳食、电影或者一些课程。但尼克从不参加所有这些活动，他说："我避免参加这栋楼里的社交活动，我有些坚持自我，我真的不想别人知道我的事。"对于与他境况相似的人们，尼克抱有怀疑的态度，他们令他想起过去的自己，还有那些他一直在逃避的人们。他说："每个人都在打探，而一旦他们知道了你的电话号码，他们就会开始向你发出各种邀请。"他们骚扰你、拖你下水。像里克和其他那些SRO居民一样，尼克大多数时间都开着电视躲在自己的房间里，他说："我和他们越少牵扯就越好。在这栋楼里我甚至不想知道任何一个人的名字。"

尼克希望这崭新的、更好的SRO能帮助他度过过渡期，以摆脱贫困、失业和毒瘾，他希望他居住在这里不过是暂时的，尽管他也承认，如果他喜欢上这里，这个SRO也可能打败其他选择，成为他的长久住所。他的前妻再婚了，他很久没有见到她了，但他的家人住在布鲁克林，他也希望能有更多的时间和他的孩子在一起。尼克也很怀念有一个伴侣睡在身边的那种温暖，他希望整理好自己的状态后，能再找一个伴侣共同生活。他说："现在，我无处可去，但当我重新立稳脚跟之后，希望一切都能变得更好，你知道，如果我的身体健康，能找到一份工作，可能有一天，我就会搬出这里。但现在，我的情况也还算不错，我不会再弄砸了。"

但对于 SRO 建筑中的某些人来说，当其他的居民看起来如此明显地落魄糟糕时，他们很难会觉得这是个好住处。那些正在走下坡路的人们，曾经有过稳定工作和体面的收入的人们，往往为置身 SRO 这样一个耻辱化的环境而感到羞耻，他们与自己的邻居划清界限以维护自己的尊严。例如约翰，他不得不在 SRO 落脚，因为他的伤残补助无法负担其他更昂贵的住处。他在 SRO 住了四年，期间只交了一个朋友。他说："我尽量与楼里的大多数人保持远离，当瘾君子和看起来精神不太正常的邻居们总是聚集在楼里的公共场所时，就好像是在暗示你，这里有些什么不太对劲的地方，你懂么？我可不想和这些人有什么往来。"

六十岁出头的鲍勃在过去的岁月里大多时间都自己生活，他在自己住的房子里经营小生意，直到，用他的话说"政府通过征用权法巧妙地占据了我家所在的整个街区"。一开始，他完全无法适应新的环境，他说："当我第一次来到这里的时候，我真的落泪了，我无法在这里住下，刚开始的那个星期，我睡在 55 街的一个地下室里。我真的不想和这个地方有任何的关系。"

鲍勃最终开始适应他所居住的那栋楼，他认识了并尊敬那里的社会工作者，他认为他们都是很有爱心的人。他喜欢楼里的安全措施，他也欣赏工作人员总是将公共场所维护得很好。但无论这环境多么令他满足，这里仍然是 SRO，而不是他曾经如此引以为傲的带花园的小公寓。无论这里的工作人员多么专业，其他的租户身上带着贫穷、疾病和苦难的痕迹，在外人看来，SRO 的租户们是一个并不体面的群体。清楚明白地知晓这一切，像鲍勃这样的居民们承认，他们的境况令他们觉得耻辱，其中许多人试图远离本来可能很亲近的家人和朋友，他们独自生活，是因为他们不想让亲友看到自己的人生跌落到如此的境地，又或是担忧别人根本不想跟他们扯上关系。

如尼克就解释说，当他住进SRO后，他开始疏远自己的孩子和他们的母亲："以前我没有陪在他们的身边，我不喜欢我现在的住处，我也不喜欢我现在的生活方式，很多时候，我选择不露面。我生活的环境令我付出代价，我想你也知道，这环境令我蒙羞。我只是并不想让别人知道，我现在的生活是什么样子。"蒂姆则表示，独居可能"是可怕而孤独的"，但他已经与前妻和孩子断了联系，因为他试图保护他们远离他的生活环境，如今，他并不想与家人接触或是寻找一个新的伴侣，因为"此时此刻，我的生命里，没有什么可以给予其他人的了。"有些人则认为，当他们搬进粗陋的、满是单身人士的环境中后，家人们开始看不起他们，已经抛弃了他们，里克抱怨说："因为我独自一人生活，他们就对我区别对待，看起来，谁也不在乎我了。"

玛丽安也许也曾有相同的感觉，她独自生活了几十年，2007年的秋天孤独一人去世了，那时她七十九岁，她自己叫了救护车，住进了洛杉矶她家附近的一家医院。两周后，一次完全的心跳骤停之后，她的生命结束了，而当时当刻，玛丽安身边没有一位亲戚朋友。甚至，她紧急联络人上唯一的名字只有苏，为她送药的药房工作人员。

"当我接到电话，说我的名字写在联络人那一栏时，我真的很惊讶。”当我前往拜访她在赫芬顿公园的家时，苏对我说，“我去了医院，也只能说出‘哦，真的，好吧……’这样的话来。”她略带紧张地笑笑，目光转向占据了她客厅的圣诞树，接着说道：“我甚至不知道，她是否有一个哥哥或者别的什么家人。”

苏最后一次听到玛丽安的声音是接到她从医院打来的电话，玛丽安留下了一个紧急的留言，恳求苏喂养并照顾她拴在屋外的两只狗。苏说：“她打电话来时只是哭，她说，如果没有人拿邮件，会有人带走她的狗。玛丽安说‘它们是我的狗，我保证我绝对不会骗你，我会付钱给你的’，我并不担心她不付钱，但当她说‘它们是我仅有的一切’时，我觉得我的心都碎了。”

玛丽安死后的第二周，我去拜访了医院，因为她的遗体和遗物仍然留在那里。没有人安排葬礼，甚至也没有人来拿走她的东西，我并不是独自前往的，洛杉矶郡公共署副调研员艾米丽·伊萨允许我与她同往。艾米莉是公共署办公室的一百名雇员之一，他们负责调查独自死亡、无人认领遗体或遗产的案件。她有些像侦探，专门调查孤独死去的案例。她的工作是梳理亡故者的生活遗迹，试图找出他们所留下的遗产和线索，并厘清谁应继承什么遗物，并寻找死者最近的亲属。艾米莉和她的同事们每年都要处理类似玛丽安这样的案例，差不多三千件。

玛丽安是单身，没有已知的兄弟姐妹或子女，但她名下有房产、一个银行账户，而且她家中可能还有其他贵重物品。现在，应当有人来继承这些遗物，而艾米丽的职责就是找出这个人。她希望能找到一个认识玛丽安的人，并由此找到她的亲戚，以及在艾米丽完成这项工作前，她也需要找到人来安葬玛丽安。

我们在医院的门诊服务办公室开始我们的调查，有一位修女在那里工作，起初我们以为她可能知道一些有用的信息，因为当她看到案卷上玛丽安的名字时，她的眼睛一亮。而事实证明，她只是与玛丽安交谈过几次，除了保证玛丽安临终之前一直都得到了最好的照顾以外，她也无法提供更有价值的信息。

修女交给艾米丽一个大塑料袋，里面是玛丽安带到医院的所有物品，艾米丽开始在其中细细翻寻，希望能从中找到线索，袋子里有一件毛茸茸的蓝色长袍、一个黑色小钱包、药房的处方药、婴儿爽身粉、眼镜、优惠券，以及你会在所有女人的包袋里发现的标准物品。

这些对艾米丽来说都没什么用处，她需要的是联系人的信息，例如一本通讯录，一部设有快捷拨号键的手机。钱包里并没有类似的东西，她发现了一本笔记本，她翻阅整本本子希望能找到什么笔记、临终愿望清单之类的信息，但整本本子都是空白的。

但她找到了一组玛丽安家里的钥匙，艾米丽告诉我，最好的情形是，我们一抵达那里，就会找到一份遗嘱或者一份指令。但这种事情鲜少发生，在她的行业里，这就像是中了头彩。“我希望能有这样的运气，走进房里，床头柜上写着‘在紧急情况下……’，五分钟，我的工作就都完成了。”

玛丽安的案子远没有这么简单。当我们抵达她家时，她的两条狗仍然拴在院子里，于是艾米丽打电话给动物控制中心来把它们带走。玛丽安的房子外面完全一片混乱，木篱笆腐烂了，曾经是草地的地方如今满是粉状的灰色泥土。车道上停着一辆车胎瘪平的破旧大众面包车，玛丽安把这车当做存储间，看起来已经好多年没有开过它了。

屋子里的情况更糟，漆黑一片，满是尘土，到处乱七八糟地堆满了录像带、空空的果汁罐、从家庭购物网送来的纸箱——其中很多甚至从未打开过。艾米丽似乎完全未受影响，说这不过只是“有些乱”罢了。我对她说，对我来说，这可是“乱透了”，于是她向我解释了她的定义：“你看，你还看得见地面，我们看到过很多案例，你甚至无法行走，因为地上堆满了东西，你必须爬来爬去。”

艾米丽习惯了这样的情景，她每次前去搜寻都会穿上网球鞋，戴上手套和口罩——如果有些死者在家里过世，却过了很久才被人发现的话，气味可是很难闻的。通常情况下，艾米丽需要在周围细细搜寻，她可并不是打开抽屉和药柜这么简单，如果有必要，她会爬上阁楼，打开锁上的房门。曾有一次，她在冰箱里发现了死者的生意记录，——装在蔬菜罐头里。

艾米莉仔细地在玛丽安的客厅里检索和搜索，看得出来，玛丽安基本上将她的生活浓缩集中在这个区域里了。客厅里，电视机前有一个没有折起的坐卧两用长沙发，艾米丽抬起床垫，寻找钱、信件，或任何其他将玛丽安与外界相连的事物，但那里除了鸡蛋包装盒和发霉的毯子外，什么都没有。

沙发床的几英尺外，是隐藏在一堆杂乱下的餐厅，艾米丽找到了堆积的信件和过期支票，并开始认真浏览，但她还是没找到她在寻找的东西，没有任何律师或者会计师的名片、没有亲朋好友的照片，甚至没有个人支票，只有给美国退休人员协会、妇女家庭杂志和电视指南的付款凭证。事实上，整栋房子里没有任何迹象表明，玛丽安的生活中还有另外一个人的存在，而这比杂乱不堪的屋子本身，更令我震惊。

在艾米丽和我一起毫无收获地搜寻了四十五分钟之后，我问她，今天的情况是否不同寻常。艾米丽答道："这很普通，差不多都是这样，他们在自己身边堆满了各种东西，宁可和东西为伍也不与人相处。玛丽安几乎把这里建成了她自己的玩具小屋，就像躲在所有这些杂物后面的一个小洞穴里一样，你可以看得出，她在这里度过了绝大多数的时间。"①

艾米莉的工作是寻找联系人信息，而非拼凑死者的人生故事，但有时她也会得知一鳞半爪，她告诉了我两个难以忘怀的故事。第一个故事是关于一个女人的，她的丈夫死于二战，虽然她幸存了下来并又活了六十年，但她所有的私人信件和物品都记录下了：她一直试图活在四十年代的生活里。第二个故事是关于一位老人，将便携式烧烤炉放在床上烧炭自尽的故事。艾米丽说，当她到达那个公寓时，整个房子都充满了黑色的烟雾，而那些仅有的白色区域，便是她和死者留下的足印。这一切都令人不安，不仅仅是因为自杀事

---

① 心理学家兰迪·弗罗斯特和社工盖尔·斯特克特在他们2010年出版的著作《强迫性囤积物品以及物品的意义》艺术中指出，美国人口中有约2%到5%，大约6到15万人，囤积了大量的物品，而囤积物品这一行为，已经影响了他们的生活。他们声称，过度囤积物品已然成为了城市中一个显著的问题，像玛丽安这样的人，改变自己的行为以适应囤积的物品，更重视与物品的关系而非人际关系。——作者注

件本身，也因为这些足迹似乎将她和这一切联系在了一起。但艾米丽并没有太多的时间详述这些故事，关于玛丽安的案子仍然有很多的事情要做。

九十分钟的搜寻后，艾米丽终于找到了一些私人信息的痕迹，梳妆台上的一堆杂物中，埋着一本似乎代表了家族故事的相册，里面有一个小女孩跳舞的照片，和其他一些来自摄影棚、类似好莱坞拍摄的报名照那样的照片，那是个漂亮的小女孩，有着秀兰·邓波儿式的卷发和深深的酒窝，可我们无法知晓这是否就是玛丽安，因为标签上仅仅写着“1933”，却没有任何的名字。

不可思议的是，经过这样的调查，我们依然对玛丽安知之甚少。我们知道她母亲曾在这里和她一起居住，因为屋子里有不少给她母亲的邮件。她的父亲结过四次婚，而玛丽安的母亲是他的第三任妻子。玛丽安崇尚天然草药和自然疗法，她给自己的狗植入了微型晶片。

艾米丽对我说，她不想与她的被调查者有任何工作以外的关联，一般情况下，她不会揣测他们的故事，因为这些死者的故事，总是令人情绪上如此难以自持。

我问艾米丽，她有没有猜想过，玛丽安认为谁会在她身后处理她的遗物。艾米丽答道：“没有，我甚至从未考虑过这样的问题。大多数时候，你看到这样的情形就明白，这些死者不希望任何人来到这里，他们甚至不希望任何人知道他们的生活中有这样这一部分存在。”

“她一定知道有一天她去世之后，会有人继承所有这一切。”我坚持道。

艾米丽推测着说："也许她从不认为会有人接收她的遗物，——'谁在乎我把家里搞得一团糟呢，我的遗产又没什么人可以继承'。"

差不多两个小时后，我们总算找到了一件可能可以帮助艾米莉追查到一位亲戚的线索，那是一张三十多年前寄给玛丽安和她母亲的圣诞卡，一个来自弗吉尼亚州的家庭地址，他们一定是亲戚关系，因为在卡片里他们希望玛丽安和她母亲能帮他们的孩子建一个族谱。艾米丽将圣诞卡保存在透明的塑料袋里，准备带回办公室，但此时天色已晚，艾米丽必须立刻赶回她的办公室，因为他们五点以后就不再接受任何证物的存放了。

艾米丽封上了塑胶袋走出房间，几位邻居好奇地看着我们，艾米丽问住在隔壁的路易斯，玛丽安是否曾有家人拜访。路易斯回答说："没有，没什么人来她家，只有一些女士过来照顾她。"我们每个人都想起了玛丽安，大家陷入了一阵尴尬的沉默中。路易斯打破了这沉默，接着说："她似乎是位不快乐的女士，过去的日子里她总是孤单一人，她养了两条狗，仅此而已。"

片刻之后，我们遇到了另外一位邻居乔治，他有些不同的看法："玛丽安是个好人，她常常与我和我的儿子交谈，我每天上班路过时，她都会站在她的门廊上，我们互相打招呼，'嗨，玛丽''嗨，乔治'，就像这样。"

与乔治和路易斯的谈话让我从另外一个侧面了解到独居的人们孤单地死去之后，会发生什么。在大多数情况下，我们无法知晓，他们的离群索居究竟是他们痛苦抑或满足的来源。他们选择生活在远离亲友的环境，并在这样的环境中死去，也许是因为他们喜欢这种方式，也可能是因为事情曾经一度变糟而他们无力回天。当我们听到类似玛丽安这样的事情时，我们无法克制地将自己的感想与情绪投射其中，融入他们的故事里。我们对他们故事的反应，不仅映射出死者的人生，更诚实地反映了我们自身的想法。

第二天早上我在公共管理署的办公室里遇到艾米丽，她正从自己的隔间里忙着打电话。从那张三十年前的圣诞卡上的线索，她找到了特里，但是，当艾米丽打电话到他的手机上时，新的问题出现了，特里完全不知道谁是玛丽安。特里让艾米丽打电话给他的前妻，她才是那个写卡片的人。

过了一会儿，艾米莉和特里的前妻通了电话。

艾米丽说："噢，是特里给我你的电话号码，他说，他从未听过这个人的名字。是么，你认为玛丽安其实是他的姑妈？好吧，我明白了。"特里的前妻是对的，玛丽安是他一位远房亲戚，玛丽安的母亲是特里的姑婆。但特里从未见过玛丽安，也从未与她说过话，他几乎对她一无所知。当他听说了玛丽安的情况后，感到很难过，他说："我们来来回回地思考，试图弄清楚她是谁。"但是，他也承认，他很难为玛丽安的过世感到难过："我唯一的感觉是，现在我有义务要解决她的问题，把她的生活规整干净。"

玛丽安死后一个月，特里和他的表兄弟还未能下定决心，是否将玛丽安的房产交给郡政府清偿处理，还是自己来处理。艾米丽告诉我，玛丽安资产总额超过了六千美元，公共管理署可以负责将她安葬在当地的公墓中。

如果玛丽安的遗产总额并没有达到六千美元，洛杉矶郡政府仍会为她料理后事。当独居者独自死去又没有钱下葬时，他们的遗体会被火化，骨灰被单独存放进盒子里，保存四年。四年后，如果依然没有人要领走死者的骨灰，他们会被葬入一个集体坟墓，集体葬礼在洛杉矶东部的南加州大学医学院旁的巨大公墓里每年举行一次。2007 年，就在玛丽安去世之后的几周内，郡政府为所有自 2003 年起无亲属认领的骨灰举办了丧礼仪式。

葬礼由一位神父主持："尊敬的客人，在 2007 年 12 月 6 日这一天，我们聚集在这里……向一千九百一十八位兄弟姐妹告别。"这是一幅打动人心的场面，但也有些空空荡荡。除了神父，只有洛杉矶郡政府的大约十名员工出席了这场公开葬礼。其中一人指出了标志着每年葬礼的墓地的墓碑，一千九百多人的骨灰只能填满一个长十英尺、宽八英尺、深八英尺的墓穴。

我不由自主地想道：就在此处，这几千名独自生活、独自死去的人们，此后再也不孤单了。

第五章

共同的孤单

2008年6月，一个异常炎热的星期一夜晚，一大群单身人士——其中绝大多数是穿着高跟鞋的女性，沿着旧金山歌舞伎电影院附近的街角蜿蜒排着长队，队伍一直延伸到电影院大厅里的一块粉红色长地毯那头。照理，一星期的头一个工作日晚上是歌舞伎大剧院的淡季，但这是一个特殊的时刻。五名都曾出版过关于单身的作品的当地女性，在这里组织了一场《欲望都市》的特别放映，除电影外，此次活动还包括一杯“凯丽大都市”鸡尾酒，一个礼品袋(透明的鞋盒，里面装着健身卡、化妆工具包和三十分钟的线上成人影片预付费卡)，以及在影院的酒吧举办的后半场派对。两个月前，这五位女士在一次名为“单身与城市”的座谈会上作为合作演讲者碰面，那次讲座不仅座无虚席也非常成功，于是，她们决定安排一次后续活动：还有什么能比一起观看那传说中的凯丽、萨曼莎、米兰达和夏洛特四人组互相斗嘴更经典呢？歌舞伎大剧院愿意主办此次活动，但有一个条件，五位作者必须提前买下剧院所有的票并自行销售。这几乎不是问题：此次晚会的消息在作者的主页和社交媒体网站上一经宣布，短短四天之内门票就已全部售罄。人们对此次活动是如此渴望，歌舞伎大剧院不得不在电影开始播放前一个小时，就在屏幕上开始播放电影的主题曲。此次晚宴的参与者中，甚至还有一位驰名旧金山海湾地区的名人——克雷格·纽马克，克雷格列表[①]的创始人。

此次派对引起的关注和喧哗完全在主办人之一的萨莎·卡根的预料之中，她是《乐单身：绝不妥协的浪漫宣言》一书的作者，同时也是倡导享受单身、不必急于寻找伴侣的初期运动的领袖人物。卡根毕业于伯纳德大学，是位三十多岁富有魅力和创意的女性，从十年前，她在杂志上发表了自传体文章《人人都爱我们：乐单身》一文后，便开始了这项运动。她在文中写道："我就是你们称之为彻头彻尾的单身者的人，从来没有正式的恋情关系。"卡根一直觉得自己是个古怪的人，直到她意识到周围有许多像自己这样孤独的浪漫主义者，而且这些人也并未意识到，聚集在一起，他们已经在不经意间成为了一股社会力量。她说："我们就像是极难找到与自己完全心仪的那个般配的另一半的拼图碎片，我们是浪漫主义者、理想主义者、古怪的人，单身成为我们自然而然选择的休憩状态。在今天这个毕业舞会和婚姻决定着社会秩序的世界里，我们的个性和内心的力量，决定了我们成为了反叛者。"根据卡根的估算，整个人口中约

---

① 克雷格列表（Craigslist）是一个分类广告网站，其内容包括就业、房产、交友、销售、寻物、服务、社区、演出、简历和论坛。1995 年克雷格·纽马克开始了这项服务，一开始只是作为电子邮件中的列表分发给朋友们，介绍旧金山海湾地区的当地活动，1996 年克雷格列表成为了基于网站的服务，并扩展了内容到其他分类项目，之后 2000 年它开始拓展到美国其他城市，目前覆盖了 50 个国家。

有 5% 是“乐单身者”，她意识到，他们不必再感到孤独或被孤立：“志同道合的社区非常重要，当一个‘乐单身者’遇到另外一个，哇哦，地球也为之震颤了。”

这篇文章触及了一个锐利的话题。挪威乌特内的《读者》杂志申请转载此文，而卡根则宣称她收到了成千上万的信件、电子邮件、混音磁带，一起交汇成一首大合唱——“感谢上帝，我还以为我是世上唯一一个抱有这种想法的人呢！”卡根创立了 quirkyalone.net 网站，网站上有她自己写的文章，媒体关于此次运动的相关报道，以及一些“奇特的论坛”，人们谈论诸如友谊、政治、性别和工作等问题。2003 年，卡根得到了一份书约，将这一运动的宣言全面记录下来，她决定将 2 月 14 日情人节变作一个完全相反的节日——国际“乐单身”之日，同年，她在旧金山、纽约、普罗维登斯和格拉斯哥组织活动，而此后“乐单身”节的庆祝队伍不断扩大，到 2010 年，四大洲 40 个国家，共同庆祝这个全新的节日。到 2010 年年底，已经有超过 6700 人注册了“乐单身”论坛，超过万人访问过卡根的网站。“乐单身”活动的呼吁从印第安纳波利斯、伊斯坦布尔和冰岛等地发出，席卷了所有的大都市，在城市中，单身者们开始走到一起。

卡根如今成为了人数日益增长的单身者某种意义上的英雄人物，单身者们正学习着对独身产生安全感，而卡根则作为他们的公众形象代表出现在世人面前。她频繁地出现在全国电视和流行的电台节目中，并解释说，独居是城市生活中一种可行的、合法的，也未必是孤独的生活方式。试想一下，有这么多人正在尝试这种生活方式，而这一观点依然充满争议，多少有点令人惊讶。每年2月14日，卡根也似乎无处不在，媒体总是热衷于以“乐单身者”来反衬情人节当日，为了昂贵的玫瑰和传统餐厅的情人节套餐花费不菲的情侣们（单身人士则没有这样的困扰，他们成群结对在热闹的舞厅里庆祝他们的反情人节）。但近年来，对于自己在运动中所起的作用和职责，卡根越来越觉得力不从心，尤其是那些将她视为独立女性气质代表的民众，已成为她个人沉重的负担和严重的压迫感。这些年间，我数次与她见面，探讨她本人与“乐单身者”这个概念以及与她建立起来的社会团体的关系，而在每次谈话中，她都表示出，她提出的公众解放反而已成为她个人的桎梏。

卡根依然维持着对推动单身现象的激情和热诚，但她开始觉得这有些枯燥重复了，正如她自己所说的：“组织每年的‘乐单身’节就好像每年举办一场一模一样的婚礼。”而且，她本人已经厌倦了单身的生活，在快满四十岁的今天，卡根发现自己渴望能找到一位相爱的长期伴侣；甚至是丈夫。当我们在旧金山教会区共进午餐时，她对我说：“我一直对寻找合适的男性并结婚这种可能性保持着开明的态度，而且‘乐单身’也从来不是在倡导孤独——这是一种关于连接自我与他人的体验。如今，我准备开启全然不同的体验了，我已经独自生活了很久，而时至今日，如果我有一位伴侣的话，我个人的发展将会更为获益。说实话，我担心，如果我依然将单身主义当做我的生活重心，我可能就会永远孤身一人了。”

卡根的体验清晰明了地指出了单身社会的一个基本特征：这是一个提出问题，以改善独居单身者的身心健康的组织。很少有单身者倾向于将单身定义为自己未来的选择，或者是愿意组织政治活动来招募与自己命运相似的同伴。很多人，其中也包括卡根本人，愿意与督促人们尽快结婚的文化抗争，以鼓励那些热爱单身生活的人们，但他们也将单身视作一个现阶段的暂时状态。另外一些人则可能要单身更久，但并不被视为单身社会的一分子，是因为他们身上的一些其他元素——男性或女性，黑人或白人，富人或穷人，年轻人或老年人，同性恋者还是异性恋者，已经勾勒出了他们的自我认知。

理论上，很难想象用个体的家庭状况来界定每个人的身份。然而，在现实中，独居的单身者发现，其他人——越来越多的亲朋好友，和各种产业正在开始研发满足他们特殊需求的产品，而他们也正在被打上标签。许多单身者认为，他们在个人和公共生活中遭受不公平待遇，因而越来越多的单身者决定走到一起，以一个群体的形象面对一切。有些人，像“乐单身者”那样寻求认同、存在的合理性并形成一种社区。但也有些人希望能获得更多——更好的医疗保障、住房、社会保险，更公平的税法，更少职场歧视，更大的政治代表性，更强大的公众声音。所有这些对任何一个群体都是来之不易的，对一群少数派的单身者而言，尤其如此（毕竟，单身者中包括了从十八到一百岁的人们，其中有些独自生活，有些与他人生活在一起）。目前，我们也不确定，是否有可能根据“单身”这一条件来界定一种集体身份，或是激发起一场社会革命的口号——“全世界的单身者，联合起来！”但是，依然有不少具有先锋精神的单身创业者，正在为之努力奋斗着。

金·卡尔弗特看起来可不像是个活动家，至少当我拜访她在莫尼卡的家时，当我见到她与她聒噪的白鹦鹉咪咪时，她给我的第一印象是如此。咪咪并不是她在白天唯一的陪伴，在我到访的几个月前，卡尔弗特刚刚将靠近门口的几个房间改装成了供职员们使用的办公室，他们在那里为《一个人》工作，《一个人》是卡尔弗特推出的针对富裕且独自生活的洛杉矶人所推出的一本杂志和社交网站。作为一位接近五十岁的记者和资深互联网从业人士，她自认为是一位独居者，但她坚决反对给她贴上"单身"这样的标签。当我们在她葱郁的庭院里，一把遮阳伞下交谈时，她说："'单身'这个词会令我有非常糟糕的联想，它让我想起那些无论如何也找不到约会对象的可悲的人们，可我从来都不是那样的。"①

我毫不怀疑她的话，卡尔弗特是纽约人眼中典型的洛杉矶美人，一头金色长发，温暖的棕色眼睛，自然健康的体态，细腻的皮肤，她穿着休闲却依然时髦，牛仔裤配上了系带的牛仔衬衣，大大的棕色太阳眼镜架在头顶。她的神态认真而专业，但我们要讨论的充满冒险精神的创业故事，其灵感却来自于她自身的经历，而当她谈论起这些的时候，不由自主地提高了音调。卡尔弗特参加了一个旨在鼓励帮助女性专业人士获得更大成功的女性团体，但在加入之后不久，她发现她们在一起时，总是花费很多时间讨论两性关系，或者

---

① 伊桑·沃特斯在《城市部落》一书中的第五章，讨论了"单身"这一词语或概念的污名化或耻辱感的问题。——作者注

说是，她们缺乏两性关系的生活。她说："我们有十五个人，只有三个是已婚，其他人在发言的时候，总是忍不住要花些时间告诉大家自己正在做什么来寻找伴侣。有一次，我听到一个显然很享受不婚生活的朋友这么说时，我忍不住想：'我们在做什么？为什么我们不能接受自己就是享受不婚生活的，然后好好过日子呢？'"

婚姻对卡尔弗特而言并没有太大的意义，十五年以前，尽管她一直很难想象自己安定下来，她也曾经结过一次婚，而那段婚姻却是一场十足的灾难。卡尔弗特告诉我："精神上，我是完全不受拘束的自由主义者，当我结婚时，我忽然发现自己需要向对方报告我要去哪里，我和谁在一起，我什么时候回家。这就像是变回了一个孩子，我与我的前夫相识多年，我也一直很喜欢与他交谈，但突然间，我想把他从我的生活中赶出去。"

卡尔弗特认为，如今成千上万的男女更适合独自生活，而《一个人》是她与离异的富裕企业家大卫·赖特共同创立的，旨在帮助独居者更好地享受当下生活的媒体。她解释说："这是一种使命，我们要从传统观念的束缚和限制中解放独居、单身的人们，让他们能追求更好的生活。这意味着与庞大的产业链对抗，这些产业链让单身独居的人们认为自己很糟糕，并从中牟利。想想那些'改头换面'类的电视节目吧，他们把人们打造一番，令人变得有魅力、最终结婚并获得幸福，他们编写的剧本令人们相信单身独居是可怕的，是需要被拯救的。我们正是要打败这种观点。"

第一步，是要重新定义单身生活。卡尔弗特认为，《一个人》代表这一群独一无二和特别的人们，每本杂志的封面上，都在杂志名的上方醒目地印着“性感”、“精明”、“单身”这三个大字。而在她的心目中，她的目标受众是一群多少与她有些相似的人。在创刊号的“主编的话”那一栏，卡尔弗特写道：“我热爱单身的生活，我喜欢我现在的生活，我有亲密的朋友，我活跃于社交活动，我从事着自己理想中的职业。我热爱独处——读书、写作、冥想，做一个不妥协的自己。我并不需要另外一个人来令我变得完整，我就是一个完整的个体。我爱男人、热爱浪漫、热衷于亲密的两性关系，但当我不再受限于婚姻时，一切反而变得更为美好。所以，如果你自认与我相同，如果你热爱单身一个人的生活，如果你享受活跃的社交生活，——如果你的生活方式如是，那么，《一个人》这本杂志就是为你度身定制的。”

事实上，《一个人》不仅仅是在传递卡尔弗特的想法，这本厚厚的时尚杂志内容丰富多彩，仅投递给年收入高于15万美元的洛杉矶居民，而且专为高端品味而定制。杂志里有捷豹、比佛利山庄的保时捷展厅，丽兹酒店式公寓、B&O、灰石机场与私人飞机①、斐济水的整版广告。封面故事则是光鲜亮丽的未婚名人如莱昂纳多·迪卡普里奥或瑟琳娜·威廉姆斯②的故事。读者征稿的栏目则由投稿人谈论自己最热爱的宠爱自己的方式，读者提到了诸如按摩（有人说他最喜欢同时由两位理疗师进行的夏威夷按摩）、上等葡萄酒、巧克

① 灰石飞机场（Greystone）又名Jumbolair机场，位于美国佛罗里达州的奥卡拉，机场只有两条跑道，仅供私人飞机使用。

② 即著名的美国网球运动员，世界网坛女单排名第一的小威廉姆斯。

力以及苹果电子产品等。还有整页整页的产品评论和体验报告，囊括了从个人礼宾服务、健康俱乐部到最新的牙科技术等产品与服务。但杂志中有些内容毫无疑问是属于单身独居者：其中一篇文章，批判单身者在公共事物中"消极被动"，而不是在形成一个政治集团；"寻找完美伴侣的奥秘"专栏里，一篇文章警告读者，不要爱上臆想中的完美幻象，而要去爱真实存在的人；另一篇文章中，一位长年目睹过多不忠与欺骗的婚姻的心理医师，表示对婚姻产生了质疑；而艾米·希德莉斯则宣称她有一位"完美的伴侣"——瑞奇，而瑞奇最重要的优点在于他是虚拟而非真实的人物，她建议读者——"如果你想有成功的两性关系，那两个人中至少要有一个富有想象力"。

杂志以外，卡尔弗特还建立了 SingularCity.com 网站，网站上包括了原创的内容（如"保持单身的方法"的专栏），但她认为网站是"一座虚拟的网上城市，网络上的人们可以在高科技的环境中进行最传统的人际交往的一个地方，这对于像洛杉矶这样一个疏离的城市而言，异常重要"。《一个人》还定期举办聚会，从电影、欢乐时光到更为正式的派对，尽管卡尔弗特坚持认为，"这些活动与那些普通的单身聚会不同——那无法找到约会对象的人们寄希望于那些单身聚会，找到未来的结婚对象"，她并不否认，在她的活动中，和在其他任何地方一样，男男女女最终还是会勾搭在一起。无论如何，她的目的是将人们联系在一起，无论他们选择的是什么样的生活方式，都帮助他们感到更自信和幸福。她告诉我："我们并不反对婚姻，但是，人们必须意识到，单身是新的大多数人的选择，而我们的工作是，帮助单身人群为人所知所晓。"

我与金·卡尔弗特在圣莫尼卡的谈话几个月后，在布鲁克林繁忙的商业街上的一间办公室里，我从一位无论外表还是谈吐都与卡尔弗特截然不同的女士那里，几乎一字不差地又听到了同样的表述。尼基·格里斯特是“取代婚姻项目（ATMP）”的执行主任，她外表冷静，有着分析家般的智慧，毕业于耶鲁和普林斯顿，并有着在社区组织和政府机构超过二十年的工作经验。她今年四十多岁，是一位肤色柔和的犹太裔黑人，我们第一次见面时，她穿着一件时髦的蓝色西装，搭配了紫色条纹袜，一头夹杂着灰发的黑发削得极短，她的柔软略带尖利，但当我们谈论到充满感情的政治议题时，她的声音就会沉缓下来，在我们的对话中，她常常如此，因为我们讨论的是花费了她五年心力的话题：如何令超过百万的单身美国人获得平等与公正，而其中约有三分之一的人独自生活。

格里斯特说，2005 年时，她与其他大多数人一样，在网上搜寻婚姻的成本与益处时，发现了 ATMP 的网站。那可不是一次学术性的调查，当时，格里斯特的同居伴侣，一位纽约消防中尉，向她求了婚，理由之一是这样她就可以享受他的医疗保险，可以辞去当时的工作找一份更好的。然而，格里斯特曾一直反对结婚制度，认为婚姻制度本身即是对同性恋者的歧视，而至少历史上，婚姻制度也曾对妇女不公。她告诉我：“我有数以亿万计的理由来质疑婚姻制度，其中之一就是，我父母结婚时，他们的婚姻至少在十六个州都是非法的，因为我母亲是白种犹太人，而我父亲是加勒比黑人。但那时他们有一个很好的理由——我快出生了。”她开始用 Google 搜索这个问题，很快，她就发现了 ATMP 的网站，那里几乎有她所有问题的答案。“我想‘哇！这组织简直太棒了！’这个网站是唯一一个帮助单身的人了解不婚的后果的地方。不仅仅是医疗保险，还包括了职场歧视问题、购置地产时的歧视问题、政治问题、税务问题等，网站把所有的信息都准备好了，这太了不起了！”

当她浏览网站时，格里斯特注意到 ATMP 正在寻找一位执行董事，突然她意识到，她找到了一个更好的借口辞去现在的工作。ATMP 由一对年轻的不婚情侣在 1998 年成立，总部设在阿尔巴尼。但格里斯特还是决定申请那个职位，两位创始人太喜欢她了，于是同意她将总部迁至布鲁克林。格里斯特说：“我自愿减薪百分之五十，从一个中等规模的组织来到这个年度预算只有差不多 3.5 万美元的组织，但一切都是值得的，因为在这份工作里，我无需妥协我的价值观，——这很奢侈。”倡导婚姻是可被替代的，这听起来似乎是很激进的事业，但格里斯特坚持认为自己的工作完全是当今主流：“大多数美国人都没有结婚，大多数家里住着的不是一对已婚夫妻。如果这样来看，你就明白，我们宣传的是大多数人的利益。我们的要求也并不过分，我们只是需要社会承认婚姻制度外确实有许多像我们这样的人存在，并建立起支持我们这群人的相关立法。”

ATMP 致力于代表各种不同情况的未婚人士，包括了同性恋、同居的异性恋伴侣以及单亲家庭。这三种未婚人士通常都有一个为什么他们选择了不婚或者被剥夺了婚姻权利的故事，他们视自己为一个共同利益体中的一部分。但独居者则并非如此，按格里斯特的解释，其中一个原因就是，许多独居者依然在寻找自己的伴侣，因而与其他人群不尽相同："实际上，有这样两个潜在的群体：一群人认为单身没什么不好，至少是可以接受的，以及另外一群人只是在为未来的婚姻做准备。第一群人，我们称之为'独身的单身者'或者'未婚的单身者'，他们在乎的是已婚和未婚状态带来的歧视和不公，因而可以参与到我们的所作所为中来。而第二群人，其中很多人对这种歧视根本不关心，他们只希望能尽快进入婚姻状态，那一切问题都迎刃而解了。"这给 ATMP 的政治工作造成了严重的问题，格里斯特说："我们很难组织起任何团体，尤其当他们没有共同的利益和身份时，就显得尤为困难。"总的来说，独居者和其他人遇到许多相似的问题和困境，但由于他们很少形成一个整体，因而，目前还未有任何组织能帮助独居者改变他们的命运。

让我们来看看一个潜在的单身集团，他们的地位曾在二十一世纪初引起了政界的瞩目：美国黑人中产阶级。根据马里兰大学的社会学家克里斯·马什的调查，在美国黑人中产阶级中，从未结婚并一个人独自居住的群体是人口增长最快的，而女性是该群体中非常重要的组成部分。她指出："独居的美国黑人并不是一种初露头角的社会现象，这一群体正在逐步迈向黑人中产阶级中最为重要的家庭形式，甚至整个黑人社会中最重要的家庭形式。"①

是什么推动了这一增长？哈佛大学的社会学家威廉·朱利叶斯·威尔逊认为，两个重大的社会变革是其背后的主要成因："其一是一

① 引自克里斯·马什、小威廉·戴特、菲利普·科恩，林恩卡斯帕，和丹妮尔·赛特合著的《新兴的黑人中产阶级：单身以及独居》。——作者注

直为黑人男性所占据的工业就业机会戏剧化地突然消失，而后黑人男性中又随之出现了大规模的入狱现象，因而产生了越来越多无法成婚的黑人男性。”而这一现象本身，也大大降低了黑人社会内通婚式的择偶市场的活跃度。但这还不是事情的全貌，几十年来，白人女性与黑人男性之间的通婚率一直要高于白人男性与黑人女性，而到了 2000 年，前者的比例大约是后者的两倍。显然，正如耶鲁大学的社会学家娜塔莉 · 尼采和汉娜 · 布鲁克纳所指出的：“黑人女性 45 岁时依然未婚的比例是白人女性的两倍，而离婚、丧偶和分居的比例也更高。”另一原因是教育程度的差距也在不断扩大，今时今日，黑人女性获得大学本科或硕士学历的概率比黑人男性更高，因而她们也会发现，获得成功的代价是她们越来越难找到自己的伴侣。①

面对如此惨淡有限的选择，越来越多新兴一代的美国黑人专业人士选择了不婚，作为保护中产阶级地位的一种手段，而正如克里斯马什所指出的，“通过不结婚，他们独自生活以继续维持生活的稳定与地位。”但在生活的一个方面获得稳定，也意味着他们在另一面正遭遇痛苦。另一位耶鲁社会学家艾弗尔 · 克拉克在他的博士论文《受过高等教育的黑人女性的无性生活：当教育意味着没有男人、婚姻和孩子》一文中，指出对不平等现象的传统衡量方式，无法解读受过高等教育的黑人专业人士在维持教育程度和经济成就中付出的个人代价。她说，由于家庭和社会的期望，单身或无子女对黑人女

① 引自娜塔莉 · 尼采和汉娜布鲁克纳 2009 出版的著作：《退出的家庭的选择》。——作者注

性而言更为难堪，但作为单亲母亲则更为耻辱，所以，无论如何选择，黑人职业女性总是处于必败之地。

无论男女，单身黑人专业人士的处境意味着他们需要像 ATMP 这样的组织的帮助。然而，令尼基·格里斯特吃惊的是，招募黑人单身人士参与该组织的反对婚姻歧视活动，实际上却非常困难，因为通常他们都有自己更为优先的政治事项和个人追求。此外，ATMP 组织也要与其他更为富裕的组织竞争，其中包括宗教机构和联邦政府——这些机构推广婚姻的活动只会进一步边缘化独居人士。格里斯特说："像黑人结婚日这样的活动真是气死我了。或者说，我真正的愤怒，来自于使用公共扶贫资金立起广告牌宣传婚姻的好处。这对于那些希望获得婚姻带来的权利和利益却无法获得的人们来说意味着什么？这种做法无视且侮辱了大部分纳税人的真实生存状况，完全是不公平的。"

尽管面临严峻的挑战，但越来越多的政治组织都正在试图为单身独居的选民们真实的生存状况声援，未婚人群的绝对数量令他们成为了一个诱人的目标：试想如果这一人群能被发动起来，那他们能发挥的力量一定是巨大的。这一想法驱使佩奇·加德纳创立了"女性之声、女性投票"（WVWV）组织，该组织是美国第一个致力于提高未婚女性公民参与的政治组织。加德纳是北弗吉尼亚州的民主党政治战略家，已婚，同时也是两个孩子的母亲，当她得知历史性的 2000 年大选中，有超过 2000 万单身女性没有去投票，并成为了全国最大的放弃投票群体后，她于 2003 年创立了 WVWV 组织。加德纳宣称："我相信这些女性在日常生活中都了解自己的权力，但 WVWV 希望能告诉她们，她们个人的力量和作为一个集体的力量。”[①]

当 2008 年的总统竞选开始时，加德纳竭尽所能将单身女性变成新的足球妈妈[②]或纳斯卡爸爸[③]。然而，单身女性并非典型的摇摆不定的选民，恰恰相反，民主党民意测验专家斯坦利·格林伯格公司称他们为“国内最大的先进选民集团”，她们有着清晰地支持自由派候选人的理由，例如：枪支管制、公共教育自由、扩大医疗保障和促进性政策等。2008 年，加德纳主要的挑战是鼓励单身女性登记投票并在投票日当日现身投票，她知道这并非易事。相较于已婚女性，在 2004 年的大选中，未婚女性的不注册率和不投票率要分别高出 9% 和 13%。相比已婚女性，她们也更有可能会投票给约翰·克里而非小布什，加德纳认为，即便只是稍微提高一下未婚女性的票数，都可能改变整个大选的结果。

在 2008 年的初选中，希拉里·克林顿将代表民主党参选的前景激励了 WVWV 的计划。尽管克林顿并非单身，但她确实广受未婚

---

① 引自佩奇·加德纳 2007 年 11 月 8 日发表于《赫芬顿邮报》的文章：《两千万女性，二百万个理由》。——作者注

② 足球妈妈泛指花费了大量时间接送孩子去参加少儿运动或者其他活动的美国中产阶级妇女。1996 年美国总统大选期间，这词语开始为媒体广泛使用。

③ 纳斯卡爸爸这一称号泛指工薪阶层或中等偏下阶层的美国白种男性，在 2004 年美国总统大选期间，在描述民主党人试图夺回南部白人男性选票时，常常被使用，这个群体的称号得名于，他们通常被认为是喜欢看纳斯卡赛车、或类似的高刺激性运动或娱乐的那群人，据计，该人群大约代表了美国 4500 万的人口。

女性欢迎，她的参选激发了一轮单身女性的参与。然而，当奥巴马最终赢得提名，而学者们开始攻讦说希拉里的失败中有部分性别歧视的因素时，WVWV 组织必须确保自己的选民不会因此失去信心。该组织加强了选民登记活动，并发起了由名人、单亲妈妈和未亡人参与的“2000 万个理由”的公益宣传；组织发出了一百多万封邮件，无数次媒体见面会中，加德纳都呼吁候选人鼓励单身的选民参与到投票中来。在选举周，WVWV 产生已经拥有了超过 90 万的投票注册申请，并通过电子邮件，在俄亥俄州、科罗拉多、爱荷华、内华达和蒙大拿等摇摆不定的州选区获得了一百万张单身女性的选票。加德纳预测，未婚女性的投票人数将突破纪录，而此后任何一位政客都必须承认这是一个强有力的利益集团。

WVWV 的运动真的有效么？根据组织公布的数据，相比四年前，2008 年单身女性的投票注册率和投票率仅仅提升了 2% 和 1%。但绝对数值看起来更为鼓舞人心，单身女性选民的人数从 2004 年的 2790 万跃升至 3050 万，而她们对民主党候选人的支持率则由 62%（2004 年约翰 · 凯里）上升至 70%（2008 年的奥巴马）。（相较之下，已婚妇女对共和党的支持率则从 2004 年的 47% 上升至了 50%，一半将票投给了约翰 · 麦凯恩。）大选之后不久，WVWV 发表了一篇文章，题为“未婚女性改变美国”，表达了加德纳对于该组织运动效果的观点。文章宣称：“未婚女性在这一改变美国的历史性时刻，起到了关键的作用。如果没有未婚女性的投票，奥巴马将失去女性选民的支持，以及此次大选的胜利。”

这一观点并非人人赞同。尼基 · 格里斯特就说，ATMP 在选举后放弃了该组织有关的选举项目，因为在投入了大量精力之后，ATMP 对于仅小幅提升的投票率不免有些失望。此外，在对她的选民非常重要的政治事项上——如解除配偶关系后的医疗保险（这样即便离婚后你也不会失去由伴侣的雇主提供的医疗保险）、住房公平法案中的婚姻状态歧视问题，都并未在奥巴马政府的早年执政中得到关注。媒体方面，并没有许多分析师将民主党的胜利归功于未婚女性，而除了 WVWV，也没有什么其他组织作出这一宣称。当忙于 2010 年的中期选举时，加德纳和她的同事们担忧单身女性这一投票集团仍未稳定成形。该组织的一份报告中警告说："根据我们的全国性预测，相比 2008 年，2010 年中期选举中，未婚女性的投票率可能将下降 35.3%，这意味着 1080 万张选票。"但是，由于未婚女性仍然是全美增长最快的人口群体，我们有充分的理由相信，包括共和党和较为保守的 ATMP 般的组织，将会开始争夺这部分选票。激励美国未婚单身群体的益处已颇为彰显，其力量不容忽视。

尽管像 WVWV 这样的组织还在努力将单身者变作一个政治集团，消费品生产商和服务提供商却已经发现，他们能够有效地将独居者组织成一个新兴的细分市场群体，而这么做对他们而言，也确实有利可图，因为单身者（尽管不是所有的单身者都独居）占据了全美 35% 的消费总支出，每年大约 1.6 万亿美元。

Packaged Facts 调研公司名为"美国的单身者：新核心家庭"的调查，考察并比较了各种未婚成年人，包括了 X 世代、Y 世代、老人、无子女的单身人士、黑人、拉丁裔、亚裔和独居者的生活方式和消费模式。该报告指出，虽然单身人士从未缺席任何媒体和广告，但这一人群通常被描绘得千篇一律：迷人的年轻专业人士，成晚地出没于俱乐部和高档餐厅；或者截然相反，那些孤独在家的老年人。Packaged Facts 警告说，这些画面恰恰缩小了广告正力图吸引的人群的消费兴趣，研究报告中这么写道："营销人员应该意识到，越来越多的单身人士将不婚视为自己的一种选择，而不是一种暂时妥协的状况，这一点尤为重要。"那么，解决方案又如何？Packaged Facts 公司提供了针对每个细分的单身人士市场的战略咨询报告，而 3500 美元的售价充分显示了这些报告中所含信息的价值。

2008 年欧睿国际一项类似的研究调查中，发布了关于全球性的单身和独居人士的新兴市场指南，包括界定了该人群共通的品味和习惯，以及能在不同地理人口环境下吸引他们的特定产品设定。这篇名为《单身生活：分子（单身和单人家庭）如何影响了消费习惯》的报告指出，独居人群的兴起推动了公寓（而不是住宅）、小巧的家具家电（当你独自烹饪时，无须尺寸过大的冰箱、洗碗机或咖啡机）、单座汽车和摩托车的需求急速增长，还有各种个人服务的发展。例如，全球范围内"即食烹饪"市场自 2002 年以来已经同比增长了近 40%，超过了 73 亿美元的市场价值。而在瑞典，一家名为 GOOH！的公司，在个人生活领域获得了国际领先地位，先后开发推出了"家庭代餐"的概念，提供"与快餐同样价格和同等便利的餐厅品质的新鲜菜肴，既可现场加热也可外带回家"。在日本，快熟食物市场的增长速度比超越了其他所有产品，由单身女性简单、健康而营养的需求所驱动的，诸如脱水咸粥之类的产品正在快速发展。

纵观整个发达世界，单身者都被证实为重度移动媒体使用者（而非电视媒体），以及咖啡馆、酒吧和餐馆的常客。他们也许并未表现出自我放纵的迹象，因为他们同时也更常在健身房里锻炼身体。

随着市场分析师对单身者行为的紧密追踪，那么毫无意外地，企业家们开始开发生产迎合独居人士需求的新产品。代表之一就是 Singelringen——瑞典语中“单身戒指”的意思。单身戒由约翰 · 华尔柏克于 2005 年设计，华尔柏克出生于斯德哥尔摩，青年时曾长时间生活于纽约和得克萨斯州，这枚绿松石与纯银打造的戒指成为了单身人士公开自身身份的标志。单身戒公司的网站上这么写道：“戴上你的单身戒，就等于向周遭宣布你认为单身是可被接受的，也许你依然希望找到一位伴侣，但你对现在单身的生活感到满足。无论如何，你将目前自身的状态展现给所有人，你欣然接受目前单身的状态。”不是所有的戒指都能登上全国电视节目，但 2006 年的《今日》节目报道了“不做承诺”的单身戒，宣称这是一个“非常热门的现象”。《人物》、《OK！》、《Touch》等杂志都提到了单身戒，旧金山的《欲望都市》特别放映会上出现了单身戒，那天晚上，萨莎 · 卡根就戴着单身戒。正如华尔柏克所说的，他希望能够通过单身戒协助建立一种团结的组织。将某件物品推销给某个团体与建立起某个团体绝非等同，并没有许多企业家同时对这两件事都感兴趣。

雪莉 · 郎博特是个例外（她在第二章中出现过，提到了她在职场以及地产市场上受到的歧视），在二十岁与三十岁这两个十年间，大多数时间都独自生活之后，郎博特在 2007 年年底创立了 SingleEdition.com。我们坐在她的“第二办公室”，一家位于曼哈顿上西区她公寓附近的咖啡店里谈话时，她告诉我："一开始我创立这个公司，是因为所有单身人士的网站都是关于约会的。但当我一个人生活的时候，我最需要的事情并不是约会。我有很多其他问题以及想要了解或尝试的事情，但却找不到任何有用的信息资源，例如如何独自旅行、一个人做饭等等。显然，我并不是唯一一个对这类内容感兴趣的人，每天，我都听到独居的人在探讨如何更好地享受生活，或者那些结婚后又离婚的人，正在说着'我再也不想尝试婚姻了'。SingleEdition 就是为他们创办的。"

郎博特曾在慧俪轻体（Weight Watcher）工作过几年，那是一家自诩致力于社区建设和改善人们生活的商业公司，而 SingleEdition 正是基于一个类似的运作模型。当郎博特创立公司时，她准备了大量的编辑内容，包括如何应对日常挑战的建议，如单独用餐时如何控制食物的分量，如何找到合适独自生活的家居用品，也有对更重大的问题的讨论，从职业生涯的管理、财务规划咨询，到如何面对纠缠于你为什么不结婚的父母。她组织起一系列愿意交换资源的网站来合作，这些网站也以针对单身者的健身、法律、时尚、营养，以及"是的，还有约会交友"为服务内容，并找了一位愿意以易货交易为报酬的设计师为她设计网页。网站推出后，郎博特全心致力于寻找针对单身消费群体的营销公司，她说："我打电话给广告公司，说'我需要一个赞助商'，卡夫单身产品怎么样？他们是很合适的赞助商。或者哈根达斯？他们有针对单身客户的产品。我打电话给所有人，见了所有认识的人，有阵子甚至没有人愿意与我交谈，我为此失眠无法入睡。"

但郎博特发现，问题是广告商们坚持认为，单身并不是一种身份标识，因为无法针对这一人群做除了约会服务以外的针对性营销。广告商对婴儿潮一代、三十岁出头的人群，或者城市富裕居民进行营销，而其中恰巧有些人是单身的，但广告总是试图传达一种理想化的讯息，而广告商认为，没有人希望自己是单身一人。郎博特告诉我："我完全无法认同这个策略，我的整个事业都是基于我的认知是正确的这一假设。单身确实是一种身份，单身者对别人介绍自己时所说的第一句话常常就是这个，如今没有理由为此感到羞愧，尤其是当你生活在大都市中。没人在乎这些，你可以独自出门，独自用餐，只要你自己觉得可以，那没什么是不可以的。"她的理论是，一旦广告主们认识到这一点，他们会立刻获得一个快速增长的新兴市场，那些单身且乐于长时间保持单身的消费群体，他们愿意把钱花在一些消费项目上，诸如服装、度假旅游、汽车、家居。

2010 年郎博特的事业开始有了些进展，她举办了三场座无虚席的活动，成百上千的单身者聚集到一起，听演讲者讨论诸如独身一人时的健康、安全和探险等问题。福克斯电影有兴趣开发针对单身者的视频市场。Spark 网络——J-Date 约会网站的运营商，邀请她做他们的专栏作家。最近刚刚宣布要为单身旅客开辟新舱室的挪威邮轮公司，正在考虑与她签订一项商业协议。两年前挂断她电话的营销主管们如今正积极地向自己的客户和合作伙伴推销郎博特的概念。"我的理想是，某位大广告主理解我的用意并开始实施，然后每个人都会追随潮流，我的事业也将就此开始腾飞。我希望有朝一日 SingleEdition 对单身者的意义，能像 AARP 对老年人的意义一样，我相信，AARP 开始之初，人们也并未将老年当做一种群体身份。那是五十年前的事情，想想这些年发生了多少改变吧。”

改变人们对单身的看法是贝拉·德保罗一生的事业（她也曾出现在第二章中），德保罗创造了“单身主义”一词，以期提高人们对于广大未婚群体的偏见问题的重视。她帮助朗博卡和金·卡尔弗特发展她们的业务，但显然是出于文化意义而非商业目的。她对我说：“为单身主义发起一场运动并非是什么有效的致富手段，我倒希望是！我很难将自己的书卖给出版社，邀请我做演讲的组织通常都没什么钱。上周一所邀请我访问的社区大学请我坐火车而不是飞机，而且他们只能负担我一个晚上的住宿费用。而我的博客，单次点击我的收入还不到一美分。有的时候我觉得这挺好笑的，毕竟我拥有哈佛大学的博士学位啊！但我热爱我的事业，有这么多的误解，人们这么一无所知，这一切都很有必要，我选择从事这个，是因为这是一件重要的事情。”

2006 年，她的书《单身：被脸谱化、中伤、忽视，却依然幸福生活着的人们》出版后，德保罗俨然已成为了单身国度里的真理代言人。当权威人士或政治家毫无根据地作出独居是有害的或者婚姻是有益的言论时，几个小时之内，她就会在她附属于《今日心理学》的博客上发帖驳斥。而当某位学者或是严肃的记者这样做时，她则厉兵秣马准备出击。就在我们谈话的几天前，德保罗抨击了《纽约时报》发表的有关桑德拉·布洛克获奥斯卡后的特稿，在文中，大卫·布鲁克斯提到的一项研究声称（用布鲁克斯自己的话说）：“婚姻对心理健康的助益，其价值超过了 10 万美元。”这一说法激怒了的德保罗，她马上做出了回应：“对于当下已婚人士与其他人群（尽管后者实际上是目前占多数的婚姻状况）做比较，是无法得出任何关于婚姻的幸福、健康或其他任何影响的结论的。这是因为对目前已婚人士的调查，已经撇除了超过 40% 的那部分结婚之后厌恶婚姻并离婚了的人，这种做法就像是调查研究一半近期服用药物的人，就直接声称新药物 Shamster 是非常有效的，而将其他近一半使用了该药物却无效的人们完全置之不理一样。”

在她的职业生涯开始之初，德保罗从来没有想过会卷入关于美国婚姻与不婚的公众辩论中去，她是一位研究欺诈行为的学者，也从未对有关婚姻的文献感兴趣，直到某天她发现那些平时与她共进午餐、在工作日时交好的同事们，从来不邀请她参与更休闲、周末或晚间的活动。她回忆道：“我不确定这是我个人的问题，抑或只是因为我单身，于是我和其他女性朋友们聊起这事，她们都说‘是的，我也遇到过一样的事情！’。然后，我们发现了事情的另外一个层面——我们被排除在外，不仅仅是社交活动，还有塑造职业生涯必须的人际圈。这触动了我。”当时，德保罗关于婚姻著作的唯一了解来自于媒体：“新闻头条总是说，婚姻是你最好的选择。我没有理由怀疑他们的说法，我本来打算只是寻找一些薄弱点，一些不真实的案例。”但是，当她仔细审议了有关婚姻的论著后，她发现的不仅仅是几个无法立足的论点，几乎所有关于婚姻的益处的文章，都可以轻易地被具有高级统计学知识的人推翻。所有的比较都具有误导性，因为比较中忽略了那些以离婚收场的婚姻。即便是那些更为精细的研究，也未能明确表明，经济、健康、心理上的健康和优势，究竟是婚姻维持长久的原因还是结果。德保罗说，她记得当时她自己在想："记者并不是唯一草率的人，几乎所有关于婚姻科学的论著都是胡说八道！"

没过多久，德保罗发现她越来越少考虑那些抽象的欺骗，她的注意力转向了公众，尤其是单身人士被误导认为结婚是有益处的，毕竟，这些问题不仅仅是学术层面的。联邦政府和宗教组织斥资数百万美元进行推广婚姻的宣传活动，而德保罗认为，他们传递的消息并未将未婚人士带向婚姻的选择，反而是在边缘化这一人群。她认为，这些活动并没有白费——它们造成了伤害，令人们觉得自己很糟糕，也带来了一种错误的印象，一个人独自生活时或单身时，就无法成为一个良好的、幸福的、有价值的人，这造就了今天人们对单身者的看法。她告诉我："事实上，如今有比我们想象中多得多的人并不急于摆脱单身，他们约会，有亲密的朋友，事业有成，他们只是选择了不结婚，我们不应该试图改变他们。"

德保罗慷慨激昂，极具说服力，但在我们的谈话中，我忍不住提出了一点她观点中的小小悖论。我说，当成功与健康时，选择独自生活是一件事，但那些生病、失业却独居的人们，需要有人来提供支持和帮助时该怎么办呢？他们的朋友会像家人一样帮助他们么？还是在那种情况下，最好是寻找一个伴侣或配偶？

"我希望我们能有更系统的研究资料，"德保罗回答道，并进一步解释说，这不仅仅是一个个人问题，同时也是一个政策问题，"根据家庭医疗休假法案，我们不能请假来照顾所爱的人，如果那个人不是我们的直系亲属的话，这显然令单身人士很难获得援助。这些法令应当被改变。”在她自己的研究中，她收集了不少网络上关于单身人士的轶闻，她推荐我去阅读社会学家玛格丽特·尼尔森的文章，文中描述了她帮助照料自己一位五十七岁单身独居并被诊断为癌症晚期朋友的故事。而且有许多实时调查表明，美国人在协助有需要的朋友这一方面，花费了许多的时间。她承认：“这些都不是决定性的，但我所了解到的一切令我相信这不是一个非黑即白的问题，而且即便是已婚，你也很难保证，当你有需要时，你的伴侣一定会陪伴在你身边，不是么？”

萨沙·卡根依然毫不犹豫地坚持着她的单身生活，也一直为这个问题而感到困扰。当我们在旧金山吃午饭时，她对我说，她一直相信，有保障地独自居住需要建立起一种“家人式的友谊”，而这种友谊会在你需要时，彼此提供支持和帮助。尽管直到今天她的友谊依然关系稳定，但她最近的一段经历令她开始怀疑，她所建立的这种人际关系网络是否如想象中那么可靠。卡根告诉我：“我最喜欢的姑妈住在洛杉矶，她是一位星探，事业有成，她有一位相处了二十五年的伴侣，但在十多年前他们分开了。从那时开始，她一直单身并独自居住，而且她从来都是非常活跃的，朋友、同事、社交，生活丰富多彩到令人难以置信。”卡根的这位六十岁的姑妈显然是“乐单身”概念的榜样，她告诉人们，单身独居并不一定就是孤单寂寞的，也可以意味着丰富的社交活动。卡根说：“但过去的几个月是一场灾难，她被确诊为脑癌，当我们意识到前，她就从光鲜亮丽忽然间变得无法生活自理，她需要有人陪她接受治疗，确保她情况良好，所有这些，我们日常视为理所当然的事情，她现在都无法独立完成了。”

使人不断虚弱的绝症确实是对支持体系的最残酷检验。在美国，一方面女性投入了职场，另一方面亲戚通常都远隔万里，即便是很多家庭也未必能应对这样的挑战。从理论上讲，卡根一直认为，基于本地的“城市部落”可能更适合这种重症监护（旧金山的男同性恋在艾滋病危机期间就是使用的这一模型）。但在她姑妈的故事里，“亲人式的朋友”确实无法满足她日益增长的需求。卡根解释说：“她的朋友太令人感动了，当她被诊断为癌症晚期时，很多人都在那里支持她，他们轮流带她去看医生，或者带来餐饮食物。”但与晚期癌症的抗争足以压倒任何人，无论他们是已婚还是独自生活，当面对大量必须接受的治疗时，相关的人别无选择，只能重新安排自己的生活。这个过程可能持续几个月，甚至几年，而在卡根姑妈的情况下，前景又看来颇为黯淡。她朋友们的慷慨和体贴令卡根的姑妈感到又充满了生机，她说她从未感受过这么多的爱。但她的朋友们都有全职的工作和自己需要处理的问题，必须有个人出来为整个局面负责，而越来越明显的是，她的朋友们无法担此重任，于是，卡根和她的姐姐决定来承担这个责任。

卡根离开了她旧金山的工作，还是往返于洛杉矶与旧金山之间，本来她打算在洛杉矶住上几个月。她一直渴望生活有些变化——用她的话来说，人生的波折，有那么一阵子她打算在洛杉矶安顿下来，以便好好照顾她姑妈。但是，和她姑妈的人际圈中的其他人一样，卡根最终意识到，她无法承担这样的责任。她不属于洛杉矶，而她也无意在这里重新开始自己的生活。一年多以来她一直在为去南美旅行而存钱，她担心如果现在不去那她就永远也不会有机会去了。卡根的家族聚集在罗得岛，做出了新的安排，他们得出结论，家人可以照顾她的姑妈的唯一办法，是她搬回东海岸与他们住在一起。她的姑妈同意了，尽管这意味着彻底离开她的家、生活、医生和朋友。她希望能得到家人的照顾，对她而言，知道除了洛杉矶的朋友，她还有家人的爱和支持，是一种安慰。

对于卡根而言，她姑妈的遭遇向她提出了一个难题，她姑妈曾是“乐单身”的精神榜样——事实上，她是“乐单身”的灵感来源，但从她的身上我们似乎看到了一个前车之鉴。卡根对我说：“我只是不知道问题到底出在哪里。是因为她一个人住？是因为她住得离家人太远？是因为她单身没有子女？我依然毫无头绪。”然而可以肯定的是，这是一个罕见的个例，她的姑妈得病的时候依然很年轻，而她的朋友们依然在全职工作，而她的病损害了她的大脑，迅速地破坏了她的自理能力。卡根知道，大多数独居者并不会面对这样的局面，她也不想将她姑妈不幸的故事看做是独自生活的结果，这更像是命运的不幸。但所有一切令卡根“人生的波折”的需求忽然变得紧急起来，其中也包括公开在一篇博文中重新定义“乐单身”，以强调寻找伴侣关系的可能性。她决定离开美国，买了去巴西的机票，将个人物品存储了起来，准备出发去开始更不为人知、更充满冒险的生活。临出发前，她在“乐单身”网站上发布消息说：“对我而言，乐单身者越来越多意味着彼此的联系，我们认识到，如果你单独待着的时候不能自得其乐的话，那你也无法与他人紧密联系在一起……我认为，对很多人来说，‘乐单身’是获得健康的两性关系的先决条件，这有关信心和个人状态，‘乐单身’令你可以在他人面前更好地展现自己、欣赏别人，而不是陷入桎梏的条条框框中去评价他人。无论是独自一人还是与他人在一起，我们都可能会感到孤独，而当你与其他人在一起时，让我们把注意力的中心放到我们共同生活的世界上去吧。”

这篇文章登出后在“乐单身”的追随者中引发了一波小小的争议，某些人支持卡根的坦诚，但其他人则谴责她放弃了一切。卡根告诉我：“我曾很担心发布这篇文章之后会怎么样，但最后这变成了一次很棒的经历——它令我回想起十年前我发布第一篇关于‘乐单身’的文章时的许多感觉，长久以来，我一直在处理这些问题，能把我的所思所想分享给所有人对我是一种解放。我知道有些人对我感到不满，但我也是普通人，这就是我的生活，我需要去做最适合我自己的事情。”

第六章

独自老去

萨莎·卡根与家人为照顾她罹患慢性疾病的姑妈而烦恼，而她的故事听起来也许有些似曾相识，因为如今这现象已越来越普遍。近几十年来，发达国家独自居住的老年人的数量和比例都呈直线上升趋势，这一不同寻常的变革带来了挑战和困难，而与卡根的情形相同，很多情况下，这些问题却完全落到了个人和家庭的身上，却未在公众和政治领域被探讨。试想一下，1950 年，65 岁以上的美国人中，只有 1/10 独自居住，而今天，这个比例大约是 1/3，而 75 岁以上的高龄老人中这个比例更高。欧洲的情况也很类似，尽管有一些国家性的差异，但据欧盟委员的统计，2010 年欧洲大陆上约 1/3 的老人独自生活。在日本，2010 年，65 岁以上的男性和女性中分别只有 1/10 和 1/5 独自居住——即便这个数字也意味着自 1950 年以来这一群体的人口已急剧增加，而日本政府预计，在未来二十年独居老年人口更将形成一股"浪潮"。同样的，在印度、中国和韩国，人口学家已经开始担忧独居的老龄人口即将兴起。①

① 参考文献，参见美国政府的《老龄化报告》，欧洲委员会的报告《独立生活的老龄化社会》，以及《日本时报》的有关报道。——作者注

面对这一新兴现象，忧虑可以理解，但忧虑却不应是我们唯一的反应。独居老人数量激增的背后，是人类寿命的延长，这一堪称人类历史上最伟大的变革与成就。事实上，直到 1930 年，没有一个欧洲国家 65 岁以上人口的占比能超过 10%。正如获得诺贝尔奖获得者经济学家罗伯特·威廉·福格尔所写的："在过去一个世纪里，人类预期寿命的增长是最为卓越的成就。自 1900 年以来，在英国、法国和美国人类预期寿命已延长了三十岁，而在其他诸如印度、中国和日本等国家，预期寿命的延长等于或已超过这个数字。"① 长寿仅仅衡量了此成就的一个方面，我们大多数人不仅将比先人们活得更为长久，同时，相较一个世纪之前，我们也能更长久地保持身体健康，因而维持自身的独立。

但很可惜，人类最伟大的成就往往也带来最艰巨的挑战（例如异化、核能和汽车），长寿也不例外。举例而言，在个人层面我们的寿命得以延长，但这意味着今时今日一对配偶或伴侣中常常会有一个会比另一个要长寿几年甚至几十年，造成通常是女性的那一方，在最需要陪伴和支持的时候，面临孤身一人的情形。另一个问题是，独自面对老年也意味着需要学习不同的生活方式，在人生其他阶段可能是简单而平凡的事，如去看医生、填补休闲时间、维持个体力量等，当年老而变得虚弱时，可能会变得难以应对。

① 欧洲老龄化的数据来自亨利·亚伦 2006 年的著作《长寿：福音还是负担?》，而罗伯特·威廉·福格尔的话引自其 2004 年的著作《1700—2000 年：逃离饥饿与死亡》一书。——作者注

这就是为什么独自一人面对老年和孤独不只是在生病或发生危机时使我们变得脆弱，它同样也显著地降低我们每天的生活质量。澳大利亚研究人员的一项研究中，他们将日记交给不同年龄组别的被调查者，要求他们记录下如何度过每一天。普通成年人一天中独自待着的时间大约为 3 小时，但对于一个典型的独居老人而言，事情就截然不同了。独居的澳大利亚老年人一天中有 12.5 个小时孤独一人，这差不多占到他们每天清醒的时间的 80%。2001 年，日本也进行了一项类似的研究。我们常听见美国人赞美日本人对老年人的尊重，也许这种褒扬确实名至实归，但日本人在关心照顾独居老人上，做得显然并不够。研究发现，65 岁以上的独居日本老人，每天大约有 12 个小时独自一人，而如果包括睡眠时间，他们每天孤身一人的时间要超过 20 个小时。

美国的独居老人的社交稍为丰富一些——仅仅是相比之下。根据美国的“时间花费”调查，2003 年至 2006 年间，典型的单身独居老人平均每天有 10 个小时独自一人待着，2 个小时与家人在一起，2 个小时与朋友和熟人在一起，还有 1 个小时从事其他活动，而典型的已婚老年人平均每天 5 个小时独自一人，7.3 个小时与配偶在一起，1.3 个小时与其他家人共度，1 个小时与朋友和熟人在一起，另外还有 1 个小时从事其他活动。“平均”两个字在这里显得尤为重要，因为，事实上，美国的独居老年人并不是每天都花 2 个小时与家人或朋友熟人在一起，许多日子里，他们根本不与家人或朋友见面。某些时候，他们完全不与社会接触，他们不仅仅是孤身一人，更是与世隔绝的。

并没有人希望晚景如此，大多数人希望我们黄金的十年间，能有积极的生活，与亲人（配偶、家人或者朋友）就近生活在一起。但我们都知道，人生不可预测，特别是到了65岁甚至70岁时，无论贫穷富贵，任何人都很难完全掌控自己的命运。婚姻缓和并缓冲了对孤立的恐惧，然而，大多数年迈的夫妻都知道一个不甚令人愉悦的事实，他们离最终的分别不过只有咫尺之遥。新近丧偶的老人面临更艰难的与孤独的抗争，当配偶去世后，老人疾病、死亡的风险都会即刻显著提升。①

也许真正令人费解的是，在上述所有皆为事实的前提下，为什么绝大多数单身老人依然更倾向于独自居住，而不愿意搬去与子女同住，更不愿意搬进养老院。② 大多数美国人和欧洲人（以及越来越多世界其他地区的人们）非常重视个体的独立价值，他们甚至认为对生活的自主权决定了他们个体的完整性和自尊。放弃自己的住处，与家人同住或住进专业的看护机构确实意味着减少寂寞孤独与健康上的风险，但如果需要以自尊为代价，那就不太值得了。我们的文化重视个体的自主权，这正是为什么今时今日，超过1100万美

① 关于新寡老人死亡率增加的经典研究参见C·穆雷帕克斯、B·本杰明和R·摹菲茨·杰拉德1969年共同著作的《破碎的心：鳏夫死亡率增加的统计研究》一书。——作者注

② 平均每天约有150万美国人生活在养老院里，而平均约有300万美国人在养老院生活的时间超过一年。尽管许多养老院维持着优质的护理水平，但还有不少，尤其是近来由私人集团收购的大多数疗养院无法维持护理水准。后者的政府监管问题一直受到美国政府办公室的苛责。参考文献：2007年9月23日刊于《纽约时报》的查尔斯·杜洪的文章《许多疗养院：更丰厚的利润、更少的护理》。——作者注

国老年人还有7200万欧洲老年人都选择独自居住的关键原因，而基于同样的原因，在未来的几十年间，会有数以百万计的老人同样选择独居。

美国老年人的时间花费研究呈现出一幅黯淡的前景，对于那些独自居住的老年人而言，孤单是无穷无尽的，而只有当家人与朋友到访时，这一情形才短暂地获得改变。如果这些日记是我们唯一的信息来源，那以下结论看来似乎顺理成章：更丰富的社交活动能令大多数独居的老人获益，而如果这无法获得保障的话，人口老龄化日益严重的国家将面临由此带来的广泛而严重的问题。但事实上，在调查研究中，我们观察到了许多独居老人与社会严重隔离、脆弱不堪的案例，如前文提到的玛丽安的故事，如今这种现象显然是一种困扰所有人的社会问题，也并未得到重视，而所有人都应给予更多的关注。

但我们同样也开始意识到，老年独居并非总是一个社会问题。最近的一些研究报告指出，虽然独居现象在老年人中非常普遍，但也许孤立现象却并非想象中的那么普遍。美国康奈尔大学的社会学家本杰明·康威尔的一项研究中，三千多名美国老年人（57至85岁）的调查数据表明，独居老人相比已婚老人，总体而言社交交往和人际关系确实要薄弱一些。但出人意料的是，他也发现，单身老年人的朋友和重要的谈话对象的数量与已婚同龄人一致，实际上他们与朋友和邻居社交的可能性也更高。英国的一组医学研究人员的调查报告中说：尽管独居老人的数字飞速增长，但“过去50年里，英国人的整体孤独水平变化不大”；而另一个研究小组也发现，与和他人同住的老人相比，独居老人并没有更多心理或健康上的问题，甚至“独居人群对生活的满意程度还要略高一些”。[①]

这都不意味着大多数单身的老人希望独自居住。相反，那些失去了配偶或伴侣的老年人，都希望命运能有不同的安排，他们希望自己的伴侣依然能在自己身边。但在经历了丧偶后，他们也清楚地知道自己现实的选择有哪些，而伴侣重回身边显然并不切实际。一个与过往不同且有趣的现象是，近几十年来，绝大多数年迈的寡妇、鳏夫和离异人士已经选择了独自生活作为重新开始生活的方式，并且希望这种生活状态能保持得越久越好。

美国有这么多独居老人的一个重要原因是，独居并不代表着痛苦或者孤立。与其他国家相比，再婚在美国是非常普遍的现象，但仅有 2% 的老年寡妇和 20% 的老年鳏夫选择了再婚。（性别差距的主要原因，是因为 65 岁以上人口中，男女比例约为 2∶3，而 85 岁以上，男女比例则为 1∶3。）研究表明，找不到合适的伴侣并不是造成低再婚率的唯一原因，老年人对重新寻找新伴侣缺乏兴趣也是另一重要原因。社会学家德博拉·卡尔的调查显示，在丧偶 18 个月的老年人中，仅有 1/4 的男性和 1/6 的女性表示他们有兴趣再婚，而 1/3

---

① 参考文献，康韦尔·本杰明、爱德华·劳曼和 L·菲利普·舒姆在 2008 年发表的《中老年人的社会联接：美国全相》。上文提到的关于英国老人的孤单的报道，来自克里斯蒂娜·维克多、安·宝林、约翰·庞德和萨莎·斯堪伯所著的《孤独与社会隔离：老年独居生活》。孤独老人的健康问题的研究，请参见史蒂·来福等人于 2007 年发表的《中老年健康风险评估：医生与专业人士眼中孤独的危险性》。——作者注

的男性和 1/7 的女性表示未来他们有兴趣约会新的对象，而仅有 1/4 的男性和 1/11 的女性表示他们现在就愿意开始约会。①

单身老人也不愿意与家人同住，尽管一个世纪以前，70% 的美国老年寡妇与子女生活在一起，但如今，由于社会保障、个人养老金基金，以及更广泛意义上的经济繁荣，只有 20% 的老年寡妇会选择与子女同住。② 正如达特茅斯的经济学家凯瑟琳·玛蒂发表在《纽约时报》的文章《他们也不想和你住在一起》中所说的那样："当他们有更丰厚的收入，可以选择自己的生活方式时，他们选择了独自生活，为自己的独立性买单。"独居的老人们仍然重视自己与子女的关系，这是他们生活中最重要的部分，但他们宁可保有老年学家称之为"亲密的距离"的关系，并不乐意和儿孙住在一起。他们希望离家人很近，但不要太近，他们希望常常见到家人，但不是每天都待在一起。

独居老人对于与亲近的朋友共同生活同样兴趣不大。《黄金女孩》③ 看起来可能很有趣，但绝不可能推动世界各地的寡妇们开始搬到一起同住。即便是那些重新找到爱侣的老人，也越来越多地倾向于一种"分开居住但在一起"的方式：保留自己的住处，以避免上

① 老年人口中的性别差距问题，参考文献见黛博拉·卡尔的《寡妇和鳏夫》，关于对于约会的渴望，参见黛博拉·卡尔的著作《老年寡妇和鳏夫对于约会和再婚的渴望》一文。——作者注

② 统计数字来自约瑟夫·霍茨，凯瑟琳·玛蒂和艾米丽·维尔莫斯同著的《收入变化研究中，关于老年妇女的生活安排》一文。——作者注

③ 《黄金女郎》(*The Golden Girls*) 是美国 1988 年制作的系列电视喜剧，讲述了 4 位年长的女性在迈阿密共同居住在一起所发生的种种故事。

一任伴侣去世时所带来的那种痛苦的情感、经济和健康问题。

但这并不是说亲密的友谊对丧偶老人而言并不重要，与此相反，拥有一个支持性的人际关系网恰恰是独居老人平静面对生活甚至开始享受生活的必要条件。同时，这也是男性与女性独居老人的最大不同之处，尤其是在经历了丧偶之后。相对而言，女性更善于建立和维护人际关系，而相较男性，女性独自老去的可能性也更大，因为她们通常会比自己的配偶更长寿，老年妇女通常都不会与家人、朋友、邻居太过疏远，更不会与世隔绝地孤立起来。社会学家卡尔惊讶地发现，虽然一般男性对于约会和再婚的兴趣要高于女性（正如我们在前文列举的），但那些拥有更完善、更友好的人际关系网络的男性，与他们的同龄女性一样，表现出了相对较低的对于再婚的渴望。卡尔总结道："友谊，至少可以从一定程度上作为老年人类似再婚的效用。"哈佛大学的流行病学家莉萨·伯克曼也证实了这一点，她的研究表明：拥有家庭以外强大的社交关系网的单身老人，比那些结了婚，却与其他人断绝了往来的老人，健康风险更小；又如，实际上独居的女性相比已婚的同龄人，遇到健康问题和精力减弱的可能性要更小。[①] 这与我在对老年人的采访中所了解到的情况不谋而合。

艾娃是位退休的簿记员，生活在一间自己的一居室公寓，公寓里的墙上和桌子上都装饰着她五个孙子孙女的照片。但艾娃总是竭

① 伊冯娜·迈克尔，莉萨·伯克曼，格雷厄姆·科尔迪茨和河内一郎同著的《生活安排，社会融合以及健康变化》。——作者注

尽所能地离开家里，出门在外，她已经快八十岁了，却依然精力充沛。她有五个兄弟姐妹，包括一个孪生弟弟，但他们大多早逝，只有她依然健在。她说："上帝一直让我留在这个世上一定有其原因。"她认为自己的活力来自于她居住的退休社区，那是康尼岛上，一片由公开房屋补助为老年人建立的复合式公寓楼。二十五年前，艾娃五十二岁时她的丈夫因心脏病过世，当两个子女都安顿下来之后，她搬进了这里二千五百八十五个单位中的一个。那时她住在长岛，丈夫去世后，她忽然不再需要那么大的地方了，当她的妹夫告诉她，她可以在这里租一个单位时，她决定改变自己的生活。她回忆道："我必须精打细算，但这里我没有认识的人，只有一位在洛科威时认识的女士，当她得知我也打麻将时，她来敲我的门邀请我。直到今天我们还是好朋友。"

刚搬到这个社区的时候，艾娃还在为长岛的一家建筑公司工作。她发现，她的邻居和楼里的工作人员，年龄越大就越是热衷于组织各种各样的社会活动，但她太忙了无法参加，而且自诩为职场女性的她，对此也不是太有兴趣。但当她退休后，一起打麻将的朋友们开始劝说她加入他们的老年团体，由此，打开了艾娃参与其他活动的大门：沿木栈道和周边地区的步行活动、体育锻炼课程和瑜伽课程、哈达萨（妇女犹太复国主义组织）以及志愿者项目，通过志愿活动，艾娃帮助附近体弱和孤独的老人们。她说："你必须参与各种活动，否则你要怎么办呢？每天早上醒来的时候，你得有些盼头，这样生活才能继续往前走。"

与女友们共度时光一直是艾娃生活中重要的组成部分，在她加入老年团体十年之后，在社区里，她已经有“至少五个关系密切且可以信任”的朋友了，再加上许多通过课程和活动所认识的熟人。近年来，她最具吸引力的人际关系是与维克多的恋爱关系，维克多二十五年前丧妻，自 1964 年公寓楼建成起就一直住在这里。在开始约会前，他们两个就彼此熟悉，尽管当时两人都不是单身。艾娃曾与贾森在一起很多年，贾森一直在试图说服艾娃嫁给他，但当他的健康开始出现问题时，艾娃选择了分手，并不是她无情无义，而是当一切都开始走下坡路时，她并不想成为他身边的看护。

对于许多人而言，艾娃的决定也许令人惊讶，因为一直以来，大家都相信独居的老年妇女总是在找下一任丈夫。但实际上，艾娃选择不与贾森结婚并不是个不寻常的决定，因为像艾娃这样的女人清楚地知道，如果丈夫罹患重病的话，生活很快就会分崩离析。八十岁出头的维克多与他的前女友苏珊也有过类似的经历。他说：“我以前一直想要和她结婚，但她不同意，她的前夫有老年痴呆症，过去十年里，为了照顾他苏珊过得很辛苦。她告诉我‘我不想再照顾任何人了’，我说‘没问题’。我们的住处只隔着两个街区，所以结婚并不必要。”

苏珊过世后的那个冬天，维克多在附近的一家餐馆遇到艾娃，她问他是否还在和苏珊约会。艾娃回忆道：“他说‘不，她在 7 月过世了’，我告诉他，我现在是单身。然后两天后，我们在犹太人聚会上又碰到了对方，他说，‘你说你是单身是什么意思？’我以为他完全想到相反的地方去了，于是我说，‘并不是你想的那个意思！’我说我只是想约会而已，他说，‘哦，那很好啊’。就这样，那天晚上他打电话给我，我们开始一起外出约会了。”

两人没有浪费太多的时间在求爱上，他们很快开始共度周末，一起搭地铁去曼哈顿看戏剧或者看电影。夏天时，维克多邀请艾娃到林肯中心参加户外音乐会并一起跳舞。艾娃说：“我们去的那个周六，温度超过了华氏一百度，太可怕了。维克多跳舞的时候我只是坐在树下看着，我有哮喘，所以不敢掉以轻心。”他们协助在当地的老年人中心组织了一个选秀节目，他们一起表演的《胜利之歌》① 得了奖。最近，他们开始一起做饭，每周一次在艾娃家，另一次在维克多家。

但维克多和艾娃在他们的关系上小心遵守着某些戒条。维克多说：“我周五晚上、周六和周日见她，剩下的时间都属于我自己。”类似的，艾娃也很保护自己的时间。平均每天早上她有两节课，和公寓楼里的其他妇女一起去上课，中午回家吃饭。（她说：“和这里的有些女性不同，我没法在外面吃饭，我没有退休金。”）下午去散步，参加志愿服务，购物或者去看医生，晚上她打麻将，打电话，读书或者看看电视。偶尔，艾娃也会思考如果她和维克多一起生活会是什么样子，有时晚上她会觉得寂寞，因为没有丈夫的亲密陪伴而觉得难过。但之后，她就会想起与贾森有关的那些事，——如果她想要与人同居的话，那就会有变成全职看护的可能性。再考虑到

---

① 《胜利之歌》（*Yankee Doodle Dandy*）是 1942 年的一部美国音乐电影，描述了男主人公柯汉从一个地位卑微的儿童演员力争上游变成百老汇巨星的一生，曾获奥斯卡最佳男演员和最佳音乐片奖。

她平时已经很忙，她意识到，与许多同时代的女性一样，她需要的是有人陪伴一起外出，而不是有人在家里等她。[①] 自然，她的结论是她还是更适合独自居住。艾娃扫视着她整洁的公寓，开玩笑说："另外，我家里真的没什么多余的空间，我的意思是，我甚至没有足够的衣橱空间！我要把他放在哪里呢？"

艾娃和维克多都身体健康，经济有保障，即便像他们这样各方面都很成功的人，也从来没有想过要搬去和自己的孩子们一起住。事实上，艾娃最近已减少了拜访子女的次数，她有一个女儿住在长岛，有三个青春期的孙子孙女，另外一个儿子在国防部工作，带着两个年幼的孙辈搬去了弗吉尼亚州。对艾娃而言，与他们共度时光不再像以往那么值得，她解释说："我儿子很忙，我试着去拜访我的女儿，但现在三个孩子都长大了，她也带给我许多负面的情绪，她对自己的婚姻不满，我觉得她迟早会离开那个家，现在她成天都在说这个。"

艾娃依然爱她的女儿，只是如今与女儿相处变得有些困难，她几乎没有什么多余的精力去照顾家庭的需要。这并不罕见，独居老人经常说，他们更喜欢独居而不是与家人同住，其中一个原因是，他们的子女不仅仅是让他们和自己住在一起，还要他们干活！从照

---

① 这一点在多项关于老年女性在约会上的定性调查中，呈现出相同的结果。参见凯特·戴维森 2002 年的著作《性别差异：选择新的伴侣是老年寡妇和鳏夫的不同桎梏》。——作者注

顾孩子、帮忙做饭到打扫卫生，不一而足。其中有些事情也许是老年人乐意做的，当然，也是以老年人自己的方式，而不是为了满足子女的期望和需求。还有，同住可能会令老人身陷戏剧化的家庭事件，而这些事件可能会令老年人觉得更融合或更被疏远，完全视情况而定。艾娃说，对她自己而言，她很欣慰自己无需每天处理这样的事情。她认为，女儿家的情况终有一天会好转，而她也毫不讳言，目前有自己的朋友、自己的住所和自己的生活，这是她想要的人生。

我们采访中的其他老人对于与孩子们住得更近怀有更消极的态度。琼是一位八十岁的退休心理学家，她在几十年前与丈夫离婚，自她的男友在四年前去世后，她一直独自生活。她喜欢生活在城市里，喜欢推着购物车在周围社区散步，前往银行或者去看医生。但最近她公寓楼的电梯坏了，她自己无法上下楼梯，因而就需要别人的帮助，她很感谢在这个时候她的家人邀请她去南方住了六个星期，但她的女儿女婿坚持要她在该地区购置公寓时，她还是觉得很生气。她说："我不想和他们住在一起，我爱我的女儿，我知道她也爱我，但我不想和孙子孙女待在一起，我不信任他们。"关于她儿子的家庭，琼也有类似的想法："现在是有史以来第一次，我们没有任何形式上的接触。我的儿子心情郁闷，因为当他玩视频扑克的时候就没有人陪他聊天了，他有两个女儿，一个十一岁一个十七岁，十一岁的那个甜美可爱，但非常喜欢指挥人干这干那，很有控制欲，我一点都无法信任她。在绝大多数情况下，我尽量一个人待着。"

在琼看来，女儿希望她从纽约市搬去南方是出于自己的目的，而并非为了琼考虑。"她会说：'如果你住在这里，我觉得事情会好许多。你能一周几次过来这里吃饭，拉尔夫（琼的女婿）可以帮你采买购物。我们可以每周带你外出一次。’但是我和他们两个相处得都没这么好，有时候他们都快把我弄疯了。”和许多其他老人一样，到了琼的年龄她已经不太在意别人的看法，更在乎自己想要的东西，即便这意味着要削减与某些她并不怎么喜欢的亲友共处的时间。①

琼认为，他们所面临的真正问题是主控权：是她的女儿不得不接受她年迈的母亲就住在附近，却独自生活；还是琼被迫放弃自主权，离开她的城市和家，来强化她宁可任之松散的家庭关系。而结果不容争辩。琼感叹道：“我喜欢这里，我可以在任何时间做自己想做的事情，我完全对自己负责，我已经做好了所有的安排——我写了遗嘱，甚至挑好了墓地。我想，当我虚弱到一定程度时，我会搬去别的地方，但我希望纽约是我最终去世的地方，我是认真的。”

九十岁的迪伊是一个小个子、浅肤色的黑人女性，自丈夫 1983 年去世后，她一直独自生活在哈林区一间精心维护的一居室公寓中，她同样珍视自己的自主权，并对于其他的选择心存疑虑。她解释说：“这是我的家，我有自主权，我可以做任何我想做的事情。疗养院，或者……那什么‘辅助生活中心’，② 我想起来就觉得害怕。我想住在自己家里。”

---

① 斯坦福大学的心理学家劳拉·卡斯特森创立了“社会情绪选择理论”来解释老年人的这种转变，参考文献见《成年期的社会和情感模式：社会情绪选择理论》。——作者注

② 辅助生活中心（Assistant Living Facility）是一种为老年和残疾人士准备的住房设施，这种住房提供日常生活援助和监督，协调外包医疗服务提供的保健服务，以监护并确保居民的活动、健康与安全。

迪伊承认，在她的情况下，一些同龄人可能会感到孤单或被孤立，但她也认为，许多人——社会工作者、亲戚、朋友——都高估了她现阶段所需要的陪伴。她抱怨说：“人们都认为你应该成天成夜地有人陪伴，我不介意一个人待着，我可以游刃有余地去做我要做的事情。”过去几十年间，迪伊曾是一个社会活动家，担任她的住房协会的董事会成员，参与有色人种协进会等组织。如今，她绝大多数的朋友都已经过世，或是迁往了气候温暖的地区，她觉得，每隔几周与依然逗留在这个城市中的朋友们见个面，共进午餐，或者去参观博物馆，她就已经很高兴了。剩下的大部分时间，迪伊用来阅读各种传记、小说，或是杂志。（她说她最近不再看报纸了，因为她意识到如今她九十岁了，只剩下不多的时间来学习了，她希望能把精力集中在“重要的”有持久价值的事物上，而不是浪费精力在一些随机事件上。）她常常打电话，晚上看一点电视，只要健康允许，她很喜欢去城里逛逛，每周大约三四次，她告诉我：“我尽量在能力允许的范围内保持活跃，我对现在的状况很满意。”

迪伊在过去的三十年里都独自居住，不是每个人都能有她这样的情商，而她很幸运能拥有一个人生活所需要的技能和性格。她唯一的女儿生活在马萨诸塞州，也很尊重她想要独自生活的意愿。迪伊说，她们两个“非常亲近”，但即便如此，她也不想搬去与女儿同住。她解释说：“我不想和我女儿住在一起，我们处事的方法截然不同，当我住在她家时，我尽量遵循她的方法，我们当然相处融洽，而当她来拜访我时，她尝试迁就我。但最近，她开始对我指手画脚了。”和琼一样，当她女儿开始试图“照顾”她时，迪伊并不乐意，她说，这是一种侮辱也是一种威胁，她把自己的独立性看得非常重，当有人建议她需要特殊照顾的帮助时，令她觉得仿佛是失去了对生活的控制权。

对失去个人独立性的恐惧感，以及对于自身越来越依赖于他人或其他机构的焦虑，都困扰着当代社会绝大多数的老年人，这种不安全感完全是来自于个人主义文化。因为，当个体的尊严和完整性取决于个人主权的自我认知时，当我们意识到我们无法自理自立时，那便成为了最严重的屈辱感。

当然，从某种程度上说，我们都不是真正独立的个体。但个人自主权的集体信仰掩盖了一个事实——其实是各种社会机构为我们最宝贵的个人主义提供了支持和保障，其中包括：家庭、市场和国家。[①] 而那些与个人主义有关的传奇，例如自力更生、白手起家的故事，更令人们忽视了由独立的个体组成的社交网络，为我们每一个人，甚至是我们中间最为反社会型的个体，提供了独立的力量。然而，像迪伊、维克多和艾娃那样可以自己照顾自己、在自己的公寓里维持着高品质生活的人，毕竟与那些不幸的同龄人，还存在着巨大的差距，对于后者而言，独居给他们造成了伤害，他们缺乏亲人的帮助，甚或是害怕搬去与人同住，当这些不幸的人们不得不承认自己需要特别援助的时候，事情变得尤为糟糕。帮助我进行本书的研究调查的一位年轻医疗社会学家，埃琳娜·波特克罗将后者的这种

① 见玛莎·艾伯森恩曼《自治神话：关于依附的理论》。——作者注

情形称之为“残酷的独立”，而那些不甚健康的单身老人的故事，生动地解释了她的说法。

以快八十岁的伊迪丝为例，她自称为“囚居者”，为了治疗她的侵略性卵巢癌，她的医生为她采用了高强度的放射治疗，而过去的三十多年里，她都一直在与放射治疗的后遗症抗争。她曾是一名专职从事聋哑儿童教育的教师，她说，当她被确诊并接受第一次治疗时，没有人了解这种高强度辐射治疗的后果，而治疗后遗症直到她的病例多年之后才被发现。伊迪丝说：“医生们控制住了我的癌症，但结果却喜忧参半。辐射治疗令我大部分的内脏器官都受损了，我不得不在五十二岁时退休，而此后，我一直无法自理。”

伊迪丝抱怨她如今的生活质量，并不断强调她糟糕的财务状况——她依靠伤残保险补助生活，她几乎每天都要承受身体上的痛苦，她患有抑郁症，并且因为营养不良而掉光了所有的牙齿，因为移动不便，她几乎从不出门。她很孤独，但又不愿意向所剩不多的朋友们倾吐自己的苦闷，害怕他们会抛弃她。而最近有一次，一个援助计划的志愿者来她家拜访，并带她坐轮椅外出时，她被他绊倒，手臂因此复合型骨折，而不得不住院接受治疗。如今，护士和社会工作者会来她家帮助她，但他们都积极劝说她尽快搬进援助福利机构。伊迪丝说：“这件事上我对每个人都很生气，我只是现状困难罢了。”

由于生活的空虚和残酷，伊迪丝也觉得很害怕，她一直很自豪自己“独立”生活的能力，或者，至少是独自生活的能力，她说：“我总是很庆幸自己能独立自主，但如今我却不得不问自己——‘我要怎么照顾好自己?’”

在外人看来，伊迪丝恐怕已经无法照顾好自己了。化疗后遗症之后，伊迪丝的体重从一百三十二磅下降到了八十磅，随着牙齿脱落，没有合适的假牙，她已经开始不得不依赖流质食物了，她自己也说她吃东西“就像婴儿一样”。营养学家建议她用搅拌机将食物打碎，但受伤的手臂却令她很难灵活使用自己的双手。她并未获得足够的援助，但部分原因也是因为伊迪丝并不信任医疗补助制度，她担心政府会将她推给人权机构，并迫使她离开自己的家。她想要保持独立的意愿太过强烈，以至于她拒绝了许多社会援助的机会。伊迪丝坚持说：“我想保留自己的公寓，而且我担心他们要将我送到养老院去，我不觉得那会有什么用。”

曾在医院度过许多时光的伊迪丝完全有正当理由，为她在养老院的生活而担忧：冷漠的工作人员无法提供良好的照料，总是被困在一个单调的环境中，百无聊赖地生活在一个除了死亡没有任何新鲜事的地方。她解释说：“我的脑袋还是很清醒的，我怕我在那里会过得很凄惨。”谁也无法彻底打消她的顾虑。

八十岁的约翰也许也同意伊迪丝的想法，他八十多岁，独自一个人居住，正想尽一切办法保留自己的公寓。约翰是一位退了休的社会工作者，他的职业生涯中曾有相当一段时间在疗养院里照顾老人，而其中最艰难的一段经历，就是照料他自己的母亲。他坚定地认为：“任何曾亲眼目睹过、亲身经历过疗养院生活的人，都会想尽一切办法留在自己的家里和社区里。”约翰认为，问题不仅仅是疗养院通常总是缺乏足够的人手来照顾院里的居民，更重要的是，疗养院的环境总是沉闷的、阴沉的、孤立的，甚至是压抑的。作为一名曾经的社会工作者，在约翰的记忆中，所有的老人搬进疗养院后就每况愈下，再也无法恢复独立自主。他总结道：“疗养院就是人生的最后一站，就是这样。”

最令约翰遗憾的是，他母亲在家中摔伤了髋骨之后，他和妹妹不得不让她搬进了一家疗养院。他回忆道：“我找了一家最好的疗养院，但三年后那里的情况开始变得糟糕。菜单、食物总是一样，老人们纷纷投诉，有一次我趁假日去看望我的母亲，那里只有一名服务护士，却要照看二十位老人，当我母亲要去洗手间时，那里简直就是一塌糊涂。你知道么，这完全不公平！疗养院裁员以缩减支出，却把情况弄得一团糟。”那次约翰和他妹妹太过失望，因而决定将母亲搬去另外一家疗养院，但事实证明，这是一个错误的决定。约翰说起此事时，语气里带有自我否定和一些自责，他说：“她在那里只住了一周就去世了，——她完全无法适应这变化。”

对伊迪丝来说，疗养院的可怕之处并不是他们的服务质量，而是如果她搬入疗养院，毫无疑问那将使她与亲友断了联系。她告诉我：“我的朋友每周来看望我一两次，我还有两位非常亲近的表兄弟，他们总是给我打电话。”尽管她仍然常常觉得孤单，她希望能有更多的陪伴，能有人与她有共鸣，当她需要发泄或者抱怨时，能有人理解，但她也清楚地知道，她的亲友已经比其他类似状况的人要亲近得多了。她说：“有些老人完全没有人看望，没有人关心他们。我是幸运的。”

从一位“囚居”并深受寂寞和抑郁困扰的老人口中，听到这番说辞，不免有些奇怪，但事实确实如此：有些老人在远离了家人与朋友之后，完全与世隔绝地孤立生活着，而通常男性占到了孤立的老人中的多数。而今，社会隔离现象的性别差异，已经是一种有据可查的社会形态了。[①] 众所周知，各个年龄阶段的成年女性都比同龄男性更善于发展和维持友谊，而男性同样也并不善于保持与家人甚至子女的亲近关系。在我关于芝加哥热浪的有关调查中，这些抽象的社会现象变得更切实，我们最令人吃惊的发现之一，就是在芝加哥独居的老年男性要远少于女性（因为通常他们的配偶的寿命都比较长），但在那次灾难中，独自死去的老年男性人数却更多。此外，更耐人寻味的是，老年男性更常与家人彻底断绝往来：移交给库克郡公共管理署的 56 具无人认领的无名受害者遗体中，有 44 具为男性，约占 80%。

无论男女，找出最为孤立的老年人从来都并非易事。在芝加哥热浪事件中，那些最脆弱的老年人在自己闷热的家中去世后，才被世人所知晓，而其中有一些，甚至是在死后很多天才被发现。如字面意思，真正“与世隔绝”的老人不参与老年活动中心或宗教组织，甚至也拒绝那些通常由志愿者招募的测试项目和学科调查项目。然而，我们花了几年的时间在纽约市地毯式地寻找那些愿意谈论自己

① 如，在克劳德·菲舍尔关于社会网络的经典研究中，他就指出，老人们是社会群体中最孤立的人群，参见《徘徊与朋友中：城镇中的人际网络》。最近艾琳·康韦尔的综合社会调查的数据分析也显示出了类似的结论。——作者注

情况的与世隔绝的独居老人，尽管每个人都有自己的故事，他们也有一些共性：配偶去世或是曾经历离婚，和子女与其他家人的关系疏离甚至没有子女，社交圈太小或几乎没有什么朋友，身体和精神上罹患某种疾病，——他们因而都具备一种防御性的个性，尽管渴望更多的陪伴，他们也宁可独自生活。

当我们在唐人街上简陋的公寓里访问盖伊时，开场不过几分钟，他就宣称：“我的生活很无趣。”五年前，第二任妻子离开他后，盖伊很艰难地保留了这间公寓，他说：“我不跟别人说话，不参与任何活动。我喜欢坐在院子里，或者是晚上在街上走走。我朗诵诗歌，还喝酒——加拿大伏特加是世上最棒的东西！”他对于整个世界和他生活的转变表现出了深刻的愤怒：“太惨了——我可以对你说上五十遍！”对话中，他抨击了总统乔治·W·布什和纽约市市长布隆·伯格，而他又批评说俄罗斯根本没有好诗人——“他们写的都是打油诗”，并声称黑人“傻透了”根本不配接受高等教育（然后又说那不过是个玩笑），并宣称“任何挂着十字架和大卫之星[①]的医院都不是什么好东西”。有些时候，他语气俏皮幽默，但却充满了残忍和轻蔑。尽管他说他喜欢有人陪伴，但他无法自控地将人们从自己身边赶走。

盖伊无儿无女，但他却并非完全无交际而孤立。他的妹妹住在同一栋楼的其他楼层，而当他的前妻离开他之后，她搬进了他妹妹

① 大卫之星，又称六芒星、大卫之盾、犹太星等，是犹太教和犹太文化的标志。

的家里，所以现在他们尽管已经分手，却保持着一种可望不可即的亲近关系。他们并不待在一起，但盖伊如今有关节炎，离了拐杖就行走困难，他的前妻偶尔会为他捎来食物或者瓶装水。这确实有些诡异，但盖伊说，他觉得这比他们结婚的时候要好得多了，他坚持说："现在情况好多了。"他抱怨所有人和事，但对他的前妻却毫无怨言，甚至对再前一任妻子，也全无微词。

他最亲密的朋友要么是六十年前学生时代的同学，要么是海军服役时的同僚。他们保持着亲近的感情，却并不常常见面，盖伊提到了一个住在加州的高中同学，他们几乎不怎么见面。而另一位朋友住在康涅狄格，是位漫画家，他曾每隔一阵就来和盖伊共进午餐，但盖伊说："现在他正忙着从俄罗斯娶个老婆，很少到这里来，而我也从来没去拜访过他。"

当纽约东城区曾经还是意大利人和犹太人的天下时，盖伊在这里有更多的熟人。但近几十年来，东区已经开始有越来越多的中国人和更多的中产阶级。盖伊在这里老去，而随着时间的流逝，这个区域也发生了变化。然而，一方面周围环境的变化令盖伊越来越觉得自己正被社会文化所疏远，但另一方面，他也觉得现在上街更有安全感了。盖伊说："以前这里情况很糟，意大利人把这里搞得风声鹤唳，但中国人却把这里变安全了。"如今，他最常见到的人是送餐服务的工作人员，他们每个工作日上门一次，而周五则给他送来双份的食物，以确保盖伊能独自度过周末。

随着采访的深入，盖伊为他的人生故事并没有那么引人入胜而表示抱歉。"我很抱歉尽说了些无趣的事情。"他说道，然后又告诉了我他的“人生秘诀”，“如果生活惨不忍睹，那就想象一下美好的生活，并想象那就是你的生活。以前我没有发现这个秘诀，现在我知道了，所以我再也不害怕了。”

盖伊的秘密对保罗可没什么帮助，保罗八十多岁了，四年多以前妻子死于转移性癌症之后，他就独自鳏居在唐人街的公寓里，就在这里，他将儿子抚养长大，又照顾了病重的妻子。客厅也曾经布置整洁，干净整齐，如今它依然简陋，但桌子表面却堆满了老照片、钢笔和笔记本，保罗正在与慢性阻塞性肺炎抗争，一天中常常都需要吸氧，地板上因而到处都是氧气机里的管子。在保罗的妻子去世之前，他喜欢在附近散步顺便购物，也常常和周围的老年人以及新近搬来的中国人和嬉皮士们聊天。但现在，他说：“我整天就坐在沙发上看电视，我无法阅读，因为我服用的药物令我的视线模糊，我什么都不做的时候呼吸稍微顺畅一点，如果天气不太热，我就朝窗外张望，天如果太热，我就坐在沙发上，或者干脆躺在床上。”

和盖伊不同，保罗承认周围地区居民的种族迁移变化给他带来了困扰，并让他觉得他的老朋友们正在慢慢地消失不见。过去五十多年里他一直住在这个地区，他很喜欢缅怀过去，那些他和邻居们会偶尔串门、应酬交往的日子，周围都是好朋友，感觉自己从某种意义上说有群体归属感的日子。保罗回忆道：“这里曾经住着意大利人、爱尔兰人、西班牙人和犹太人。然后，政府把原来的房子拆了，开始兴建住房项目，原来住在这里的爱尔兰人和西班牙人都一去不返，而我们在这儿长大的孩子们也买了房子，搬离了这里。这里现在就只是唐人街了。我很喜欢这里，但现在邻居们互不往来，一切都和以前不一样了。”

对保罗而言，与邻居之间疏远的关系是件痛苦的事，因为闲居家中本来就已经很孤立了，他希望能有更多人会过来看望他，或者至少来看看他有没有什么需要帮助的。他有一位住在附近的老朋友，幸运的是，这位朋友自愿带保罗去看医生，并定期给他带来咖啡，一起吃饭，或帮他打发时间。保罗的儿子住在史泰登岛，有两个孩子，最近刚刚离婚，因而正深陷自己的问题中而无暇顾及父亲，只是每两周来看望保罗一次。（说到子女们的探望，如果保罗有个女儿的话情况就会好许多，毕竟家庭妇女通常比男性更积极主动地承担起照顾父母的责任。）保罗回忆说：“以前我和妻子去他们家，花一天陪陪孙子，但现在他们来这里和我待上几个小时，一个月也就来几次而已。”

日常生活中缺乏朋友和家人的照顾，使得保罗必须依赖于专业的服务人员。有人每天两次给他送饭，因为他的社会工作者注意到他正变得虚弱和消瘦，所以做出了特别安排为他补充营养。一位家庭助手每周来一次为他打扫房间。医疗保障为保罗提供家庭健康助理，而每次出院之后，他还可以得到额外的照顾。我们采访的大多数老人都表示对这种服务很感兴趣，因为家庭护理工作人员的探访不仅为他们提供了个性化的照料，也与他们面对面的交流互动，——有时，这是老人们一天之中唯一与人交流的机会。但保罗却抱怨说医疗保障派来的工作人员并不会说英语，这种陪伴反而更令他觉得孤独，所以他常常打发他们去帮他带些新鲜水果回来，这有些奢侈，所以保罗就有更多的时间独自待着。

保罗说，日复一日地试图填满那些空虚的时间，是他的生活中最大的挑战之一。他常常胡思乱想，有时回想起过去的好日子和那些令他觉得温暖的感情，有时，他却总是纠结于人生中那些困难的日子：他妻子的病情，他必须要接受的医院治疗，以及有一次大楼停电了，六个医护人员只好把他抬下楼并送去急诊。他也会觉得焦虑：万一他的朋友生病了不能再帮助他了，怎么办？如果发生紧急事件，怎么办？如果再停电，而医护人员却不能及时为他接上呼吸器，怎么办？

他尽量不去想这些事，他说，在一定程度上，我们都必须能安抚自己的种种担忧："我的意思是，我不能成天哭丧着脸坐在这里，那于事无补。我得想着事情好的那一面，尽力而为，这就是我正努力尝试的事。"

类似保罗和盖伊这样的故事表明，性别（男性）并不是造成"与世隔绝"的唯一因素，其他的危险因素包括：无儿无女，或是生活在远离子女的地方；疾病，尤其是那种会限制患者行动、必须待在家里的疾病；沮丧，或是罹患其他精神类的疾病；贫穷，经济上的穷困几乎会令所有伴随年龄增长而来的各种问题与孤独的风险都增加。公共健康基金委员会的一份具有影响力的关于独居老人的报告中，如此写道：独居且生活水平低于贫困线的老年人中，有 1/3 每月拜访朋友或邻居的次数不超过 2 次，而其中大约 1/5 的老人，从不与朋友通电话。当然，所有这些特质都并非平均分布。例如，拉丁裔和黑人老年人相比白种同龄人，贫穷的比例更高。[①] 他们获得适当的医疗看护和精神疾病治疗的机会也更低，而且，他们常常觉得自己所居住的地方并不安全。

老人们的安全感非常重要，今天，越来越多的学者、政策制定者和社会运动家开始意识到，某些地区对于独居老人而言可能是非常恶劣的生存环境。远离亲友的社区并不是唯一令独居的老年居民与社会孤立的风险提升的地方。那些荒废、贫穷、高犯罪的地区，例如缺乏杂货店、良好维护的人行道或是安全的公共空间等街道环境条件的社区，都令老年人对于离开他们的“私人洞穴”，投身参与当地社区生活毫无兴趣。[②]

不幸的是，贫穷和资源匮乏的社区在当今美国城市中非常普遍，尤其是那些饱受工业化产业衰退之苦的地区：铁锈地区 [③] 和美国东北区。这些地区的独居老人远离公众关注的可能性要比一般地区高出一倍，其一是因为他们的年龄，其二则是因为他们所居住的区域。尽管这现象普遍存在于美国各地的所有城市中，但纽约市的情形却

① 根据 2009 年的美国社区调查，以及黛博拉·卡尔《黄金岁月？美国老年人中的贫穷现象》一文，独居的老年妇女中，大约 40% 拉丁裔身处贫困，而亚裔和白种人的比例大约为 25% 和 15%，类似的情况是，独居男性老人中，35% 拉丁裔生活贫困，相比之下，亚裔中为 20%，白人中为 10%。——作者注

② 参考文献，尼尔·克劳斯《老年人众恶化的邻里关系和社会隔离》。——作者注

③ 铁锈地区，也被称为制造区，是位于美国东北部的一个地区，曾因明尼苏达的钢铁产业而得名。1970 年后，很多此地的工厂开始停工，工厂大门只剩下锈迹斑斑的大门，因而被称为“铁锈地带”。

似乎尤为残酷：那些最危险、最与世隔绝的街区，就存在于全球最安全而繁荣的地区的阴影中。

2005 年，美国邻里中心（UNH），一家为纽约市超过三百家安置用房和社区中心提供资金、政策研究等支持的机构，决定承担一件艰巨的任务——精确找出城市中最容易造成独居老年人孤立现象的那些地区。UNH 为纽约市的老年群体提供社会服务已经超过八十五年了，但此前它从未为那些缺乏陪伴和社会支持的老人提供特别的关注，但正如此次项目的负责人杰西卡·沃克所说的："我们体系中的许多机构和社会工作者不断向我们报告，他们遇到许多孤立的独居老人，而我们也知道，还有许多与世隔绝的老人并未出现在人们的视线中。曾经，每个人都认为这是理所当然的事情，但如今，我们开始意识到，这将慢慢成为一种危机，我们需要知道，情况到底有多糟。"

UNH 的研究人员开始向有关政府机构的官员求助，这些政府机构也已开始投入更多精力与资源为独居老人提供援助，纽约市老年部门正是其中之一，该部门的前任局长埃德温·门德斯·圣地亚哥对我说："要知道，独居老人的问题几乎影响了我们所做的每一件事，不仅仅是在停电或者热浪期间拓展我们的援助范围，也包括建立老人中心、安置房、送餐服务、家庭护理等等。独居的老年人推动了许多项目的进行，而当他们与社会脱离时，事情就变得更为艰难。"无须赘述，当 UNH 打电话给他时，他非常乐于参与项目的合作。

借鉴了全纽约市全部可用的、最好的统计数据（但遗憾的是，其中并不包括任何邻里住宅或是商业设施的分布密度的数据，也不包括有关犯罪率的数据），UNH 勾勒出纽约市独居老人和生活在贫困中的老人比例较高的地区，这两个老年群体都需要特殊的帮助。沃克解释说："关于社会隔离和与世隔绝是无法进行任何调查研究的，因为调查很可能会错过那些最为孤立的人群，所以我们试着找出社会隔离风险最高的社区，而我们的研究结果并未出乎大家的意料。"

UNH 在 2005 年发表了名为《生活在城市阴影中的老人》的研究报告，报告中指出：中央哈林区和东哈林区是老年人社会隔离风险最大的两个区域，其中中央哈林区的所有老年居民中超过 50% 独自居住，而东哈林区则有 40%。如果再引入心理精神疾病的患病率这一因素，正如当时纽约心理卫生署的副署长劳埃德·瑟德尔所进行的研究，结果中出现了一些社会孤立危险更高的区域。瑟德尔告诉我："最脆弱的是南布朗克斯区，我们正准备在那里开展一个特别的行动计划，寻找抑郁症患者。但其实曼哈顿东区、布鲁克林的贝德福德·史岱文森区、康尼岛等地区都有同样的问题。我们当然希望能在这些区域以及其他更多区域采取行动，但我们的资源紧张。当资金并不充裕时，要为这类社会问题筹集资金，并不是件容易的事。"

与其他城市相比，纽约市一贯为老年人和独居者提供慷慨的公共援助服务：几乎每个街区都有一个老年中心，提供午餐，组织社会活动，并帮助老年人参加其他公众活动；社会团体和社区组织鼓励老人在自然形成的退休社区中安度晚年，这样可以避免老人们与家人、朋友以及当地机构失去联系；还有租金控制政策，尽管与以往相比已经略有削弱，但依然保障了收入固定的退休老人可以住在自己家里；志愿者项目将健康的退休老人与那些行动不便的老人联系在一起，令前去探访的老人能有一种使命感，而被探访的独居老人也能从每天千篇一律的孤独中偶尔解放出来；当天气变得糟糕、过分炎热或寒冷时，应急管理办公室针对老年人采取特别行动；而当邮政工作人员递送邮件时，如果发现老年人的邮箱里堆积着信件，他们也会主动上门检视一下老人们的状况。

但纽约市的老年人口近一百万（纽约的老年人口已经超过了美国十大城市中另外九个城市的全部人口总和），而其中有数十万老人独自居住。毫无疑问，纽约是一个富庶的城市，但在经济不景气时，纽约市政府难以维持资金继续进行城市的公众项目，而削减资金的结果毫无疑问是令人痛苦的。

送餐是全美最受欢迎的公共服务项目之一。毕竟，谁都不会反对为生病或宅居在家的居民提供热食这样的项目。纽约市从未打算放弃为饥饿的居民提供食物的决心。但是，2004 年时，为了节省开支，纽约市政府宣布终止与十六家在布朗克斯的非营利老年中心的供货合同，并把此项服务转签给了三个可以更有效率地达成目的的大型承包商。提高效率意味着一个简单的变化：不再是每天提供热气腾腾的饭菜，承包商将每周一次或两次提供冷冻食品。

有关这一计划的新闻激怒了纽约市的老年人和他们的政治支持者。纽约市长迈克尔·布隆伯格料到老人们会为失去了热食而不快，但他没有意识到，送餐服务部不仅仅是为老人们带去了食物，同时也带来了别人的陪伴和定期的检视，这一新计划最冷酷的后果，是令城市中最脆弱的居民失去了他们本就罕有的与他人会面接触的机会。纽约的报业和当地的电视新闻节目也卷入了这场争论，令布隆伯格的政府班子有些灰头土脸。于是，双方很快达成了一个折中的方案：布朗克斯区的居民将成为一个名为“老年人的选择”的试点项目对象，此项目为那些能够自己加热冷冻食物的老人提供两种自由选择：每天一次的热食送餐服务，或是每周一次或两次的冷冻食品递送服务。

布朗克斯的社区组织抨击此计划加剧了当地老年人与世隔绝的程度，但 2008 年的春天，布隆伯格的市长办公室却宣布试点项目获得了巨大的成功，并将就此终止每天递送热食的送餐服务，为布朗克斯所有五个区的大多数居民都提供冷冻食物的递送服务。布隆伯格坚称他的动机并非为了削减成本，该项目的预算一直保持稳定，但同时，整个城市日益增长和越来越多的送餐服务需求也同样不容忽视。无论如何，一场新的政治辩论开始了，这次州长办公室也参与了进来，要求整个纽约市给出一些问题的答案：“如何解决社会隔离的问题？如何确保纽约市的老人能处理冷冻食品（出于消防安全的考虑，不应鼓励有些老人经常使用烤箱）？如何保证纽约市的老年人依然会得到优质的饭菜食物？此项目如何应对纽约市极高的通胀率下食物和汽油的价格提升呢？”

纽约市议会为此次改革举办了听证会，6 月初，纽约州议会扬言要通过专门的法案以阻止布隆伯格市长的计划。纽约市老年中心和服务委员会的策略总监，博比·沙克曼敦促整个国家做正确的事情：“我们应该保障和捍卫纽约市为老年人提供社区性服务的悠久传统，正是这种传统令纽约市成为了美国的榜样。”送餐服务对于体弱和高龄老人尤为重要，因为他们无法到当地社区的老年中心去，沙克曼指出："对于一个八十多岁或者九十多岁的老人而言，每天有人敲门上门送餐，是非常重要的。"

其实沙克曼甚至低估了问题所在，像盖伊和保罗这样与世隔绝的老人并不是唯一需要关心照料的人群。如今，我们绝大多数人都认识一两个独自生活，需要一些额外的照顾或者更多的每日探访的老人，可能是我们的父母、祖父母、邻居或是朋友。无论是谁，无论多么富有，无论以何种方式生活在何处，我们中的每一个人都无法回避这样一个可能——那个每天等待有人来敲门的老人，可能正是我们所爱的人，甚至，可能就是我们自己。

第七章

重塑独居生活

独居人口的急剧增加本身，并不是一个社会问题，但这一社会变革，加剧了那些原本就存在却无法简单被解决的社会问题：体弱且年迈的老人的社会隔离问题，贫穷人群和弱势群体的深居简出的问题，稀缺资源的过度消耗问题（共享状态下，如能源、土地和家庭用品等资源能得到更好的维护）。

迄今为止，人类已经有约二十万年的集体生活经验，而大规模的独居这一社会变革却只有大约五六十年的历史。在这一短暂的时期中，人类还未发展出任何公众行为，以应对独居生活所带来的各种挑战。间或，会有试图扭转历史潮流的政客、宗教团体或文化评论家站出来说教，说我们其实更适合共同生活，如：小布什政府所发起的婚姻推广活动，由教会举办的预防离婚的活动，诸如《嫁给他》、《婚姻的案例》、《孤独的美国人》等畅销书籍，或是那些呼吁成年子女将年迈的父母接到家里，避免他们面对孤独的晚年的言论。但这些道德劝说都注定无法获得成功，原因之一是当事关自己的生活幸福时，这些言论最强势的倡议者们往往也言行不一，而更重要的是，反对独居的所有行为从根本上违背了人们的现代感情。当世界各地数以百万计的人们都认为独居对自己更好时，说服他们这是错的显然是很困难的。

如果我们不再徒劳地浪费精力参与那些促进家庭团结的活动，如果人们终会独自生活并老去，如果我们专注于帮助人们获得更好的生活——更健康、更快乐、更多的社会参与，那情形又会如何？

举例而言，我们应当开始思考如何重新设计我们的城区，以更好地满足生活并工作于其中的人们的需求。正如耶鲁大学的历史学家多洛雷斯·海登曾指出的，我们最现代化的城市，尤其是城市的郊区，是为了那些母亲在家做全职主妇而父亲外出工作的核心家庭所量身定制的；大多数的住宅单位、公寓和独立住宅也是如此。[①] 而今天，女性外出工作，成千上万的人们独自居住，这些旧有的形式已经不再适用了。而且，从环保的角度来看，这甚至是危险的：广阔而人烟稀少，依赖汽车为主要交通工具，大型私人住宅为主的城区，要比人口稠密的中心城区所需的能源消耗更多。我们该如何重新设计我们称之为“家”的地方，以适应全新的绝大多数成年人都外出工作而独居人士占主流的都市人口呢？

这一问题的答案对于那些最脆弱的独居群体——体弱的老年人和贫困人口，显得尤为重要。如今，适合这些群体最常见的两种住房形式即为养老院和单间出租的住宅SRO。但是，对于这两种住房

① 参考文献，多洛雷斯·海登《重新设计的美国梦：性别，住房和家庭生活》。——作者注

选择，被吓跑的居民比被吸引的更多，而且理由充分完备。

养老院成为那些需要帮助完成诸如洗澡、下床等基本活动的人的选择，他们无法再独自居住，而毫不夸张地说，养老院几乎等于是其居住者的死刑判决。尽管每年有差不多三百万人入住养老院，并希望得到良好的照顾，但事实是，他们中的绝大多数并不会得到期望中的照料。

大多数独居老人都掌握着一系列有关养老院的恐怖故事，而他们在接受采访时，只需要小小的激发就会与我们分享这些故事。八十岁的埃德娜告诉我们："我认识一个女人，我非常清楚地知道她搬去养老院完全是迫不得已。"埃德娜依然努力维持着自己的独立，仿佛那是生死攸关的事情。她接着说道："她想见我，所以我就去看望她了。唉！太可怕了！她坐在一个房间里，在她不远处，有个女人在疯狂地尖叫（她指了指附近的一个位置）。我不知道那个女人发生了什么事，但另外一个地方还有一个人也在嚎叫（她又指着反方向的一个位置）。我们的周围吵吵闹闹的，上帝啊！于是，她对我说，'我知道这很难，可你能不能想想办法让我离开这里？'"埃德娜答应尽力帮忙，但她没有足够的影响力或资源去改变当时的情景。不久，她得知，她的朋友去世了。她回忆道："当时我所能说的就是'感谢上帝'！唉，那实在太可怕了！"

埃德娜的另一位邻居也有类似的经历。那位邻居独自居住，提前退休之后她却生病了，还没来得及享受退休生活就被送入了养老院。埃德娜说："她被送到那个可怕的地方，在那里住了很久，每一个去那里探望的人回来都说，'我的天哪，她怎么受得了？'最后，她终于过世了。我不知道她是怎么忍受过来的。所以，人们独自生活，喜欢这种生活，尽力维持所拥有的一切。”埃德娜说，她竭尽所能地避免被送进养老院，因为在她看来，那与活埋无异。

我见过各种种类与档次的养老院，从那些运营维护得很好的(尽管这些养老院还是死气沉沉的)，居民都拥有私人房间并得到细心照料的地方，到那些我宁可选择坟墓也不会去的地方。位于曼哈顿上西区的阿姆斯特丹护理中心，是一栋紧挨着哥伦比亚大学校园的漂亮高层石砖楼，很容易被误认为是间昂贵的合作式公寓。那里不仅具有优秀的医生、护士和社会工作者，还提供了高级辅助生活中心里常见的项目和设施：无线网络，每周两次的现场音乐会，图书馆，一个艺术和手工艺小组，以及各种一日游活动——这一切都非比寻常。哈林区距离阿姆斯特丹护理中心只有几个街区，而南布朗克斯区就在几英里外，虽然在那些地区也有一些管理完善的养老院，但那里更多的是些卫生状况、护士人员的配备和总体质量糟糕得令人担忧的养老院。这也许并不奇怪，但也绝对是无法接受的，尤其对生活在那些地区的人们而言。

不幸的是，大多数需要进入养老院的老年人很难避免那些设施差的地方。根据 2006 年对美国 1.6 万家疗养院所做的调查发现：在联邦政府通过了历史性的法案（1987 年的养老院改革法案），以改善养老院的居住条件的二十年后，“护理不良的情况仍然存在，而优良的养老院仍然很难找到”。这项研究的主要结果，证实了人们普遍存在的一种恐慌，当我们需要为父母或祖父母寻找一间他们可以得到很好的照顾和帮助的养老院时，我们可能根本无法达成所愿。研究人员在实地考察中发现：无人看管的养老院居民生了褥疮，即便本来他们完全没有得褥疮的可能；工作人员忽视医生的指示，错误地用药；厨房用具和碗碟未经消毒。更普遍的是养老院未能遵守有关法案的要求，将定期的检视记录文件提供给所有提出需求的人，其中包括潜在的养老院居民和他们的家人。更糟糕的是，在有些州，如伊利诺伊州，州政府允许养老院经营者接收患有严重精神疾病的年轻人，甚至是那些有犯罪记录的人。其结果，正如《芝加哥论坛报》所报道的，不仅仅是“影响了护理的质量”，也形成了一种对老年养老院居民的罪行，这无异于抢劫、强奸和谋杀。

不良的社会政策和薄弱的监管力度并不是造成养老院诸多问题的唯一原因，那些收购了养老院的公司也是问题的来源。消费者研究报告并不是唯一一个提出以下观点的报告：那些水准最低的养老院通常都是由营利性公司所经营管理的，而那些独立经营的非营利性养老院，往往能为居民提供更好的照顾。《纽约时报》针对那些收购了养老院的私募股权投资公司所做的一项调查报告中写道：“2000年至2006年间，大型私人股权投资集团收购了美国大约60%的养老院，其经理人为了削减支出，减少临床注册护士的人数，有时甚至远远低于有关法律所要求的水准。”该报告进一步指出：“而在此期间，我国的许多其他养老院的工作人员数量减少幅度很小，甚至还有增长。”

但是，变革势在必行。如果依然故我，那当你、你的伴侣或你的父母需要找一间养老院时，却发现无处可去时，我们又该如何是好？

最近美国SRO建筑数量的变化同样令SRO变得不再适宜居住，即便建筑物内依然有空房。近几十年来，自营的SRO组织越来越少，主要是因为SRO以往总是建造在充满活力的市中心区域，而如今，美国各地的业主纷纷将SRO楼宇出售给地产开发商，或是干脆改建成自己的豪宅。而仅存的那些SRO建筑为流动的工人人口提供栖身之所的历史作用，也开始发生变化。大量无处可去的精神类疾病患者，和越来越多在司法体系中反复进出监狱的人们，已经形成了一个新的边缘化群体，他们也需要类似SRO这样的住所。今天，绝大多数SRO里不稳定的居民构成包括了从贫穷人群、老年人、精神类疾病患者、吸毒者到前科犯等各种人群。对于其中有些人，SRO也许是合适的，但对其他大多数人而言，这并不是一种可行的社区环境，即便是在那些管理条件最好的SRO建筑中，居民和工作人员都很难维持良好的环境条件。和养老院一样，SRO也迫切需要重新被设计规划。

重新设计人们独自生活的居所只是解决单身社会带来的挑战的方法之一，而另一个方法是改进我们周围的物品，或者重新设计新的物品，帮助那些生活在与社会隔绝的风险下的人们，更好的与社会网络连接以获得帮助，——这一方面，我们已经成效卓著。通信技术领域的大规模投资，已经迎来了我们称之为“社交网络”或“数字时代”的变革。这些技术革新不仅令独居人士受益，而因为其价格低廉，这些便捷的通信系统，从电话到互联网，也令独居人士能够在独自生活时依然保持社交上的高度活跃。不间断的技术革命的下一个前沿领域是家用型机器人，从协助完成日常居家事项的“智能家居”，如清洁、娱乐设施，到甚至更为智能化的陪伴型机器人，后者对闲居家中无法外出的人群具有特别的助益和意义。然而，这些技术并不是一切问题的灵丹妙药，昂贵的价格，以及用机器人代替人类交往可能引发的严重伦理问题，都不容忽视。然而，这些都无法阻止工程师与计算机科学家们继续开发新的机器，而这些机器有朝一日，也许能帮助弥补人们在社交上的失败。我们需要了解他们正在进行的研究，并让不同背景和经历的人们为他们提供协助，——因为很有可能，他们的成功研究有一天将触及我们每个人的生活。

“珍珠”有四英尺高一点，她的听力、语言、视觉和记忆力还远非完美，她移动起来很慢、无法上下楼梯，她的电力消耗很快，偶尔也会因为使用过度而崩溃。尽管如此，对于那些想要独自生活，但需要特殊帮助的人们而言，珍珠还是很有价值的：她很稳固，这样他们可以使用她来保持行走时候的平衡；她记住他们需要服药的时间，如果他们忘记了，她会认真可靠地提醒他们；她与互联网相连，帮助他们与家人、朋友、健康保健中心保持联系；她监视并记录他们的活动规律，如果他们有一些不同寻常的举动，如没有从椅子上站起来，或者很久不上洗手间，她会敦促他们或者向他们提问，如果得不到回答，她就会打电话求助。

“珍珠”仍在开发中。她可能会更高，即便不变高，她的手臂也会加长，以从最高的储物架和地上拿东西，这样，她就可以做一些繁重的家务劳动，并帮助其他人做家务。她的语言能力以及语言理解能力都会被提高。她会掌握玩互动游戏、播放音乐和电视节目的能力。当天气糟糕时，她能发出预警，她会学会接听电话，为录像机定时，控制灯光。当她能以高速无线连接网络时，她就可以远程传输视频和音频信号，主持进行实时网络会议。她会成为一个更优秀的伴侣和守护者，尽管珍珠仍然是个机器人，但相比她同时代的同类们，她更具人性化的特质。

珍珠是一种个人助理型机器人的原型，它诞生于一项由卡内基·梅隆大学和斯坦福大学共同进行的研究和设计实验项目，计算机科学家、护士、老年学家和心理学家都参与了这个项目。塞巴斯蒂安·史朗，这个位于匹兹堡的项目的负责人，现在正领导着斯坦福大学的人工智能实验室，他认为，设计制造可以适应和学习人类的机器人，是目前“机器人技术的最前沿领域”。他与设计了“弗洛”（为了纪念南丁格尔，她的名字叫弗洛伦斯）的护理机器人原型的同事一起，发布了一篇研究论文，文中为他们专注于为老年人和社会孤立者研究开发机器的行为，做出了一个简单的解释：高龄老年人口（八十五岁及以上）的数字不断攀升，同时家庭护理和医疗保健的费用也在直线上升，但很少有政客愿意出来提供更多的帮助。并且很少有这直接意愿提供更多的帮助。他们解释说：“因此，我们需要找到提供替代医疗服务的方法……大多数独立生活的老人都是被迫选择了独居，他们被剥夺了社交活动，而社会参与可以显著延缓病情恶化和其他有关健康的问题。尽管机器人无法取代人类，但我们试图了解，机器人在何种程度上可以成为人类的一种替代，或是通过提供不同的沟通方式，比现有的做法更好地让老人们能与其他人保持接触和联系。”①

老年病学家威廉·班克和他的妻子玛丽安——一名圣路易斯退伍军人事务护理中心的护士一起，进行了一项新的研究，他们的调查结果表明，机器人宠物和有生命的宠物一样，在减少孤独感和建立情感联系方面有一定作用。班克夫妇安排常住在护理中心的一组居民，每周一次，每次三十分钟，单独与一只大耳朵、训练有素的狗医生斯帕克单独相处，而另外一组则以同样的频次和时间与（由索尼制造）的机器狗爱宝相处，爱宝具备语音识别功能，当有人对它说话或是抚摸它时，它的眼睛会闪烁灯光，还会摇尾巴，还有一组对照组既没有接触到斯帕克也没有见到爱宝。玛丽安负责将狗送到护理中心，而在这个过程中她不与老人们接触，但她发现，那些与斯帕克相处的老人很快就与狗医生建立起融洽的关系，而那些被安排与爱宝相处的老人，则要花上一周才能像和有生命的狗一样，对爱宝说话和抚摸它。但出人意料的是，八周的研究结束时，那些与斯帕克和爱宝相处的两组老人，表现出相近的孤独感减少程度，以及与医生狗和电子狗的情感联系，而那些没有与两者接触的对照组老人，则表示说他们与实验开始时一样寂寞。

当我造访斯坦福大学的人工智能实验室时，一队由史朗和安德鲁·吴带领的年轻研究人员，对斯帕克的实验表现出浓厚的兴趣。他

① 参见《迈向为老年人服务的护理型机器人》。——作者注

们对自己的机器则更为兴奋，这些机器的零部件四处散落在实验室里，看起来就像是一家堆满了汽车零部件的汽修厂，而其中一些更为精密的项目产品则展示在中央实验室里。安德鲁告诉我："我们已经和机器人住在一起很久了，像是那些我们称之为洗碗机、烘干机和微波炉的东西。现在的机器能够从事家务劳动，甚至能与人做一些互动，但除非我们开发出软件让这些机器变得更为聪明，否则它们并帮不上什么大忙。我们需要令这些机器具备语言识别能力，找得到钥匙在哪里，知道该捡起什么东西，——当它们能做到这些时，那将会是一个非常激动人心的转变。"

并非所有的人都对机器人的陪伴拥有这样的热情，伦理学家罗伯特·斯帕罗和琳达·斯帕罗就写道："符合伦理道德地在老年护理领域使用机器人的前景，比这一现象开始时人们的预测，要削弱了许多。"他们认为，即便是最善意的人工智能研究也是一种"对老年人严重的不敬"，因为这种研究忽略了老人们对于人类照顾者的强烈偏好，并将最终设计机器人完全取代人类的陪伴。斯帕罗夫妇承认，社交型机器人是一个蓬勃发展的领域，他们认同机器人可以在某些常规事务上提供帮助，例如使用电器、开门、取食物等，但他们也告诫说，机器人设计师们为不切实际的目标而努力的历史可谓悠久，而且他们并不相信能有一种技术解决方案，来实现对社会隔离者的照顾。①

---

① 参见罗伯特·斯帕罗和琳达·斯帕罗《交托与机器？老年护理的未来》。——作者注

像斯帕罗夫妇这样的批评家所提出的问题，不仅仅是针对人工智能领域的研究人员，更是给我们每一个人的：能提供陪伴的有生命的宠物真的数量不够么？机器人能满足人类复杂的需求么？尤其是那些缺乏社交、渴望情感联系的人们的需求？机器人真的能在闲居者凌乱的房间、绝对不干净的地板上自由行走么？当新鲜感消失后，机器人宠物真的能够提供足够的刺激和感情，以维持主人的兴趣么（调查中护理中心的老人们每周只有三十分钟见到爱宝，且只有八周）？如果机器人可以打开、关闭，那是否如斯帕罗夫妇所说的“任何有意义的关系都是建立在独立存在的基础上的”，机器人也无法建立起有意义的关系？如果机器人无法被关闭和开启，那它们会不会成为一种具有威胁性的、入侵式的存在，而变得毫无吸引力？

对机器人照顾年老体弱者持怀疑态度的人们还认为，能够与独居人士互动的机器将是非常昂贵的，除非如他们所预测的，最终由机器人完全取代人类的照顾，价格下降的同时却将进一步加剧被服务者的社会隔离程度。我们的采访中，最为脆弱的老年人中的许多人都承认那些付费的照顾人员，如清洁工、送餐的工作人员和家庭保健员等，是日常生活中他们最主要的社会接触。他们不仅看重这些照顾者提供的劳动服务，同样珍视与他人交往的机会，他们渴望获得更多的陪伴，而不是更少。假若以机器人来代替这些本来就不常见的拜访，那结果必将是毁灭性的，因此斯帕罗夫妇得出了强硬的结论：“我们认为，试图以机器人模拟真正的社会交往与社交行为，不仅仅是误导，事实上甚至是不道德的。”

但机器人并非为了取代社会交往而存在，如果设计得当，机器人甚至可以推动社交。以康派——法国公司 ROBOSOFT 开发中的机器人伴侣为例，尽管该机器人仍在开发中，但 2010 年公布的版本中，它有一个光滑的头部，带着一张卡通人脸，上方装着一台摄像机，最下面是装着两个大轮子的箱体，而中间是一个巨大的触摸显示屏，它的人类同伴可以通过广域无线网连入互联网进行通讯。康派的设计者希望它的用户可以通过基于互联网的程序，如 Skype、Facebook 或即时通讯服务，与家人、朋友以及医疗服务商取得联系。当通讯建立后，康派就能移动位置找到自己的主人，它的语音识别功能令行动不便的人们，也能通过语音操控。[①]

像康派这样的机器人很可能对闲居无法外出的独居老人很有吸引力，因为它们为独居者已经习惯的沟通方式提供了更多的机会。（而当代年轻人进入老年后，他们对机器的熟稔程度将会使机器人同伴更具吸引力。）老年人不仅是增长最快的互联网用户群，同时也是网络互动功能的重度使用者，从电子邮件、约会、社交网站到视频通话，如今老人们用这些方法加强自己与家人朋友的沟通。关于这些现象并没有太多优秀的研究报告，但凤凰城高级法律和经济公共政策研究中心的经济学家们在研究中发现，使用互联网的老年人患抑郁症的可能要小 20%，而这实际上是由他们在网上所从事的活动决定的。[②] 并非

---

① 康派的描述引自布莱恩·霍洛维茨的文章《机器人的帮助令居家老年人更长寿?》。——作者注

② 参见乔治·福特与福特·雪利合著的《互联网的使用与中老年人抑郁症》。——作者注

所有的老年人都能具备良好的上网条件，而其中有许多缺乏那些掌握网络重要社交功能所需要的技巧。但帮助老年人上网，是一件效益显著的事情，那些为了推广这一变化而创立的项目都获得了快速的回报，如英国养老倡导者瓦莱丽·辛格尔顿的 SimplicITy——只有六个按钮、配备了触摸屏的台式电脑，以及美国政府资助的将互联网带到公共屋让老人们上网的项目。

对于通过机器建立与世隔绝、足不出户的老人与医疗服务提供者和社会工作者之间的联系，其价值毋庸置疑。与医生和护士进行视频聊天永远不如面对面进行诊疗有效，但作为一种保持医患之间良好的沟通，并评估患者是否有在家中遵循医嘱的方法，却也行之有效。新兴科技正在加强这些人际互动，越来越多的卫生保健服务商为体弱多病、与世隔绝的病人们提供无线生理监测设备，将脉搏、体温和呼吸情况等这些重要信息远程传回医生办公室，在那里技术人员可以监测到潜在的问题，并避免这些问题发展成为严重的紧急情况。健康状况良好的独居老人仍然担心会突然摔倒（美国全年约有十三万老年人意外跌倒），或是其他一些紧急情况，一些较为普通的科技就可以为他们提供帮助，例如，可以放在口袋里或者挂在脖子上的紧急报警装置，当有事发生时，他们只需要触摸就可以激活医疗警报系统。而且，由于这样的装置能令关心独居老人的人们稍感安心，事实上，我们其他人也从中受益了。

没有一种机器，无论是紧凑的警报手镯还是人类大小的机器人，能够提供越来越多的老人和他们的家人们如今最需要的东西：一处家庭住所，令老人们能保留自主权的感觉，同时也真正能为他们提供社交联系所需的资源、服务和设施。类似这样的地方确实存在，但并不是养老院，它们被称为“辅助生活中心”(或“独立生活设施”，名字不同但概念上并没有太大区别)，而今约有一百万美国老年人生活在这些地方。

通常情况下，辅助生活中心都位于大型公寓建筑里，其中有很大空间被规划为社区活动空间：共享餐点的餐厅、健身房、教室，或是花园。辅助生活中心里往往也有大量的工作人员，从厨师、清洁工、保安员到家庭护理助手等。但也有1/3的辅助生活中心存在于较小的社区中，只包含了居住设施，仅能容纳十六名以下的租户。与设施完备的大型辅助生活中心相比，这些住所能提供更为个性化的服务，而且更少或不给居民以机构设施的感觉，对于那些在他们自己的年龄仍然努力保持自己的尊严的人们来说，机构设施反而是令人望而却步的。

无论大型或小型设施，高品质的辅助生活有一个共同点，对于个人和家庭而言，它们的价格都是相对昂贵的。根据辅助生活中心管理局的贸易出版社所发布的一份报告，估计典型的一间居室平均每月租金为3500美元，或是一年42600美元。《纽约时报》的博客上，最近保罗·斯潘发布了一篇名为《新时代的老年人》的文章，其中写道，在新泽西州拥有一套小型住宅的费用大概是每月4000美元，相比附近社区的一间98个床位的辅助设施而言，还是相当划算的，因为后者的收费为一年65000美元起（而居民还需要为家庭护理或者服药提醒之类的服务，支付额外的费用）。[1] 另一篇文章中，记者简·格罗斯麦记述了9年来她家的家庭开支，包括她母亲在两家辅助生活中心和一家养老院所花费的费用（不得不指出的一点是，她母亲拥有一份高额的长期保险）：“从1994到2003年间，直到我母亲去世，统计所有一切的费用，我想我们家至少花了50万美元，这还不包括她支付的消费。或者还有更重要的一点是，一位老太太所承担的身体和情绪上的折腾，来来回回地搬来搬去。”[2]

身体上的折磨和来回的搬家可以避免，格罗斯麦表示，如果家人劝年长的亲属搬入一些特殊的辅助生活中心——一些持续为居民提供照顾的退休社区，他们可以为居民提供各种特殊照料，即便是当老人失去了在家中独立生活的能力，或是已经快走到生命的尽头时。但美中不足的是，这些设施大多需要一笔大金额的预付金，格罗斯麦参观的一家位于纽约市塔里敦的辅助设施，就要求至少20万美元的预付款，而其余额将用来充抵未来的消费金额，对于那些有能力负担的家庭而言，从长远而言，这可能反而是有利的。但这些设施不接受退款，因而假设老年人搬进去后不久就去世了，这从某种程度上来说是无可避免的，那就像格罗斯麦所形容的，“是一个令人左右为难的决定，而我们只能保持乐观”，但是，这对经济富足、

---

① 参考文献，《辅助生活设施协会月刊》2008年2月发表的吉姆·摩尔的文章，《深刻的经济影响》，以及《纽约时报》网络版2009年12月28日发表的《辅助生活设施：回到未来》一文。——作者注

② 见简·格罗斯麦2009年7月2日发表于《纽约时报》网络版的《50万美元的困境》一文。——作者注

足以负担辅助生活中心的家庭而言，依然造成了他们在做决定时的左右为难。

在过去的十几年里，我自己的家庭也遭受了类似的命运带来的压力，直到 2011 年我外婆艾斯特去世前，她一直是一位幽默、顽皮、活力充沛的女性。她出生于禁酒令期间，因而学会了做浴缸杜松子酒；作为一位年轻的母亲，她是当地学校学生家长会的会长，以及犹太教妇女联合会的会长；她也举办超大型的、闹哄哄的派对，教她的朋友跳舞；而作为一位外祖母，她教我用左手打棒球，这样我就能用右臂搂着我的女朋友了。但过去的 25 年里，她每天都必须将精力花费在与帕金森症的抗争中，而当她的第二任丈夫欧文在 1997 年去世以后，情况变得更糟了。

在他们结婚的那些年里，大部分的时间艾斯特和欧文住在他们洛杉矶的出租公寓里。在欧文为艾斯特提供的各种各样的帮助中，驾车带着她在城中四处转悠，显得尤为重要。因为和美国许多其他城市一样，洛杉矶是一个离了车子几乎寸步难行的地方，而她的病情令她无法再驾车。欧文的去世对所有人都是一个意外，而那之后，艾斯特在南加州的生活质量也立刻下降了。她在洛杉矶有几个朋友，但她们也正饱受疾病和丧夫的痛苦，而没有办法前来拜访她。她的三个孩子又住在别的地方，我的母亲住在芝加哥，我的阿姨住在密尔沃基，而舅舅住在硅谷。艾斯特发生过几次可怕的事故，其中有一次，她开着一辆大众高尔夫直接冲进了当地的老年活动中心。我们决定，让她回到 80 年前她的出生之地芝加哥居住，能令她的生活更好一些。

我的外祖母在芝加哥没有自己的家，只有一丁点积蓄，但她的子女都是成功人士，他们愿意一起分担湖畔一间昂贵的辅助生活中心的费用。那是一栋华丽的高层建筑，底楼是一尘不染、全玻璃外墙的中庭；餐厅是开放式的，阳光明媚；公寓房间十分宽敞，很多房间都有漂亮的湖景；还有善良、细心的工作人员。但它的费用昂贵，单间卧室公寓的费用是一年约 5 万美元，包括一天两餐的食物，以及使用建筑物内的各种服务和设施的权限，而且，它还为像我外婆这样需要额外照顾的人，提供了许多其他服务。但是，不难想象，当事关你自己的父母，尤其是那些一生中为你和你的家人付出了那么多的长辈时，我们只能尽力为他们提供最好的安排。

艾斯特在布雷克辅助生活中心的第一年过得很顺利，当然，她依然怀念她已故的丈夫，也想念自己在加州的生活，但作为一位活跃的新人，她毫无困难地开始结识新朋友、参加公寓楼里的各种活动。她是位充满智慧和魅力的老太太，几天之内就有新邻居邀请她共进晚餐。她的桥牌一直打得很好，有一次她提到了这事，马上就有一群女士邀请她加入她们的桥牌聚会。布雷克辅助生活中心位于芝加哥的最北边，公寓提供往返于市中心购物区的班车服务，尽管艾斯特并没有太多钱可以花销，她还是常常搭班车去市中心进行社交活动。另外，她离自己的家人——女儿、外孙子女、表兄弟们都很近，以及与老朋友们的见面令她觉得仿佛回到了故乡。

然而，当她的病情恶化后，事情就变得有些复杂。尽管艾斯特依然思维敏捷，但帕金森症令她行走困难、吐字不清晰，而且也很难控制自己的双手。大多数的邻居都对此表现出同情，也很乐意帮助她。但她的身体状况迫使她认识到辅助生活中心的邻里文化中残酷的一面：这里有一种社会阶层关系，最健康、最独立的人们站在阶层的顶部，而那些体弱多病的人们则位于最底层，后者不仅蒙受耻辱，更被排挤和边缘化，因为他们的出现变成其他人一种活生生的提示——这里的人都是非常脆弱的。①

在我外祖母的叙述中，她的故事听起来像是典型的初中生被欺负的故事，而不像是在退休社区发生的事：那些一直邀请她参加社交活动的女士们，开始在计划新的活动时完全不邀请她。当她们面对面时，她们总是对她视若无睹，而且有时她们也变得很让人讨厌。原来会在餐厅为她保留座位的朋友，现在让别人占了她的位置。而最大的侮辱来自她的桥牌小组，她们认定她的沟通问题导致她无法玩牌，并从此再也不和她打牌了。忽然间，她变成了一个局外人，因而不得不开始寻找新的社交圈。

艾斯特并不会缺朋友，因为辅助生活中心里住着许多像她一样，身体上有问题，但依然想要保持自己的尊严和社交生活的人们。值得注意的是，她很快就找到自己的方法进入了另外一个小社交圈，

---

① 其他的有关文章，见黛布拉·多布斯、J·凯文·埃克特、鲍勃·鲁宾斯坦、林恩·可米格、琳恩·克拉克、安恭·弗莱科沃斯基和雪莉·齐默尔曼在2008年共同发表的《疗养院与辅助生活设施中有关耻辱化和年龄歧视的人种学研究》一文。事实上，在这些地方有些残酷的文化这一事实毋庸置疑，但这些社区同时也提供了支出和帮助，也不应被忽视。但我们确实不应该将现实太过浪漫化。其他参考文献见阿莉德·霍斯查尔德《意料之外的社区老年亚文化》，芭芭拉·米尔霍夫《计算自己剩下的日子：城市贫民窟中对于犹太老人的关怀和支持的持续成果》。——作者注

并恢复了一些与老朋友的友情。然而，她对这栋建筑的热情降低了，她开始有越来越多的抱怨，关于食物的、工作人员的，还有对于其他居民的。她还留意医护人员来帮助邻居的时间，并告诉我们，那些早上吃饭时谁没有出现，那就代表着这位老人已经去世了。

当我的外祖母快 90 岁时，尽管辅助生活中心提供了非常多的帮助和支持，可她的病情令她无法再独自生活了，她的子女雇佣了一个人搬进她的公寓来照顾她。五年后的 7 月 4 日，是艾斯特的 92 岁生日，我的母亲租了一台小型巴士将她在原来地区的 15 位朋友带到她家，为她庆祝生日。那段日子里，一切对我的祖母来说都很不容易，她很虚弱，偶尔会沮丧，有时甚至会迷失方向。她几乎成天都待在她的公寓里，她说，有时连下楼去吃顿晚饭对她来说，都已经力不从心。她的子女则面临着另一种困境，当她走到生命的尽头时，她一年的医疗费用已经超过了 8 万美元，她的子女为她人生最后的十年支付了大笔的金钱，而这一事实，一方面令我的外祖母觉得有些难堪，但同时也隐约有些自豪。当然，生日那天气氛还是非常热烈的，毕竟她在 90 岁高龄依然意气风发，周围围绕着家人、住在几步之遥的朋友们。在美国独立日那天坐在我外祖母的身边，我开始思考，如何可以让更多的人能度过这样的晚年。

近年来，不少社会团体和组织在试图回答这一问题，他们推出各种项目推广民主化的“独立生活”，希望能让更多富裕阶层以外的人也能有机会获得这样的体验。可负担的、经济实惠的独立生活必然不会来自私营部门，所有人对这一点都深信不疑。但 1992 年，两个非营利性组织——“NCB 资本影响”和罗伯特 · 伍德 · 约翰逊基金会（该组织为本书的研究活动提供了资金）推出了“回家”这一项目，以1300万美元的资金开发新型的辅助生活中心，以适应中产阶级，甚至是低收入老人的经济能力。

这个项目所面临的挑战是空前的，因为建立甚至是管理这些设施都需要丰富的经济学和政治领域的专业知识，通常那些需要处理繁琐的官僚事项确实令人望而却步，最后只有最热忱的人们才会坚持下来，这些官僚事项不仅包括争取来自政府机构的补贴和低成本信贷，也包括与医疗服务进行整合等。在此项目的最终报告中，评估者们指出，至今仍致力于此事的本地组织，却受到来自本来应该是最强大的联盟的政府与公共机构的无穷无尽的诘难：拖沓的医疗补助资格的审核和确定，付款速度缓慢，甚至克扣拖欠付款金额，颁发执照时拖拖拉拉，调查机构表现出来的敌对态度，甚至是无利害关系的金融机构的不近人情。①

最终，“回家”这一项目在13个州建起了50家新的辅助生活中心，虽然其中大多数都位于农村或城市郊区等开发费用低廉的地区，但也有几个是建在城市里，其中包括旧金山、密尔沃基、坦帕和伯灵顿，这些城市的政府机构真正关心并希望解决独居老人的住房问题，他们为项目免费提供了土地或者是特殊贷款条件。所有的“回家”中心都是典型的混合收入社区，其中一些居民按照市场价格付费，而其他人则仅支付他们的社会保险能负担的费用。到2000年代

① 见罗伯特·伍德·约翰逊基金会2009年发布的“回家”项目的报告。——作者注

的后期，当经济危机来临时，政府机构大幅削减老年项目的资金，“回家”项目也曾有过低谷期，其中有些被认为是“不可行”的中心建设计划被搁置，最终未能破土动工。但此项目的工作人员说，在美国各地，他们都遇到了热忱地寻求合作的伙伴，而且有些已建成的辅助生活中心，已经超越了他们的期望。

而年轻单身人士可负担得起的住房形式则更少，因而其中最为边缘化的人群往往沦落到无家可归的地步，而这种行差踏错极有可能会导致灾难性结果的。1982 年罗萨安娜·哈格蒂第一个注意到这个问题，当她从阿默斯特学院毕业并搬到纽约市后，她开始为一个天主教慈善机构“圣约之家”工作，为当地的贫穷人口服务。这工作对她来说驾轻就熟，哈格蒂在康涅狄格州的哈特福德市外的郊区长大，成长于一个天主教的大家庭中，她跟随家里人出席当地的教会活动，而该教会的教众之中有许多都是贫穷的老年人。她告诉我：“我花了很多时间到他们的公寓里帮忙，有时只是去拜访一下。他们住的地方都不怎么好，但他们都是一些和善、有尊严的、值得尊敬的老人。我就像参观一个安居乐业的家宅一样对待他们的住处。”

在纽约，哈格蒂遇到了截然不同的住房情况，无家可归者的庇护所是一种临时性处所，其中非营利性的组织会在庇护所内安排尽可能多的床位。而 SRO 则通常是破旧而危险的。尽管哈格蒂只有二十多岁，而且才刚来到纽约，她认识到，纽约的住房问题已经刻不容缓。她对我说：“现在我们对无家可归的认识已经发生了变化，一直以来人们将这当做是一个包厘街[①]的流浪汉问题，仅仅只是一小群人，只出现在少数地方。我们就像对待飓风一样对待无家可归的人群：期盼他们度过危机，然后一切就都恢复正常了。但现在无家可归人群的规模越来越大，这一套已经不适用了。整座城市里到处都有无家可归的人们，我们在诊所里遇到有些年轻人，他们一次又一次地回来我们这里，因为无处可去。这时我意识到，他们并没有摆脱困境的办法。而无论是纽约市政府还是慈善机构，对此都束手无策。”

哈格蒂离开圣约之家之后，在一家布鲁克林的天主教慈善机构获得了一份全职工作，她的主要职责是协助将三间教堂建筑转化为无家可归者和贫穷人群的庇护所。在规划过程中，她参观了美国各地的庇护所和 SRO 建筑，而亲眼看到、亲身体会到这些建筑物的内部，总是令哈格蒂感到非常不安。SRO 尤其会令人感到伤感，因为许多 SRO 都位于美丽而结构优秀的老建筑中，但这些房子不被重视，甚至被滥用：公共区域被瓜分，甚至很阴暗危险，没有人在那里可以觉得很安心，建筑原来的结构和装置也都被最便宜的材料所替代。哈格蒂说：“问题出在管理和设计上，而不是建筑物本身。我知道我们可以做得更好一些，可以恢复和维持这些建筑物，让它们看起来和附近的地区一样优秀，甚至更好一点，我们可以翻新内部

---

① 包厘街（Bowery）是纽约市曼哈顿区南部的一条街道以及小型街区。该街区的边界北到东 4 街，南到坚尼街和唐人街，东到亚伦街和下东城，西到小意大利区，而这条街得名于古荷兰语 bouwerij 的英语化写法，意为“农场”，18 世纪时，这里曾经都是大型的农场。

的公共空间，让居民们更乐意使用这些公共空间，我们可以改善建筑物的外观，让人们不会在为这外在感到难堪、羞于将这些地方称之为家。”

80 年代末，哈格蒂得到了第一个大规模尝试这种实验的机会。早几年，圣约之家购买了邻近的时代广场酒店作为一项地产投资，但由于该组织内部的冲突和神父布鲁斯·里特尔恋童癖丑闻的影响，那个项目失败了，也未能保住那处房产和其中的 652 个单位。她回忆道：“那里曾是华丽的住宅酒店，但当时情况一团糟，濒临破产。当我在隔壁那栋房子里做志愿者的时候，我在那里住过一段时间，我知道那房子的潜能。我开始了一个项目，试图保留下那个房产，并将它改建为低收入的独居人士的住所，有很多人登记入住。但我却找不到任何愿意推动这个项目的组织，于是，那个时候，我开始自己创业。”

1990 年，在其他为无家可归者提供帮助的倡导者和一家从事公益并可申请其执照的律师所的帮助下，哈格蒂推出了“共同处所”项目，尽管她还不满 30 岁，却已经有了 7 年为无家可归者翻新建筑的经验，而且她清楚地知道该如何向市政府申请项目以组织为时代广场酒店的改建项目出资。经过三年的整修，1994 年“共同处所”将酒店作为一种全新的 SRO 形式推出，其中约有一半居民此前无家可归，他们各自都有滥用药物、精神疾病以及艾滋病等问题。但另外一半中有普通的贫穷人口，包括一些有抱负的演员和艺术家，以及各种蓝领劳动者，后者在当地房屋市场上很难找到自己能负担得起的住处。哈格蒂希望每天要工作的居民能和每天不用工作的居民混住在一起。这两群人可以互相帮助，如遛狗或是帮忙找工作等。她解释说："SRO 被设计成多层的、纵向的村庄。房间虽小，但我们尽可能地将其他一切都造得很大：楼里有屋顶花园，顶层有大型社区活动室，能看到漂亮的城市风景，我们还建了一个图书馆、一个电脑室、一间艺术工作室、一间诊所和一个健身房。我们恢复了大堂的面貌，希望居民们回家或在这里接待客人时，能感到自豪。"

除了上文提到的这些建筑装修，"共同处所"也重建了 SRO 的服务系统，提供从医疗保健到就业咨询等服务，使居民们在重新站稳脚跟的过程中，不再孤立无援。哈格蒂说，大部分廉租房可以免除贫困的单身人士沦落至无家可归，但他们也就此脱离了家人、朋友和邻居的社交圈。她说："在廉租房里，居民甚至可能比流落街头更倍觉孤独。因此，我们需要自己建立更强大的支持系统，来替代那些积极的儿女们，帮助他们调查、研究体制中的可能，帮助他们重新开始生活。"

重新设计后的 SRO 的作用超过了所有"共同处所"工作人员的想象，而该项目有目共睹的成功，通过新闻报道以及醒目的政策报告进一步被更多的人所知晓，于是美国各地的基金会的工作人员、地方官员纷至沓来，参观时代广场酒店，"共同处所"组织不仅获得了资金支持，也得以在更大规模上继续尝试它的新模式。截至 2010 年，"共同处所"已经改造了纽约市中心区 11 处 SRO 建筑和三千多个独立单元，还有五座楼宇正在建设中。它与洛杉矶、新奥尔良和华盛顿特区的组织建立了合作伙伴关系，并开始涉足大型项目，——包括一个位于贝德福德—史岱文森地区[①]保护无家可归者的社区倡议项目。哈格蒂现在正在我从教的纽约大学攻读社会学博士学位，她承认，自己必须挤出时间来学习："这些项目非常耗时，但显然，我们的努力甚至还未触及这一社会问题的核心，因为在纽约，现在依然有许多人几乎无法依靠自己生活，而我们正在建设的这些庇护所和租赁房项目将变得越来越有必要。我们最大的挑战并不是跟上社会的需求，而是缩短与实际需求之间的距离，——我们还差得远呢。"

我们的城市缺乏足够的适合独居人士的经济房型的原因，是因为我们的城市中心区域并非为此而建，而我们也未能成功重塑这些区域以满足单身社会的需求：我们的市中心区域充斥着紧凑型的小型家庭公寓，而不是单身公寓。同样，这里也缺少适合步行和稠密人口的居民区，缺乏一系列毗邻的商业和服务设施，有吸引力的公共空间，能让人们聚会碰面的餐馆、酒吧和咖啡馆，以及良好的公共交通。这些对家庭生活中的个体很重要，但对于独居的人士而言则更为重要，因为后者正是每个地区所有支持社交生活的设施、服务的重要使用者。

而这些城市设施恰好也是维持可持续性城市发展以及保护环境的关键因素。尽管如近日一项英国研究指出的，相比家庭人口，单身人士需要消耗更多土地、能源和家具用品，但这些设施却并不在

① 贝德福德 — 史岱文森是纽约市布鲁克林的黑人文化中心。

其列。[①] 以一家拥有两辆车、两百多平米住宅的四口之家为例，住在市郊，而每日通勤时间较长的情况下，他们的平均碳足迹[②]要远高于4个住单居室公寓、使用公共交通工具（甚至步行）上班的单身人士。这也正是为什么曼哈顿——美国单身社会的首都，同时也是全美最为环保的城市的原因。[③]

曼哈顿并不是唯一一个开始适应这全新的社会环境的大都市，美国各地的城市规划者和开发者都开始建造更适合数量空前的单身人士的住房和服务设施。某些城市的政府官员甚至还制定了特别的方案，以期吸引理查德·佛罗里达称之为“创意阶层”的人群，这一充满魅力的群体常常会带动当地文化和经济的快速发展。而在欧洲、日本和澳大利亚等地的城市里，人们已经取得了更大的进步。在斯德哥尔摩，独居人口占据了家庭总数的近2/3，而慷慨的政府补贴的住房，在市中心区域建立起丰富、遍布城市各地的独居生活社区，不仅令独居变得经济上可负担的，同时也往往是社交活跃的生活。而东京、巴黎、悉尼和伦敦等城市不仅拥有强大的公共交通系统，同时也建立起越来越多的小型住宅单位，其中不乏专为单身社会中增长最快的人口——年轻专业人士所打造的出租单位和单身公寓。

然而，美国城市中发展最快的地区却是近郊地区，而那里恰恰

---

① 见乔·威廉姆斯的《避免潜在资源危机的全新解决方案》。——作者注

② 碳足迹，泛指每个人、每个家庭或每家公司日常释放的温室气体数量（以二氧化碳的影响为单位），用以衡量人类活动对环境的影响。

③ 见《纽约客》2004年10月18日发布的大卫·欧文的文章《绿色曼哈顿：为什么纽约是全美最环保的城市》。——作者注

是已知的、最不适合独居人士生活的地方。尽管许多单身人士更偏爱城市生活，但他们同样也受到了美国偏爱郊区的大众文化影响，并为了近郊地区非常有限的住房选择而感到烦恼。罗林 · 斯坦利是马里兰州蒙哥马利郡的规划处主任，蒙哥马利郡是位于华盛顿特区以北、巴尔的摩①西南侧的一个富饶区域，这里长久以来，一直是在银泉②、日耳曼敦③和罗克维尔④等地区工作的人们的安家之处。斯坦利五十岁出头，棕色的波浪卷发一直覆盖到眉毛上方，他早期的职业生涯中，曾经在多伦多促进建立了更适宜于步行、生态环境良好的社区，在那里，人们可以不用驾车就到附近工作，并且在居住地附近就可以购物和社交。他对我说："到美国郊区来工作对我而言是完全不同的体验，这里最根本的问题是，人们都对交通状况感到惶恐，他们不愿意在办公楼宇附近建公寓楼，或是扩大商业区，因为他们认定这会造成拥挤，并认真地相信，这会威胁到他们的生活方式。"

但现有的布局——广阔土地上大量安置的独居住宅，并不是可

---

① 巴尔的摩（Baltimore），是美国马里兰州最大的城市，也是美国最大独立城市和主要海港之一。巴尔的摩市被巴尔的摩县环绕，但不属于巴尔的摩县，是马里兰州唯一的一个独立市，因此经常被称为巴尔的摩市。

② 银泉（Silver Spring）是美国马里兰州蒙哥马利县的重要城市之一，也是历史悠久的商业中心区。

③ 日耳曼敦是在马里兰州第三大人口城市，位于华盛顿特区外大约 25 英里处，是华盛顿大都市区的重要组成部分。

④ 罗克维尔（Rockville）是美国马里兰州第二大城市，美国食品药品监督管理局和缅甸联邦国家联合政府都设于此。

持续发展的，而且，这也并不仅仅是针对环境而言。斯坦利解释说："华盛顿的独居人口几乎比其他任何城市都要多，而蒙哥马利郡已经为拒绝单身独居人士付出了代价：房屋价格下跌，税收收入一路下滑。市政当局需要更多的收入，但显然现在的情形对他们不利。"那些风景最好的繁华地区称之为"精简版城市"，例如银泉和贝塞斯达。① 在蒙哥马利郡，那些繁华地区的单户家庭住宅价格约为 50 万美元。但这些地区也有一系列其他不同尺寸和价格的住房选择，并以各种配套设施的组合来吸引仍然在寻找房产的人们——年轻的单身人士、试图缩减家庭开支的老年人，以及移民工人。

斯坦利补充道："这并非一个暂时性的问题，也不仅仅关乎经济衰退。我们正面临一个重大人口变化。蒙哥马利郡的单身家庭住房数量已经多到可以长时间的维系下去，如今，已婚且有小孩的家庭只占到总数的 1/4，而几乎 2/3 的老年人有自己的私人住宅，当他们过世或是决定要搬到小一点的地方时，我们就会有更多的单一人口家庭住房，而我们已经知道该怎么处理这些住房了。"

在他看来，蒙哥马利郡以及类似的地方，所需要的显然是更加多样化和经济实用的住房类型，以及小型规模的商业发展项目，——不是那些需要开车前往、占据大量道路面积的大型商店或者商场，而是那些住在市区近郊的人们可以轻松步行抵达的商店和

① 贝塞斯达（Bethesda）是位于美国马里兰州蒙哥马利郡的一个自然聚居区，人口 5 万 5 千，是一个人均收入很高的富饶区域。福布斯杂志将贝塞斯达列为美国教育程度最高的城镇，并于 2009 年 4 月把贝塞斯达列为美国第二适居地。

餐馆。他说："我们开始看到丁克家庭（两份收入、没有孩子的家庭）的增长，但现在我希望能推动更多辛克家庭[①]的项目展开，我对所有的人说，Y世代[②]想要搬到这里，他们在近郊长大，如果我们能够提供他们想要的城市品位的话，他们会在这里住上很长的一段时间。"

斯坦利对于美国首都外的近郊地区的未来规划并没有得到这里历史最悠久的居民群体的认同，而这些居民也正是为公共事务做了最多的投资投入的群体。当他推出自己对蒙哥马利郡的总体规划后，受到了来自业主，尤其是那些在他推行"精简版城市"项目附近地区居住的业主们的强烈反对。他说，每个项目都形成了小范围的争论，这令发展和改变都进展缓慢。如今，在这个地区待了几年之后，斯坦利形成了一种对付这种争论的全新策略，他开始警告那些拒绝为单身人士腾出空间的人们，他们的反对对所有人都没有好处，尤其是对他们自己。他坚称："我们真的会错过将市郊地区改造成适合我们生活方式的机会，这种风险确实存在，而我们每一个人都会受到影响。随着年龄的增长，人们需要的空间更少，当不能再开车的时候，我们需要更临近的各种设施，那个时候，我们会发现，这个地区不再适合我们。那时候该怎么办？人们不得不搬到佛罗里达州或加州去养老，我们的家乡就真的不再适合我们居住了。"

---

① 辛克家庭（SINKS）是指只有一份收入、没有孩子的单身家庭，与丁克家庭相对。

② Y世代，是美国的一个人群代名称，Y世代被公认为是20世纪的最后一个世代的美国人，也就是出生于1978年到2001年之间的美国人。

结 论

对于分离的焦虑自古有之，在《创世记》中，上帝担心人类世界联合起来的潜在力量，“混淆”了人类之间共同的语言，因而令巴别塔[①]中的居民语言不通，而无法彼此理解。又如在柏拉图的学术讨论会上，阿里斯多芬[②]解释说，宙斯也害怕人类团结起来的力量，而将我们分裂成一半，据说，在分裂之前，每个人都有四只手、四条腿和一张双面脸，同时集合了男性与女性。而今，我们每个人都不是一个完整的个体，除非能够找到命定的另一半，否则将注定孤单。

对于各种形式的社会疏离和分化的担忧也是现代文化的标志之一，同样，关于人们为什么分开，又会如何重聚的各种争论，也是现代文化的标志。事实上，对于这些问题的讨论，促进了许多社会科学领域的最初的重要作品的诞生，包括了经济学、心理学、政治

---

① 巴别塔，来自《圣经·旧约·创世记》中的故事，上帝创世之后，所有的人类都讲一样的语言，而巴别塔是人类联合起来兴建的通往天堂的高塔；上帝看到人们齐心协力，统一而强大，决定阻止他们。于是他改变并区别开了人类的语言，使他们因为语言不通而分散在各处，那座塔于是就半途而废了。

② 阿里斯多芬，古希腊时期的雅典公民，喜剧作家，相传写有四十四部喜剧，现存的包括《阿哈奈人》、《骑士》、《和平》、《鸟》和《蛙》等十一部，有古希腊“喜剧之父”之称。

学和社会学等领域的伟大思想家亚当·斯密、马克思、韦伯和弗洛伊德等人的伟大著作。

对于社会疏离，当代社会科学家们采取了全新的研究方向，不再是宏大的哲学理论，今天数据及统计的学术界正在用强大的数据分析来回答“我们是谁”这样的问题，并找出困扰人们的问题所在。近年来，那些宣称人类社会的孤立疏离现象正在加剧的调查报告，令评论家们陷入了焦虑不安、循环往复的争论中：为什么我们已经变得如此分裂。而有些哗众取宠的研究发现，如1/4的美国人没有任何人可以讨论重要的事情，被证实是毫无根据的。而其他一些，诸如人们花费大量时间在电脑屏幕前且完全不与人进行面对面的调查报告，似乎也完全忽略了人们在网上从事的社交活动。即便在社会孤立和疏离问题的程度上有些夸大其词，然而毋庸置疑的是，今时今日世界上独自生活的人数已经超越了以往任何一个时代，而越来越多的人，当他们足够富裕、经济有保障之后，也将加入独居人群。

这些事实背后的含义容易引发误会，真正理解解析这些问题，不能仅仅停留在数字的表面。为独居人口的崛起而忧心忡忡的文化批评家和政治官员们，并不承认独自生活是一种与结婚、与家庭伴侣共同生活一样有效的个人选择。他们也不承认，这是一种集体成就——独居的兴起多见于发达国家，而不是贫穷国度。他们也往往忽略了一个事实，无论是个人还是社会，都并未将独居看作目标或是终点，而这恰恰是推动独居、单身人士利益的社会运动，往往难以有效组织的原因。他们否认独居并不会导致集体生活的“分解”，更不会终结社会承诺，经济学家约瑟夫·熊彼特和其他许多人的担忧并无必要。

更务实地说，那些总是反对人们投身独居生活的批评者，更需要正视那些推动了独居生活兴起的社会变化，其实是不可逆转的，如个人主义的兴起、女性的崛起、城市的发展、通信技术的发达，以及人类寿命的延长。以历史的眼光来看，独居现象将长时间地成为当代发达国家的特征。如果国家和社会能够承认这一点，并且以现在支持已婚人口的态度和方法，为单身独居者提供相应的社会支持，那公民的需求势必将得到更好的满足。

以瑞典为例，那里47%左右的家庭人口是独居者（而在美国这个数字只有28%），或者更典型的例子是斯德哥尔摩，那里独居人口的比例达到了惊人的60%。和美国一样，个人主义和自力更生的精神在瑞典有着根深蒂固的文化传统。但当我前往瑞典，去研究为何如今这么多瑞典人选择独居生活时，最令我印象深刻的并不是瑞典的社会隔离或孤立问题，反而是作为一个国家，瑞典对于集体主义的坚持不懈。①

几十年来，现代社会的学者，尤其是家庭学者纷纷来到瑞典，研究那些也可能在自己身旁出现的社会发展趋势。二十世纪八十年代，美国社会学家大卫·波普诺就指出，在“远离核心家庭形式上”

① 一直有这么一种传说，瑞典的自杀率很高，而该国的高独居率应当为此承担部分责任。但今日世界卫生组织的统计数字揭穿了这个谎言，根据报告，瑞典的自杀率仅为每十万人口中26人，远远低于名列前25位的其他高自杀风险国家，这些高自杀率国家包括：奥地利，比利时，中国，芬兰，法国，日本，波兰，俄罗斯，韩国，斯里兰卡和乌拉圭。参见世界卫生组织的自杀率在线报告。——作者注

瑞典已经“领先于世界”。波普诺特别指出，瑞典的结婚率下降而非婚同居率上涨，同时，家庭形式正在解体，无论离婚还是非婚同居的分居情况都比以往更为常见。他同时也呼吁人们关注另一令人讶异的社会变革：1960年至1980年间，在年轻人的带领下，独居人口增加了一倍多。他质疑，当人类普遍的社会群体经验无法再为生活提供保障时，人们将何去何从。波普诺忧虑独居的崛起可能会改变社会关系的质量与特性，进而导致更多的孤独和社会异常，但同时他也承认，这似乎并不太可能：“这并不代表瑞典人的成年生活中没有亲密的关系，或者说他们都是厌世的，有证据表明，成年瑞典人对于在生活中和他人形成亲密的两人关系并不排斥，与世界上其他任何地方的人一样，甚至更为活跃一些。瑞典人也并不缺乏亲密的社交关系，即便这种社交接触，多发生在他们的家庭环境之外。”①

瑞典社会生活的最繁茂之地便是斯德哥尔摩，斯德哥尔摩不仅是一个繁华都市，同时也是全球最大的独居人口城市。在2010年一个阴雨潮湿的秋日里，我抵达了这座城市，但糟糕的天气却丝毫没有削弱斯德哥尔摩的魅力——街道、水路（毕竟，这座城市还被称之为欧洲北部的威尼斯）、公园、餐馆和咖啡馆都热闹非凡。除了拥挤的人群，这座城市的魅力也彰显于功能强大的住宅楼宇，包括二战前的复合建筑，如今已经改建成为适合大批单身人士共同居住的住宅，还有那些战后建立的高层建筑，即便看起来不那么有吸引力，

① 见大卫·波普诺1987年发表的文章《核心家庭之外：瑞典变化中的家庭情况的统计学调查》。——作者注

也依然营造出更为充足、体面的适合单身居住的空间。

这些建筑并不是由追逐利益的房地产公司开发的，它们的设计初衷是为了满足特定人群的需求，尤其是那些独居人士的需求。例如，在二十世纪三十年代，一群现代建筑师、城市规划师、女权主义者就一起构思设计了一种集体住宅，专门为单身女性（年轻的以及年老的）提供私人空间的新式住宅建筑，同时也为她们提供各种服务，诸如烹饪、清扫和照顾孩子等。由建筑师斯文·马克路易斯设计的“集体楼”，在社会公益领袖、1982年诺贝尔和平奖的获得者阿尔瓦·米达尔的支持下，在1935年向单身女性和单身母亲敞开了大门。该建筑位于斯德哥尔摩市中心的昆舍尔门区，里面有一间餐厅（餐厅还配备了小型升降机系统，能将饭菜送到每一个单元）、一个公用厨房、一间洗衣房（配备了将脏衣物送往楼下付费洗衣房的传送带），以及一个托儿所。“集体楼”获得了超越想象的巨大成功，在这栋57间单位住宅里的房间（包括18间一居室、35间两居室和4个“豪华套房”），一直供不应求。幸好，同一地区还有几栋类似的建筑楼为单身母亲以及其他不同年龄的单身男女提供服务。尽管“集体楼”里的有些服务项目已经取消了，但马克路易斯和米达尔创立的餐厅和面包房依然广受欢迎，在我支付了有关费用之后，工作人员很高兴地向我展示了依然运行良好的电梯送餐服务。

1965至1974年间，瑞典开始发展更为积极进取的“一百万”住房项目。在社会民主党的领导下，政府投入兴建了大约100万套全新的住宅楼，并拆除了大约35万栋旧楼，新建的住宅中包括高层的公寓大楼，其中许多密集地分布在城市近郊地区，以及其他一些分散于城市各处的不太显眼的小型建筑物。社会民主党发起该项计划，源自于过去二十年间离开农村和小镇生活的大量城市移民现象，而瑞典的城市缺乏足够的住房来容纳这些移民。社会规划者们认为，此类大规模的建设项目将巩固瑞典作为一个超现代国家的地位，在这里，瑞典国民受益于国家的集体繁荣，并享受着由此带来的权利。① 而独自生活的机会，正是这些权利中的一项。

像在斯德哥尔摩这样的城市里，丰富的小户型住房只是独居生活普遍化的原因之一。其他北欧国家与瑞典一样，也拥有极高的独居比例，以瑞典为例，这里的市场经济活跃繁荣，而强大的国家福利，令瑞典国民可以毫无后顾之忧地大胆追求自己的自主权，即便失败，国家福利也将为他们提供保障。我在老城区采访的一位瑞典统计学家问我："你知道为什么我们这里有这么多人独自生活么？"他很快就自问自答地接道："因为我们有能力这么做。"

对于那些"一百万"住房项目之后出生的瑞典中产阶级而言，正式拥有一个自己的住处，离开自己童年的家，已经成为了一种奢侈的成人礼，有时甚至感觉像是一种社会权利。直到最近，斯德哥尔摩政府改变了它的公寓分配体系，父母需要为他们刚出生的孩子登记轮候一间小型公寓的使用权（就像曼哈顿的父母为孩子们报名

---

① 参见拉尔斯·埃里克·博尔格盖得与吉姆·凯梅尼2004年共同发表的《瑞典：高层住宅的低密度国家》，以及理查德·涂金顿、罗纳德·范·凯姆彭和F·瓦森贝格的《高层住宅在欧洲：当前的趋势和未来前景》。——作者注

参加托儿所一样），以确保当孩子从高中毕业时，能得到一间小型公寓。更重要的是，瑞典的父母通常会将自己的大型家庭住宅更换为较小的“空巢”住宅，以帮助孩子走出独立家庭生活的第一步。一位孩子已经十几岁即将毕业的父亲告诉我说：“这是我们的责任，我们正在想办法。”

在我在斯德哥尔摩的日子里，我采访了十几位29至47岁的中产阶级男女，这远非一次大规模的随机调查，但结果仍然令我印象深刻：不仅仅是他们所有的人都在十几岁或是二十岁出头开始拥有一间独自居住的公寓，他们所有的朋友和亲人也同样如此。因此，独自生活更像是一种社会大规模现象。一名43岁的斯德哥尔摩男子回忆道：“我得到第一间公寓时，才刚满20，而我所有朋友的情况也都差不多。那是我一生中最棒的时期之一。绝大多数时间，晚上我们在别人的公寓里见面，喝酒聊天，因为我们的钱只能负担在酒吧里喝上一杯，然后我们就回到各自的地方，去约会或是去见其他的朋友。”一位正在学习人类学的30岁女子也有差不多的经历，她说：“我们都有自己的住所，即便我们正在与人约会，发展认真的恋爱关系，晚上常常住在一起。最近当我们都开始步入30岁时，我们都开始和伴侣住在一起，我的朋友们也开始出售或是放弃自己的公寓。但这实在不是易事，因为那些比我们年长的一辈很多都已经分居或是离婚了。我们都希望能保留一个自己的住所。”

就像阿尔瓦·米达尔内在二十世纪三十年代为单身女性建造小型公寓楼一样，如今瑞典的社会规划者们正在为不断壮大的独居人群——年轻人、离婚人士和老人设计全新的集体单身住宅。在斯德哥尔摩，我与英厄拉聊了一个下午，她是 Stockholmshem 公司的 CEO，她的公司管理着城市公共住宅中 25000 多个单位，而她的同事比约恩·荣在市政府工作，同时也是一位倡导自由市场[①]的自由主义者（作为一位瑞典特有的自由市场的自由主义者，他常常会发表类似“尽管我们缴很多税，但那是好事，因为这意味着我们能彼此支持、照顾”的言论[②]）。尽管林德略显娇小，却气场强大，这得益于她连续十年担任斯德哥尔摩首席城市规划师中获得的经验与磨练。接手 Stockholmshem 后，她致力于为年轻人和学生提供更多的住房，同时也为那些曾经拥有自己的住处，如今却在寻找更多集体公用设施的独居住所的老年人服务。林德告诉我：“过去的十年里，房产已经变得过于昂贵了。过去斯德哥尔摩的市民在公寓上的花费大概是收入的 1/4 到 1/3，而今房屋市场上，人们需要付出收入的 40% 到 45%，如果我们不采取行动的话，许多年轻人和老年人将无力负担自己的住所。”

当我们围坐在她的会议桌旁时，林德和荣骄傲地向我展示了他们多个项目的建筑蓝图，其中有一幢办公楼经过改造后，变成了一

① 自由市场是经济学术语，指不受到政府干预和调控的市场，在自由市场中，财产权在一个买卖双方都满意的价格下进行自由交换，金钱、货物的流动完全是根据所有者个人自我意愿而进行的。

② 瑞典所有的主要政党，包括主张更加自由放任的经济政策的新自由主义者，都支持维持远高于欧洲和北美其他国家的国家福利政策，因为在欧洲和北美，集体生活更为常见，而瑞典必须在国家福利上更为慷慨，因为绝大多数的瑞典选民相信，健全的公共项目（住房，医疗，教育等）令他们能成为坚强和独立的个体，他们进而要求他们的政治代表，无论是保守的还是自由主义的，都必须促进这种共同利益。——作者注

幢适合年轻单身人士的“初级”住宅单元的公寓楼。林德说：“必须确保年轻人能有自己的公寓，如果他们有独自生活的经验，他们将有能力投入更充实的生活、更丰富的社交活动，也能与朋友建立更为密切的人际关系。”瑞典的社会民主党今天依然是瑞典的执政党，并且占据着瑞典许多市政府的议席，在2010年选举之前，该党派发布的一份报告也持有与林德相同的观点。社会民主党迅速启动了5万多个住房单元的建设，其中有3000间学生公寓，以及11000间适合年轻人的一室和两室公寓。报告中声称：“住房短缺，正造成年轻人无法远离家庭开始独立生活，以及学生必须放弃在斯德哥尔摩地区学习等严重的问题。”

斯德哥尔摩市政府也承认，这座城市缺乏足够的住房来容纳穷人、病人以及人数日益增加的移民和难民。根据林德和荣展示的设计图纸，Stockholmshem 正在试图建造一些瑞典式的 SRO 建筑，这些公用建筑的设计和布局，令索马里难民的子女们可以不用搬离父母所在的地区，却可拥有自己的居所。林德承认：“这并非典型的瑞典式的做法，因为这将索马里人与其他人口区别对待，因而一开始我们并不热衷这个方案。但后来，索马里人向我解释能与家人住在邻近的区域很重要，我们开始理解，这么做是对的。”

最让林德激动的似乎是一个并不由 Stockholmshem 管理的住宅建筑——“一起拥抱人生旅程”，① 这个社区运营的项目是专门为40

① 原文为瑞典语 Färdknäppen，Färd 与 Knäppen 两个词分别代表“紧紧拥抱在一起”与“人生旅程”的意思。

岁以上、家里没有子女、有兴趣下半生一起体验独居生活的人们所设立的。这个住宅建筑的官网上这么写道："当家人和子女不再主宰你的人生需求时，你可以加入我们"，同时，它也宣称"人们所需要的社会联系和与他人共处的时间，因人而异，同时也随着时间发生变化"。林德补充说："人们在 40 岁就能搬出来自己住，而无需等到 65 岁，这一点很重要。因为这意味着我们真的有丰富的年龄多样性，那些全职工作的中年人和退休人士住在一起，你走进去的第一时间，便能发现这地方与养老院的不同。"我对她说我很想亲眼看看这个地方，也许下次来斯德哥尔摩的时候我可以去看看。她却问我："现在就去看看怎样？我们可以去拜访我的母亲，她在那里生活了 15 年。"

几分钟后，我们乘坐出租车前往斯德哥尔摩绿树成荫、人口稠密的南岛区，"一起拥抱人生旅程"就坐落在那里，那是一幢拥有 43 个住宅单位的七层楼建筑，该建筑设计建造于 1989 年，红色镶边的白墙矗立在街上，这栋有着巨大窗户的砖石楼宇看起来干净而现代。一楼宽敞而温馨，而林德的母亲，85 岁却依然精神奕奕的丝芙正在门口等我们，她主动带我参观了这栋楼。楼里有一间宽敞明亮可以容纳 60 人的餐厅，每个晚上绝大多数的住户都在这里一起用餐（费用大概是 4 美元）；一个大型的开放式厨房，四名工作人员正忙着准备晚餐；一间图书室和电视室、一间电脑房、一间洗衣房、一个编织区、一间木工室、一间兴趣小组活动室，以及通往公共花园和户外休息区的出口。我们搭乘电梯到顶楼，那里有露天屋顶区和一个派对宴会厅，又去往地下室，那里有一个巨大的健身房，足够容纳大型团体课程，还有一间桑拿浴室。然后她带我前往居住楼层，大厅里醒目地挂着这一楼层所有居民的集体照。丝芙的家是转角处一间通风良好的住宅单元，里面有一间卧室、一个客厅和一个小巧的厨房。她对我说："我有地方自己做饭，但通常我下楼去餐厅吃饭，饭后再和朋友们聊聊天。当然，我并不一定要这么做，这就是住在这里最棒的地方。"

然而，"一起拥抱人生旅程"的居民有义务参与建筑里的一些活动，每六周，每个居民都必须协助做饭和打扫卫生，但这栋建筑物的网站解释说："这并不意味着，每个人都必须是一个好厨师，或是每个人都必须做得和别人一样好。"这一住宅建筑的规章制度中将之形容为"量力而行"，尽管有时居民会对这些任务觉得力不从心，但这并未丝毫减弱这一项目的吸引力：如今，越来越多的单身人士正在候选名单上等待入住这栋楼宇，而他们可能要等上很久。林德对我说："很显然，我们需要更多像这样的地方，这是一个榜样——将独自居住的人们汇集到一起，形成一个真正的社区。现在的问题是，我们能否将之复制为更大的规模，因为越来越多的人们，需要这里所提供的服务和生活方式。"

林德已经离婚，她的两个孩子已经到了准备搬进自己公寓的年纪，她正在思考怎样的安排最适合自己。她对我说："不久之后，他们都会搬出我的公寓。我已经意识到我们的生活从来都不是一成不变的，有时候我们和伴侣同住，有时带着孩子，有时独自生活。在瑞典，每个人都意识到，家庭总是会发生变化，我们的生活也如是。我们并不寂寞——一点也不，事实上瑞典人相当活跃于社交，而且我们也已经学会独自一人时如何自处。"

在瑞典以及许多其他国家里，独居现象普遍存在，独自居住不仅是人们认可的现象，很多时候甚至是人们欣赏、重视甚至追求的生活方式。年轻人认为，搬进自己独立的住所是成人必不可少的步骤，因为独居的经验将令他们变得更为成熟和独立自主。中年人则认为，离婚或分居后的独自生活非常有必要，因为这将帮助他们重获自主权和对自我的掌控。而老年人认为，独自生活令他们维持自己的尊严、个体完整性以及自主性，并定义了他们的生活方式。独居生活吸引了许多人的原因之一，是这种生活方式本身并没有太多的约束。大多数人都能找到室友，无论是 Craigslist 上的陌生人，还是朋友、家人、交往中的爱情伴侣，或者是公共住宅建筑中的邻居伙伴等，但事实上，绝大多数的人依然更倾向于独居，是因为我们生活在一个个人主义盛行的年代，这不太可能会发生改变。

如果我们不再沉溺于社会改革者的幻想，试图以道德模式劝说单身人士人类更适合共同生活，如果我们能够接受这一事实——独居的兴起是现代社会的基本标志之一，我们是否可以更好地直面那些因为境况不佳甚至是不幸的单身者，并为他们提供帮助呢？年老体弱或是贫困的单身人士，因为社会孤立而无法获得足够的照料和支持；渴望社交却失去了伴侣，又苦于无法找到新的朋友、伙伴和伴侣的独居人士；渴望怀孕生子，但有效生育年龄即将结束，因而压力重重、充满焦虑的单身女性；没有伴侣，因而也缺乏伴侣的经济支持，经济上的毫无安全感的失业人士。以上这些都是很实际的问题，显然也可以有很切实的解决方案，而不是模糊而空泛的口号，无法被确实衡量的危言耸听——“社区已死”，或是“公民社会的崩溃”。

独居生活盛行于北欧国家的原因之一，是他们良好的国家福利体系能保护本国公民面对独居生活中最困难的问题。独居单身女性在生育年龄的问题上，面临比男性多得多的压力，便是其中很好的一个例子。在我的调查研究中，许多近四十岁或四十出头的女性都一致指出，生育上的焦虑使她们反复质疑自己对个人和职业生活的安排，当同龄的单身男性则很少为此类问题困扰时，她们却反复地问自己：她们是否应该安定下来，甚至是早就应该安定下来？如果她们在职场上不是那么积极和野心勃勃，花多一点时间在私人生活上，她们会不会更幸福一些？瑞典的年轻独居女性也有类似的烦恼，但她们对于寻找合适的伴侣并非那么急切，因为她们知道，如果她们独自生育一个孩子，相应地，她们将得到来自国家的有力支持：（由雇主和国家共同支付的）十六个月的带薪育儿假，政府大力资助的儿童保育设施（所有家庭的花费不会超过总收入的 1% 到 3%），世界一流的公共医疗体系等。当然，即便是在不远的将来，美国政府也不太可能采取这种慷慨的社会福利政策，甚至，当整个西方发达国家都正在裁减国家福利时，提出好好检视瑞典的这些福利政策，听起来像是一个愚蠢的建议。但我们不可忽视的是，瑞典等国家的社会福利确实改善了所有年轻女性的生活，而其中的独居女性甚至获利更多。而明确通过市场来满足个人和社会中大量独居人口的生活需求所需要的成本，也同样很重要。

政府的私营部门和公共部门应当如何面对独居人士所提出的各

项要求？我们的政策该如何推动或是要求单身人士，更好地履行自己的社会责任？以往重要的历史时刻，当美国公民和政治领袖面临重大的人口变化所带来的挑战时，他们也曾问过这样的问题，如第二次世界大战后的婴儿潮现象。当时，国家极力支持郊区的住宅区发展、兴建高速公路，重塑城市面貌以适应中产阶级家庭的人口增长。又如在十九世纪末二十世纪初，进步的改革者们曾对市政服务和公共卫生机构进行投资，以应对中心城市的移民潮。独居现象的兴起尽管不那么显眼，但是同等重要的剧变，如果没有大胆的政策支持，我们将无法妥善处理和应对这一社会变化。在美国，人们谈论“安定”时就仿佛选择伴侣是单纯的私人事务。其实，这也是一个政治问题。因为现在和未来，人们都期望能从公众机构和个人机构获得相应的支持。

人们对国家和社会的期望就包括了房产领域，而这一问题的解答将影响到每个人的未来，因为，有一天，我们都有可能会独自生活。毫无疑问，更好迎合单身人士需求的社会居住环境设计，可以大大降低独居生活可能带来的各种风险。独居者所需要的内部空间要远小于单亲家庭，正如上世纪三十年代缪尔达尔·阿尔瓦所指出的，年轻人和老年人都更愿意生活在面积较小但功能齐全的公寓里，前提是公寓楼里有设计良好的公共空间和公共设施以满足饮食、社交和运动等需求。而如果他们选择生活在此类住宅中，就减少了家庭住宅的占有率，因而为那些需要家庭住宅的群体提供了更多选择，并降低了价格。

当代美国确实有一些如此布局的建筑物，尤其是为都市专业人士设计的高端公寓楼和针对退休老年人群的辅助生活设施。但这些建筑往往都只能为美国最富裕的人群服务，而对于那些从社会支持和高质量的共享资源中获益最多的人群而言，这些建筑的价格往往令他们望而却步。因而，这些建筑和住宅是彻底按照年龄和阶层将不同的人群隔离开来，而那些能够住进其中的幸运儿的体验也因此变得局限和贫瘠。更适合今天单身社会的专门设计的建筑物不仅仅是必须的，而且目前远远供不应求。我们也需要能将不同年龄阶段和社会阶层的单身人士聚集到一起的住宅建筑。最后，我们当然也需要建造更多适合独居的建筑。

正是这样的想法令罗萨安娜·哈格蒂和“共同处所”在纽约建造出比其他地方更好的 SRO 建筑。他们的 SRO 不仅设计精良，有漂亮的公共空间，令人们联想到华丽的酒店和二战前的公寓楼，同时地处市中心位置，专业的管理运营，以及丰富多样性的文化氛围(虽然很可惜，只适合于男性)。例如时代广场酒店里就居住着挣扎着寻求机会的年轻演员、城市中的专业人士、退休老人以及失业者、疾病缠身甚至是滥用药物的人们。时代广场酒店为需要的人们提供了高品质的服务，并鼓励人们在有余力时伸出援助之手。尽管它并不见得适合每一个人，但它比纽约市的其他适合独居人士的廉租房屋更具吸引力。

类似“共同处所”的社会保障型住房设施，是有很高的经济效益的。许多科学研究已表明，这样的住房对于那些身处困境的人而言，是一种成本低廉的助益，甚至还可以为周围的社区提供更有价值的利益产出。发布在两份一流的医学杂志——《精神病学服务》和《JAMA》(美国医学协会杂志) 上的研究结果证实了这一点。其中一篇文章，研究了旧金山市的单身、患有精神疾病或物质使用障碍症① 的无家可归人群，指出："为他们提供永久性的社会保障住房，将减少他们使用公共体系中昂贵的医院急诊以及住院服务"。而第二个研究，则长期追踪西雅图有严重酗酒问题、无家可归的单身人士，该研究的调查报告中指出，那些被安置在社会保障型住宅区中的被调查者（那里允许居民在自己的房里喝酒，并提供了一系列的志愿服务），酗酒的程度有一定的减弱，并且也更少触犯法律、使用昂贵的公众医疗服务。此项研究的作者——华盛顿大学的研究人员表示，这些变化节省了被调查者出入和住在医院、心理治疗机构、戒毒所、监狱和庇护所所产生的费用，而这些节省下来的公共服务成本，足以承担这些住房项目本身的费用："在过去的 12 个月中，95 名住客所节省的医疗费用总开支超过了 400 万美元，在他们搬进这一住处之前，每人平均要花费 42964 美元一年的医疗费用，而他们入住这一住房项目的管理费用仅为 13440 美元一年。"

出人意料的是，这些住房设施甚至还促进了当地区域的经济发展。纽约城市政策部门委托纽约大学的富尔曼中心所做的一份，关于纽约市社会保障住房的调查报告显示，在此类住房设施的 500 平方英尺范围内，"相对于其他地区，在保障住房项目开始运营后，展

① 物质使用障碍是一种精神疾病，指因使用一种或多种药物导致临床上显著的行为失当或精神压力。

现出稳定的经济增长”，而在500到1000平方英尺范围内的经济水平一开始出现下降，“但随后即开始稳步提升，也许是因为人们开始意识到，对于保障型住房项目的担心，是完全没有必要的和错误的”。

为相对经济殷实的中产阶级所涉及的支持型住房会带来完全不同的益处。回顾斯德哥尔摩的“一起拥抱人生旅程”项目，不同年龄、阶层的人们在城中历史悠久的建筑中住在一起。然而，遗憾的是，这些中产阶级的保障型住房甚至比以往为无家可归者所提供的庇护所更为稀少。即便在瑞典这样的国家，像“一起拥抱人生旅程”这样的集体保障住房的数量，也依然无法满足实际的市场需求。如今，国家住房机构也缺乏大规模的财政预算支持，来复制这些成功的保障住房形式。但经济危机总会过去，当世界各地的政府机构的财政状况好转时，适合人们现金生活方式的住房项目，应该成为他们致力发展的内容，这种努力并不应只局限于公众事业。随着地产市场的经济泡沫破灭，房地产开发商们对于同时满足市场需求和社会需求的项目的热情，重新被点燃。为独居人士设计的保障公共住房项目，是与每个人的利益都确实相关的，因为无论我们自己是否需要，很有可能，有一天，我们所爱的人们——父母、伴侣、兄弟姐妹，或是子女，可能会需要这样的住房。

在所有独居的人之中，那些年老体弱的独居者往往面临最艰难的困境，而找到能负担的住房并由得到所需的社会支援，也正是他们的困境之一。大多数单身老人并没有足够的运气生活在一个自然形成的退休社区，或者在一个能够持续满足他们生活需求的环境中。

对于那些需要更多帮助的人们而言，高品质的辅助生活设施尽管可以提供广泛的个人及社会服务、社区式的环境以及私人公寓，但往往价格过于昂贵。(在美国的某些州，领取医疗保险和医疗补助的人群同时也被保障将得辅助生活设施中的一个席位。但他们通常会被安排在质量较差的机构中，在公共房间中得到一个床位，而当他们因为住院或其他原因被迫离开后，也无法保证可以再度返回这些设施中居住。[①]）在自由市场体系下，以营利为目的的商业机构进入这一领域时，丰富而可靠的机构选择将变得越来越稀少，更不用说是对人们具有吸引力的辅助生活设施了。事实上，参考以营利为目的的商业机构进入养老院市场后发生的种种改变，我们不难看出，当他们具有掌控权时，事情往往只会变得更糟。

我们的市场不能为独居的老年人提供优良的保健服务和有吸引力的住房选择，而这业已成为严重的社会问题。如今，人类的寿命比以往的几代都要长，而没有人能确保自己在老年时，是能有一位伴侣在身边，还是会独自生活，也几乎没有人能确信自己在老年时，能拥有经济上的稳定保障（2008 年之前，那些曾计划要依仗个人投资度过晚年的退休人员可以证明这一点)。如果我们能确信，我们的亲人在独自一人老去时，也能有一个舒适的住所，这将会减少所有人的忧虑。如果我们知道，社会中年长的老年人，能拥有孤独的私人公寓，和毫无生气的养老院以外的其他住房选择，那每个人也都

① 见全国老年人法律中心 2010 发布的《医疗补助和支付辅助生活：目前美国的情况和改进建议》一文。——作者注

会更有安全感。

有一种较为简单的方法，令我们可以开始入手解决这个问题：增加对照顾年老者的看护人员和服务的社会公众支持，这也包括对3800万位家中的老年人提供无偿照顾的美国人。我认为这很简单，是因为美国国会已经通过了针对此事的授权方案：2006年底，美国国会通过了“人寿看护暂托”法案，并建立了一个公开的基金，致力于在5年间募集2亿9000万美元，用以资助那些有兴趣构建以社区为单位的、照顾有特殊需求的人们的协同服务系统的州政府。（与该方案中“暂缓执行”的条款相左的是，那些为独自生活但并非濒临死亡的老人提供的看护服务，也为此条法令所涵盖。）乔治·W·布什总统2006年12月签署了该项法案，但无论是总统还是国会，他们都只为该项法令提供了一次性的250万美元拨款。奥巴马政府和民主党国会改变了这一决定，“提升”了该法案的水平，在2010和2011年分别拨款7000万元及9500万美元。奥巴马政府还引入了一项全新的1.02亿美元的看护服务项目，旨在“减轻家庭照顾老人的重任，让老年人生活能尽可能长时间地生活在社区内。”毫无疑问，这些方案将令数以百万计的独居老人获得更好的照顾和社会公众支持。但同时，显然这些举措对于绝大多数处于类似情景的美国人而言，几乎或根本没有帮助，因为，不仅仅是这样的资金水平远不足以解决美国的医疗危机，同时，这些方案并无法解决那些更为困难，同时也是更为昂贵的问题：独自生活的老年人能够一起生活的住房资源的短缺。我们需要建立更多的辅助生活设施，现有的此类设施仅是为经济富裕的老年人服务的，而建立这些设施需要巨大的资金投入，而如今恐怕确实并非讨论此事的好时机。经济的不景气令联邦政府面临破纪录的财政赤字，而其他社会福利，诸如公众健康和处方药上的开支，已经很高了。但我们也有理由相信，现在正是最好的时机来进行这样的项目。毕竟建造新的住房，不仅改善了基础建设，同时也创造了就业机会，而管理辅助生活设施也能令更多社会服务性机构开始投入工作。此外，婴儿潮的一代人如今正面临着步入老年的种种挑战，他们中数以百万计人的亲身经历都表明，当有更好的社会公共支持时，老年生活将会更容易一点。如果，如他们通常被认为的那样，婴儿潮一代是一个特别自我的群体，那他们极有可能通过自己的政治影响力，促进有利于他们自身的住房项目的发展。但是，这种利己的行为，如今是可以被谅解甚至值得被赞赏的，因为，这样的住房方案不仅为今天的人们构建了更好的居住场所，也为未来的美国年轻人提供了更多更好的选择。我们每个人都会需要这样的住所，因为，越来越多的人们，将独自生活。

归根结底，核心的问题并不是独自生活的人数有多少，而是当许多社会中都有大量独居人口时，我们的生活将变得如何。现在断言哪个社会将会最先回应此社会变革带来的问题或机遇，尚言之过早。毕竟人类的独自生活社会变革仍处于先期阶段，我们才刚刚开始了解独居生活这一社会变革将对人们的生活、我们的家庭、社区、城市和国家造成怎样的影响。

理论上而言，独居人口的上升可能导致各种结果，从社区的衰落到一个更为积极与社交的公民社会，从社会隔离现象的猖獗到更为健康、有力的公共生活。我投入了对于世上第一个单身社会的研究，着眼于他们的最危险和最令人不安的现象：包括自私，孤独，社会隔离，以及对于孤独地面对疾病和死亡的恐惧。在独居生活现象普遍的城市里，我发现了一些衡量以上现象的方法，在本书前面的章节中，我也做出了一些建议，如何比今天更好地面对和处理这些想象。但总体而言，从我的实地调查研究中，我相信，独居的问题没有也不该成为这一现象的定义，因为绝大多数选择了独居生活的人们，都拥有更为丰富和多样化的经历。的确，有时他们也会感到孤独、焦虑、不安，不确定如果选择别种生活方式是否会更为幸福。但那些有伴侣或是已婚的人们又何尝不是如此？通过我的研究访谈，我从广泛的第一手资料以及其他各种途径都获悉，许多独居者表示，他们喜爱独居生活，远甚于其他既有的生活选择。

今天，有许多社会学家将独居生活的盛行，与孤独、公民社会的崩溃、共同利益的消亡联系在一起。我个人认为，这些言论的危害甚至远大于误导民众，它们分散了人们的注意力，而令社会无法真正关注于那些与世隔绝的孤立人群，以及那些最需要支持和帮助的领域。

此外，独居不应仅被视为一个社会问题，无法忽视的是，独居生活的迅速崛起也为人们的个人、爱情以及社交生活带来全新的机遇。独居的盛行也已带来了一些显著的社会效益，如，众所周知的，青年和中年独居者振兴了我们的城市公共生活，他们比其他有伴的人们更热衷于与朋友和邻居相处，频繁地出入酒吧、咖啡馆和餐厅，参加非正式的社交活动以及长期投身于社会团体等。我们已经看到，接受独居文化已经帮助女性从糟糕的婚姻和压迫的家庭生活中解放了出来，她们不仅重新获得了对自己生活的掌控，同时也充满活力地回归了公民生活，并受到了其他单身群体的欢迎和接纳。尽管人们普遍担心独居对可持续的环境发展不利，但已可见的事实是，独居者更倾向于住在公寓里，而非独栋住宅，他们更热爱绿意葱葱的城市，而不是需要汽车代步的郊区。尽管还没有充足的证据，但我们有理由相信，城市中的独居者消耗的能源，实际上要小于他们结婚或与伴侣生活在一起时的消耗，也要小于单亲家庭的能源消耗。有目共睹的是，独居生活为人们带来了这样一种生活的可能：既保有一定程度的独立与孤独，同时又投身丰富的社交、社会生活。而出人意料的是，独居也给人们提供了建立意义深刻的联系所需要的私人时间与空间——无论这种联系是与另一个个体、社区、事业，还是我们自己。

许多的传统文化，从斯多亚派、僧侣修行到超验主义，都着重于个体的独处时间的价值。现代的社会学家们也持有相同的观点，如法国社会学家爱米尔·涂尔干，他创造了“对个体的宗教崇拜”这一说法，以及美国心理学家约翰·卡西奥普，在他创新的关于“孤独”的研究中，他指出，缺乏独处的时间是“如今不幸的婚姻中，男女双方最多的抱怨”，并且提出“相比不觉得孤独的人群，感到孤独的人们，实际上在独处上所花的时间更少”。[①]

涂尔干认为，个人独处的私人时间令人们能重获力量，并产生

① 见约翰·卡西奥普的《孤独》一书。——作者注

投身社会的兴趣。他认为自主权和独立性确实具有诱惑力，但他对于人类的社会化生活的基本需求拥有更深刻而长远的认识与信仰，他坚持认为，个体一旦获得解放，就会开始寻找超越自己的可能。美国的爱默生和梭罗也拥有类似的看法，他们认为，孤独是必须的，甚至有些时候，独居也是必须的——不仅仅是因为孤独令我们从亲密的社会关系的束缚中解脱了出来，而更重要的是，最终孤独能帮助个体培育自我、建立独到的见解，最终更为有效地重返社会。对于生活在世上最繁忙和最现代化社会中的人们而言，他们很容易忽视或遗忘学习独处，而这是至关重要的一种人生体验。尤其对于那些成天生活在互联网和社交媒体上的人们而言，孤独显得更为重要。如今哪里都有“朋友”，而分散我们注意力的各种干扰也普遍存在，人们的思维总是飘忽在其他地方。无论是否连线互联网，人们总是沉浸在“一个巨大的超级人类体系”中，——这一说法来自《连接》一书，而此书的作者尼古拉斯·克里斯塔基斯和福勒·詹姆斯在书中进一步指出，在这种状态下，“人们或多或少都会失去一些自我”。这种损失恰恰是哲学家爱默生和梭罗、社会学家涂尔干和齐美尔，或是心理学家安东尼·斯托尔所担忧的，他们中的每一位，都以自己独特的见解，将个体和自我视为神圣的所在，因为个人主义提升了集体生活的质量。

独自生活绝非通往重塑自我与个体的唯一途径。但在如今这个高度互联、超级活跃、24 小时年中无休的社会文化中，越来越多的人们发现，拥有一个属于自己的地方，并不会将我们带往寂寞或者与世隔绝，相反，独居给了我们时间与空间，来实现有效率的自我隐居。孤独，一旦我们学会与之相处，不仅能帮助我们恢复自己的精力，也能激发我们产生更好的、共同生活的新想法，——无论我们是什么身份，或者此刻我们正以什么方式生活，这都是我们最迫切需要的。